C v

ANTWORT

Martin Heidegger
im Gespräch

Herausgeber
Günther Neske
Emil Kettering

Neske

Alle Rechte vorbehalten. © Verlag Günther Neske,
Pfullingen 1988. Schutzumschlag von Brigitte Neske.
Satz + Druck Laupp & Göbel, Tübingen. Gebunden bei
Heinr. Koch, Tübingen. Printed in Germany.
ISBN 3 7885 0305 x

INHALT

STELLUNGNAHMEN

ERINNERUNGEN

7

VORWORT

»Das Fragen ist die Frömmigkeit des Denkens.« Dieses oft zitierte Schlußwort von Heideggers Vortrag »Die Frage nach der Technik« aus dem Jahre 1953 ist bezeichnend für sein Verständnis von Philosophieren bzw. Denken. Zeitlebens faßt Heidegger Denken als Weg auf, als Unterwegssein im Fragen der *einen* Grundfrage, um die alle seine Schriften kreisen: die »Seinsfrage«, genauer gesagt die Frage nach der Nähe zwischen Sein und Menschenwesen, nach dem wechselweisen Zusammen*gehören* von Sein und Menschenwesen und ihrer Herkunft aus dem Ereignis.

Antworten stellen für Heidegger nur den letzten Schritt des Fragens dar und müssen als solche im Fragen verwurzelt bleiben. Echte philosophische Antworten haben für ihn keinen definitorischen und abschließenden, sondern einen auf- und erschließenden Charakter, sie verabschieden nicht das Fragen, sondern halten es offen und in Gang. In diesem Sinne versucht auch dieses Buch im Hinblick auf das neu aufgeworfene Problem des Zusammenhangs von Heideggers Denken und Handeln, Pionierarbeit zu leisten.

Aufbau und Zusammensetzung dieses Sammelbandes ergeben sich aus seiner Entstehung:

Einem vielfach geäußerten Wunsch entsprechend, war zunächst geplant, das seit Jahren vergriffene *Fernseh-Interview* von Richard Wisser mit Martin Heidegger aus dem Jahre 1969, ergänzt durch Wissers Schilderung der Vorgeschichte und Umstände dieses im strengen Wortsinne »einmaligen« Unternehmens, die bereits in einer gekürzten Fassung 1977 in den von Günther Neske herausgegebenen Band »Erinnerung an Martin Heidegger« eingegangen war, neu und zusammen zu edieren.

Gerade im Falle des recht kurzen Fernseh-Interviews ist eine solche Dokumentation der näheren Umstände des Gesprächs, des Zustandekommens und der Atmosphäre bei der Durchführung äußerst aufschlußreich und unbedingt notwendig, da Wisser unter

9

anderem alle ursprünglich vorgesehenen Fragen nennt, die Heidegger vor der Fernseh-Kamera nicht beantworten wollte, und Auskunft über die Hintergründe dieser Ablehnung gibt. Erst der Gesprächs-Text und der Erinnerungs-Text zusammen vermitteln ein vollständiges und damit rundes Bild dieses Unternehmens. Von daher sind auch die Proportionen zwischen dem knapp gehaltenen Fernseh-Interview und der etwa dreimal so langen Schilderung der Hintergründe zu verstehen.

Wissers Anliegen besteht darin, über die Information der ausgelassenen Fragen hinaus, eine – wenn auch bewußt persönliche – detaillierte Charakterzeichnung Heideggers zu geben, und zwar vor allem im Hinblick auf die jüngere Generation, der es nicht mehr vergönnt ist, Heidegger selbst zu hören oder gar kennenzulernen, die aber nichtsdestoweniger in hohem Maße an seiner persönlichen Erscheinung Interesse nimmt.

Da der eher öffentlichkeitsscheue und den Massenmedien gegenüber kritisch eingestellte Freiburger Philosoph in seinem ganzen Leben trotz zahlreicher Ansinnen und heftigem Bedrängen lediglich zwei Interviews gab, nämlich besagtes Fernseh-Interview aus dem Jahre 1969 und ein *Interview* mit der Zeitschrift »*Der Spiegel*« aus dem Jahre 1966, das aber nach seiner eigenen Verfügung erst nach seinem Tod im Jahre 1976 veröffentlicht werden durfte, schien es förderlich, auch dieses mitabzudrucken, zumal es bislang noch nicht in Buchform erschienen und somit noch nicht einmal in philosophischen Seminarbibliotheken zu finden ist, sondern nur über Zeitschriftenarchive zugänglich ist. Zudem wird das Gespräch erstmals in der von Heidegger autorisierten Fassung wiedergegeben, von der die im »*Spiegel*« veröffentlichte Version teilweise erheblich abweicht.

Zur Schilderung der Umstände konnte auch hier ein Augenzeugenbericht von Heinrich W. Petzet beigegeben werden, der Heidegger beim Spiegel-Interview mit Rudolf Augstein und Georg Wolff »assistierte«.

Allein schon aufgrund ihrer Rarität nehmen beide Interviews einen besonderen Rang in der Heidegger-Forschung ein, zumal sich

Heidegger nicht oft über sein eigenes Werk im Rückblick äußerte oder sich öffentlich kritischen Anfragen stellte.

Während das Fernseh-Interview sich vorrangig auf Heideggers Denken beschränkt, liegt die Bedeutung des wesentlich umfangreicheren Spiegel-Interviews in Heideggers Stellungnahme zu seinem politischen Engagement in der Zeit des Nationalsozialismus. Diesem gilt seit der Neuherausgabe von Heideggers Rektoratsrede »Die Selbstbehauptung der deutschen Universität« (1933), ergänzt durch seine Aufzeichnungen aus dem Jahre 1945 »Das Rektorat 1933/34 – Tatsachen und Gedanken«, durch den Sohn und Nachlaßverwalter Dr. Hermann Heidegger im Jahre 1983, und die Enthüllungen des Freiburger Historikers Hugo Ott über Heideggers Rektoratszeit 1933/34 in mehreren Aufsätzen seit 1983, ein verstärktes Interesse. Dieses erreichte seinen Höhepunkt durch das 1987 in Frankreich veröffentlichte Buch von Victor Farias »Heidegger et le nazisme«, das dort wie »eine Bombe« (Le Monde) einschlug und eine außergewöhnlich heftige und kontroverse Diskussion entfachte, die mittlerweile von Frankreich auf Deutschland übergegriffen hat und derzeit immer noch anhält.

Das immense Echo, das die Diskussion um die Person Heideggers, insbesondere sein politisches Verhalten in der NS-Zeit sowie die mögliche Verklammerung seines Denkens mit seinem zumindest kurzzeitigen Eintreten für den Nationalsozialismus nicht nur in Philosophenkreisen, sondern darüber hinaus auch in den Massenmedien gefunden hat, gab den Anlaß, einen dritten Teil anzufügen, der *Dokumentarisches* zu Heideggers Denken und Handeln bringt.

Angesichts der immer noch anhaltenden Flut von Zeitungsartikeln, Aufsätzen und Buchpublikationen zum Thema »Heidegger und die Politik« und der kaum mehr zu überschauenden Vielfalt von Stellungnahmen und Einschätzungen dieser Frage, muß betont werden, daß die hier zusammengestellten Dokumente keinerlei Anspruch auf Vollständigkeit erheben, sondern wir uns bewußt auf einige Splitter dieser Diskussion beschränken.

Ausgewählt wurden vornehmlich Texte, die Heideggers Persön-

lichkeit schildern oder zu seinem politischen Verhalten Stellung
nehmen, und zwar vorrangig von Philosophen, die zu dem engeren Umkreis Heideggers gehören oder einmal gehörten, wie
Hans-Georg Gadamer, Karl Löwith, Hannah Arendt, Hans Jonas,
Max Müller und Jean Beaufret, oder deren eigenes Philosophieren
von Heideggers Denken maßgeblich beeinflußt wurde, wie Emmanuel Lévinas und Jacques Derrida.

Dabei ging es uns zum einen darum, bislang ungedruckte bzw.
zumindest in deutscher Sprache unveröffentlichte Dokumente,
wie z. B. die Beiträge von H.-G. Gadamer und J. Derrida, zur
Kenntnis zu bringen, zum anderen darum, entlegene und damit in
Vergessenheit geratene Publikationen, wie beispielsweise Hannah
Arendts Artikel im »Merkur« zum 80. Geburtstag 1969, direkt
zugänglich zu machen. Aus diesem Grund konnte beispielsweise
auf den Abdruck von Stellungnahmen von Theodor W. Adorno
oder Jürgen Habermas verzichtet werden, da diese leicht greifbar
sind.

Ihrem Charakter nach wurden die Dokumente in vier Abschnitte
gegliedert: Stellungnahmen, Erinnerungen, Würdigungen und
Zeitzeugnisse.

Da die Publikation des Chilenen Victor Farias »Heidegger et le
nazisme« den unmittelbaren Anlaß für die derzeitige fieberhafte
Beschäftigung mit der Frage eines Zusammenhangs zwischen
Heideggers politischem Irrtum während der NS-Zeit und seinem
Denken bildet, schien es naheliegend, mit einigen *Stellungnahmen*
zu diesem Buch zu beginnen. Im Zentrum aller Beiträge steht die
Frage, ob mit Heideggers politischem Versagen auch sein Denken
erledigt sei, was Farias glaubt. Der Freiburger Historiker Hugo
Ott, dem das Verdienst gebührt, aufgrund umfangreicher Quellenstudien bereits vor Farias in mehreren Aufsätzen neue Einsichten über Heideggers politisches Engagement zur NS-Zeit enthüllt
zu haben, faßt in seiner Besprechung des Buchs von Farias entscheidende Vorwürfe bündig zusammen, aber er markiert auch
Fehlerhaftes und Unzureichendes an dessen Recherchen. Der älteste lebende Heidegger-Schüler und Nestor der deutschen Philo-

sophie, Hans-Georg Gadamer, bekundet sein Erstaunen über das große Aufsehen, das Farias' Buch in Frankreich erregt hat, denn in Deutschland sei das meiste, das Farias vorlege, seit langem bekannt. Mit Jacques Derrida ist er sich darin einig, daß Heideggers politisches Verhalten und sein Schweigen nach 1945 – wie immer man dazu stehe – nicht davon entpflichte, sein Denken ernst zu nehmen und seine Schriften zu studieren. Auch für Emmanuel Lévinas, der Heideggers politisches Fehlverhalten nie vergessen konnte und in dessen Augen dieser sich nie von der Schuld der Beteiligung am Nationalsozialismus befreit hat, bleibt Heideggers Denken »ein großes Ereignis unseres Jahrhunderts«.

Die aktuellen Stellungnahmen werden in einem zweiten Abschnitt ergänzt durch *Erinnerungen* an Begegnungen mit Heidegger in den zwanziger und dreißiger Jahren. Sie geben Einblick in die Ereignisse nach 1933 und beschreiben die damalige Stimmungslage. Karl Löwith, Heideggers erster Habilitand in Marburg, schildert sein vermeintlich »letztes Wiedersehen mit Heidegger« in Rom im Jahre 1936, bei dem sich Heidegger eindeutig zum Nationalsozialismus bekannt habe. Georg Pichts Erinnerungen an einige Episoden aus den Freiburger Studienjahren 1933–1944 dagegen legen Zeugnis davon ab, daß Heidegger sich keineswegs auf der üblichen Parteilinie bewegte, es sich hier vielmehr um die »Macht des Denkens« handele. Mit Hans L. Gottschalk, dem Sohn des Freiburger Philosophen Jonas Cohn, und Max Müller kommen zwei weitere unverdächtige Augenzeugen der Freiburger Verhältnisse in den Jahren 1933/34 zu Wort. Müllers Beitrag vermittelt detailliert Einblick in die damalige Stimmungslage und personelle Konstellationen. Weiter zurück bis in die Marburger und frühe Freiburger Zeit reichen Hans Jonas' Erinnerungen an das Auftreten und die Wirkung seines Lehrers Heidegger, die den zweiten Abschnitt beschließen.

In einem dritten Abschnitt werden vier *Würdigungen* zu Leben und Werk Heideggers wiedergegeben, die vor allem Aufschlüsse über seine Persönlichkeit und seine unmittelbare Wirkung geben. Hannah Arendt, eine der ersten Schülerinnen Heideggers aus seiner

Marburger Zeit 1923–1929, beschreibt in unübertroffener Weise die Fama und die persönliche Ausstrahlung, die damals von dem jungen Philosophieprofessor ausging, der trotz seines geringen Alters bereits vor der Veröffentlichung von »Sein und Zeit« zum »heimlichen König« der deutschen Philosophie avanciert war. Die große Wirkung Heideggers in Frankreich nach dem Zweiten Weltkrieg, auf deren Folie das ungeheure Aufsehen des Buchs von Farias zu sehen ist, steht im Mittelpunkt des Beitrags von Jean Beaufret, der lange Zeit mit Heidegger befreundet war und maßgeblich zur Bekanntheit von dessen Schriften in seinem Heimatland beigetragen hat. Walter Jens stellt in seinem »Nachruf der Akademie der Künste Berlin« aus dem Jahre 1977 Widersprüchlichkeit und Größe des dichtenden Denkens von Heidegger heraus. Der evangelische Theologe Eberhard Jüngel würdigt Heidegger in einem Brief an Günther Neske vom 18. 8. 1988 als den »Denker des Möglichen«.

Einen besonderen Stellenwert nehmen naturgemäß die *Zeitzeugnisse* ein, die im vierten Abschnitt zusammengestellt sind: Karl Jaspers Brief an Heidegger vom 23. September 1933, worin Jaspers noch – ganz im Gegensatz zu seinen späteren Äußerungen – die Rektoratsrede Heideggers emphatisch lobt, und sein Brief vom 5. Juni 1949 an den damaligen Rektor der Freiburger Universität Gerd Tellenbach, der die Aufhebung des Lehrverbots für Heidegger und die ehrenvolle Emeritierung einleitete. Paradigmatisch für die gegensätzliche Einschätzung des Zusammenhangs von Heideggers Rektoratsrede mit seinen anderen Abhandlungen, insbesondere auch seine Sprache, Mitte der dreißiger Jahre ist die in der Neuen Züricher Zeitung öffentlich ausgetragene Auseinandersetzung zwischen Karl Barth und Emil Staiger anläßlich von Heideggers Vortrag »Der Ursprung des Kunstwerkes« am 17. Januar 1936 in Zürich. Besonders beachtenswert für die Diskussion um Heideggers politisches Engagement dürfte auch die Tatsache eines Symposion zu Ehren seines 85. Geburtstags 1974 in Beirut sein, an dem Heidegger zwar aufgrund seines Alters nicht mehr teilnehmen konnte, wofür er aber eigens ein Grußwort verfaßte.

Alle Dokumente wurden mit einem kurzen Kommentar versehen, der neben Quellennachweisen und Notizen zur Person, Hinweise auf weitere Veröffentlichungen oder wichtige Textstellen zu Heidegger gibt sowie – dort wo dies eine Rolle spielt – den Wandel des persönlichen Verhältnisses zu Heidegger skizziert.

Des weiteren wurde dem dritten Teil, der Dokumentarisches versammelt, ein Überblick über die bisherigen Stationen der Diskussion sowie ein ausführliches Literaturverzeichnis zum Thema »Heidegger und die Politik« vorangestellt.

»Antwort« als Titel dieses Buches meint also gerade nicht, das letzte Wort gesprochen zu haben, soll vielmehr in zweierlei Sinn verstanden werden: Als unmittelbare Antwort Martin Heideggers auf die an ihn gestellten Fragen von Richard Wisser und Rudolf Augstein und als Antwort bzw. Antworten, die auf die Frage der Öffentlichkeit zum Thema »Heidegger und der Nationalsozialismus« von namhaften Philosophen und Heidegger-Kennern gegeben werden. Diese »Antwort« schneidet im Unterschied zu anderen Publikationen der Diskussion nicht das Wort ab, sondern vermittelt interessante Stimmen und triftige Argumente.

Auch »Gespräch« kann in zweifachem Sinne verstanden werden, denn dieses Buch zeigt Martin Heidegger im unmittelbaren Gespräch mit Richard Wisser und Rudolf Augstein und es liefert einen Beitrag zum öffentlichen Gespräch, in dessen Mittelpunkt Martin Heidegger erneut steht. Bei alledem wird deutlich, daß es die von manchem gewünschte einfache Antwort auf das Phänomen Heidegger nicht gibt.

Herzlich danken wir Herrn Prof. Dr. Richard Wisser für sachdienliche Hinweise und Frau cand. phil. Karen Joisten für ihre Mitarbeit bei der Erstellung der Manuskripte sowie deren Kommentierung.

Mainz,   Günther Neske
im September 1988   Emil Kettering

DAS FERNSEH-INTERVIEW

Richard Wisser

EINFÜHRUNG

Martin Heidegger – wenige Namen in der Welt des Geistes haben ein vergleichbares Gewicht. Unsere Zeit ist nicht arm an großen Menschen, ja, nicht einmal arm an groß Denkenden, aber sie ist nicht reich an großen Denkern.

Für Martin Heidegger, den man einen »Denker in dürftiger Zeit« genannt hat, ist das Denken zur Sache seines Lebens geworden. Er hat das Wort »Denken« aus den Verstrickungen befreit, in die es sprachlich geraten ist, solange man es mit bloßem Scharfsinn oder planend-forschender Überlegung verwechselt. Er hat in der zunehmenden Gedankenlosigkeit, die in der heutigen Welt aus- und eingeht, das Bewußtsein der Unumgänglichkeit des nachdenkenden, besinnlichen, gelassenen Denkens wachgehalten. Wem heute das Wort »Denken« in den Sinn kommt, denkt vornehmlich an Martin Heidegger, um dessen Denken, wer denkt, nicht herumkommt. Heidegger hat gezeigt, daß das Denken ein Tagwerk sein kann, ohne daß es zur Alltäglichkeit würde.

Martin Heidegger hat einmal, aus der Erfahrung des Denkens heraus, gesagt: »*Im Denken wird jeglich Ding einsam und langsam.*« (Aus der Erfahrung des Denkens, Pfullingen 1954, S. 17)

Wer das Opfer nicht wahrnimmt, das Heidegger, am Persönlichen seiner selbst uninteressiert, seinem Werk gebracht hat, wird die Einsamkeit, in die sein Denken ihn um des Denkens willen geführt hat, nicht begreifen. Heidegger hat ein Leben lang verspürt, was es heißt, abseits von der Behendigkeit der Einfallsreichen und dem Gedränge der Distanzlosen seinen Weg zu gehen: den »Schritt zurück« zu tun, damit die Sache seines Denkens zum Austrag gelangt.

Er selbst hat für die Arbeit seines Denkens das Bild des Weges bevorzugt. »Holzwege« nennt er eines seiner Bücher, »Wegmarken« ein anderes. »Holzwege« sind Wege, die im Unbegangenen unterwegs sind, fernab von den geläufigen Bahnen und Routen, auf denen sich der allgemeine Verkehr abspielt. Holzwege sind aber auch Wege, die ins Unbegehbare führen und die doch gegangen werden müssen, soll der Reichtum des Waldes geborgen werden. »Holzmacher und Waldhüter kennen die Wege. Sie wissen, was es heißt, auf einem Holzweg zu sein.« (Holzwege, Frankfurt a. M. 1950, S. 3) »Wegmarken« geben über die Richtung Rechenschaft. Ihnen ist weder am »Neuen« noch am »Alten« gelegen. Heidegger schaut nach den Möglichkeiten aus, damit die Unverborgenheit, in der sich etwas zeigt, nicht in der eingeschrumpften Einsilbigkeit und Eintönigkeit autokratischer Zielsetzungen und Sachzwänge verlorengeht. »Beweisen«, sagt Heidegger, »läßt sich in diesem Bereich (des Denkens) nichts, aber weisen manches.« (Identität und Differenz, Pfullingen 1957, S. 8) Heideggers Hinweise haben Schüler und Meister in vielen Ländern dieser Erde auf den Weg gebracht. Er hat die Methoden mancher Wissenschaften beeinflußt und altgewohnte Denkwege zugeschüttet. Er hat den Flußlauf des Denkens neu verlegt. Deshalb sollen wenigstens einige von denen, die von Heidegger ausgingen, die zu ihm gestoßen sind, die aber auch ihre eigenen Wege gehen, darüber sprechen, was ihnen persönlich Heidegger heute bedeutet. Im Widerhall wird der Anstoß, den er gegeben hat, spürbar. In ihrer Spiegelung tritt seine Wirkung ans Licht. In der erinnernden Schau, im Rückblick und in der nachdenklichen Reflexion ist der Abwesende zugegen, wird er vergegenwärtigt.

(In der Fernseh-Sendung folgten Statements von Carl-Friedrich von Weizsäcker, Maurice de Gandillac, Medard Boss, Ernst Jünger, Kôichi Tsujimura, Emil Staiger, Leo Gabriel, Karl Löwith, Dolf Sternberger, Heinrich Ott, Karl Rahner und Richard Wisser.)

MARTIN HEIDEGGER
IM GESPRÄCH
mit Richard Wisser

WISSER: Herr Professor Heidegger! In unserer Zeit werden immer mehr Stimmen laut, und es werden diese Stimmen immer lauter, die in einer Veränderung der gesellschaftlichen Verhältnisse die entscheidende Aufgabe der Gegenwart propagieren und den einzig erfolgversprechenden Ansatzpunkt für die Zukunft sehen.

Wie stehen Sie zu einer solchen Ausrichtung des sogenannten »Zeitgeistes«, etwa hinsichtlich der Universitätsreform?

HEIDEGGER: Ich werde nur auf die letzte Frage antworten; denn was Sie zuvor fragten, ist zu weit gegriffen. Und die Antwort, die ich Ihnen gebe, ist die, die ich vor vierzig Jahren gegeben habe in meiner *Antrittsvorlesung* in Freiburg im Jahre 1929.

Ich zitiere Ihnen den Satz aus der Vorlesung »Was ist Metaphysik?«: »Die Gebiete der Wissenschaften liegen weit auseinander. Die Behandlungsart ihrer Gegenstände ist grundverschieden. Diese zerfallene Vielfältigkeit von Disziplinen wird heute nur noch durch die technische Organisation von Universitäten und Fakultäten zusammen- und durch die praktische Zwecksetzung der Fächer in einer Bedeutung gehalten. Dagegen ist die Verwurzelung der Wissenschaften in ihrem Wesensgrund abgestorben.«

Ich glaube, *die* Antwort dürfte genügen.

WISSER: Nun sind es recht unterschiedliche Motive, die zu den modernen Versuchen geführt haben, innerhalb der gesellschaftlichen oder auch innerhalb der mitmenschlichen Ebene eine Umorientierung der Zielsetzungen und eine »Umstrukturierung« der faktischen Gegebenheiten zu erreichen. Ersichtlich ist dabei viel Philosophie im Spiel, im Guten wie im Bösen.

Sehen Sie einen gesellschaftlichen Auftrag der Philosophie?

HEIDEGGER: Nein! – In diesem Sinne kann man von einem gesellschaftlichen Auftrag nicht sprechen!

Wenn man diese Frage beantworten will, muß man zuerst fragen: »Was ist Gesellschaft?« und muß darüber nachdenken, daß die heutige Gesellschaft nur die Verabsolutierung der modernen *Subjektivität* ist und daß von hier aus eine Philosophie, die den Standpunkt der Subjektivität überwunden hat, überhaupt nicht mitsprechen darf.

Eine andere Frage ist, wieweit überhaupt von einer *Veränderung* der Gesellschaft gesprochen werden kann. Die Frage nach der Forderung der Weltveränderung führt auf einen vielzitierten Satz von Karl Marx aus den »Thesen über Feuerbach« zurück. Ich will ihn genau zitieren und vorlesen: »Die Philosophen haben die Welt nur verschieden *interpretiert; es* kömmt darauf an, sie zu *verändern.*«

Bei der Zitation dieses Satzes *und* bei der Befolgung dieses Satzes übersieht man, daß eine Weltveränderung eine Änderung der *Weltvorstellung* voraussetzt und daß eine Weltvorstellung nur dadurch zu gewinnen ist, daß man die Welt zureichend *interpretiert.*

Das heißt: Marx fußt auf einer ganz bestimmten Weltinterpretation, um seine »Veränderung« zu fordern, und dadurch erweist sich dieser Satz als nicht fundierter Satz. Er erweckt den Eindruck, als sei er entschieden gegen die Philosophie gesprochen, während im zweiten Teil des Satzes gerade unausgesprochen die Forderung nach einer Philosophie vorausgesetzt ist.

WISSER: Wodurch kann heute *Ihre* Philosophie im Hinblick auf eine konkrete Gesellschaft mit ihren mannigfaltigen Aufgaben und Sorgen, Nöten und Hoffnungen wirksam werden? Oder haben diejenigen Ihrer Kritiker recht, die behaupten, Martin Heidegger sei derart konzentriert mit dem »Sein« beschäftigt, daß er die conditio humana, das Sein des *Menschen* in Gesellschaft und als Person, drangegeben habe?

HEIDEGGER: Diese Kritik ist ein großes Mißverständnis! Denn die Seinsfrage und die Entfaltung dieser Frage setzen gerade eine

22

Interpretation des *Daseins* voraus, d. h. eine Bestimmung des Wesens des Menschen. Und der Grundgedanke meines Denkens ist gerade der, daß das Sein, beziehungsweise die Offenbarkeit des Seins, den Menschen *braucht* und daß umgekehrt der Mensch nur Mensch ist, sofern er in der Offenbarkeit des Seins steht.

Damit dürfte die Frage, inwieweit ich nur mit dem Sein beschäftigt bin und den Menschen vergessen habe, erledigt sein. Man kann nicht nach dem Sein fragen, ohne nach dem Wesen des Menschen zu fragen.

Wisser: Nietzsche hat einmal gesagt: Der Philosoph sei das schlechte Gewissen seiner Zeit. Lassen wir dahingestellt, wie Nietzsche dies gemeint hat.

Betrachtet man aber Ihren Versuch, die bisherige Philosophiegeschichte als eine Verfallsgeschichte im Blick auf das Sein zu durchschauen und deshalb zu »destruieren«, ist mancher vielleicht versucht, Martin Heidegger das schlechte Gewissen der abendländischen Philosophie zu nennen.

Worin sehen Sie das am meisten charakteristische Merkmal, um nicht zu sagen das am meisten charakteristische Denk-mal dessen, was Sie die »Seinsvergessenheit« und die »Seinsverlassenheit« nennen?

Heidegger: Zunächst muß ich Ihre Frage in einer Hinsicht korrigieren, wenn Sie von der »Verfallsgeschichte« sprechen. Das ist *nicht negativ* gemeint!

Ich spreche nicht von einer Verfallsgeschichte, sondern nur vom Geschick des Seins insofern, als es sich mehr und mehr im Vergleich zu der Offenbarkeit des Seins bei den Griechen entzieht – bis zur Entfaltung des Seins als bloßer Gegenständlichkeit für die Wissenschaft und heute als bloßer Bestand für die technische Bewältigung der Welt. Also: Es ist nicht eine Verfallsgeschichte, sondern es ist ein *Entzug des Seins,* in dem wir stehen.

Das am meisten charakteristische Merkmal für die Seinsvergessenheit – und Vergessenheit ist hier *immer* zu denken vom Griechischen her, von der λήθη, d. h. vom Sich-Verbergen, vom Sich-Entziehen des Seins her –, nun, das charakteristischste Merkmal des Geschicks, in dem wir stehen, ist – soweit ich das überhaupt übersehe – die Tatsache, daß die *Seinsfrage,* die ich stelle, noch nicht *verstanden* ist.

WISSER: Zweierlei wird von Ihnen immer wieder in Frage gestellt und fragwürdig gemacht: der *Herrschaftsanspruch der Wissenschaft* und ein Verständnis der *Technik*, das in ihr nichts als ein taugliches Mittel sieht, schneller zum jeweils gewünschten Ziel zu kommen. Gerade in unserer Zeit, in der die meisten Menschen sich von der Wissenschaft alles erhoffen und in der ihnen in weltweiten, ja weltfernen Fernsehsendungen demonstriert wird, daß der Mensch durch die Technik das erreicht, was er sich vornimmt, bereiten Ihre Gedanken über die Wissenschaft und über das Wesen der Technik vielen Kopfzerbrechen. Was wollen Sie *erstens* damit sagen, wenn Sie behaupten: Die Wissenschaft denkt nicht?

HEIDEGGER: Um zunächst mit dem Kopfzerbrechen zu beginnen: Ich finde das ganz gesund! Es ist noch zuwenig Kopfzerbrechen heute in der Welt und eine große Gedankenlosigkeit, die eben mit der Seinsvergessenheit zusammenhängt.

Und dieser Satz: Die Wissenschaft denkt nicht, der viel Aufsehen erregte, als ich ihn in einer Freiburger Vorlesung aussprach, bedeutet: Die *Wissenschaft* bewegt sich nicht in der *Dimension der Philosophie*. Sie ist aber, ohne daß sie es weiß, auf diese Dimension *angewiesen*.

Zum Beispiel: Die Physik bewegt sich in Raum und Zeit und Bewegung. Was Bewegung, was Raum, was Zeit ist, kann die Wissenschaft als Wissenschaft nicht entscheiden. Die Wissenschaft *denkt* also nicht, sie *kann* in *diesem* Sinne mit ihren Methoden gar nicht denken.

Ich kann nicht z. B. mit physikalischen Methoden sagen, was die Physik ist. Was die Physik ist, kann ich nur denken, in der Weise des philosophischen Fragens. Der Satz: Die Wissenschaft denkt nicht, ist *kein Vorwurf,* sondern ist nur eine *Feststellung* der inneren Struktur der Wissenschaft: Zu ihrem Wesen gehört, daß sie einerseits auf das, was die Philosophie denkt, angewiesen ist, andererseits selbst aber das zu-Denkende vergißt und nicht beachtet.

WISSER: Und was meinen Sie, wenn Sie *zweitens* davon spre-
chen, daß größer als die Gefahr der Atombombe für die heutige
Menschheit das Ge-setz der Technik ist, das »Gestell«, wie Sie den
Grundzug der Technik nennen, das Wirkliche in der Weise des
Bestellens als Bestand zu entbergen, anders ausgedrückt: alles und
jeden auf einen Knopfdruck hin abrufbar zu machen?

HEIDEGGER: Was die Technik betrifft, so ist meine Bestimmung
des Wesens der Technik, die bisher noch nirgends aufgenommen
worden ist, die – um es konkret zu sagen –, daß die moderne
Naturwissenschaft in der Entwicklung des Wesens der modernen
Technik gründet und nicht umgekehrt.

Zunächst ist zu sagen, daß ich *nicht gegen* die Technik bin. Ich habe
nie *gegen* die Technik gesprochen, auch nicht gegen das sogenannte Dämonische der Technik. Sondern ich versuche, das *Wesen* der
Technik zu verstehen.

Wenn Sie diesen Gedanken zitieren mit der Gefährlichkeit der
Atombombe und einer noch größeren Gefährlichkeit der Technik,
so denke ich an das, was sich heute als Biophysik entwickelt, daß
wir in absehbarer Zeit im Stande sind, den Menschen so zu *machen,* d. h. rein in seinem organischen Wesen so zu konstruieren,
wie man ihn braucht: Geschickte und Ungeschickte, Gescheite
und – Dumme. So weit wird es kommen! Die *technischen* Möglichkeiten sind heute bereit und wurden schon von Nobelpreisträgern
in einer Tagung in Lindau ausgesprochen – was ich in einem Vortrag vor Jahren in Meßkirch bereits zitiert habe.

Also: Vor allem das *Mißverständnis* ist abzulehnen, als ob ich *gegen*
die Technik sei.

Ich sehe in der Technik, in ihrem Wesen nämlich, daß der Mensch
unter einer Macht steht, die ihn herausfordert und dergegenüber
er nicht mehr frei ist – daß sich hier etwas ankündigt, nämlich ein
Bezug des Seins zum Menschen – und daß dieser Bezug, der sich
im *Wesen* der Technik verbirgt, eines Tages vielleicht in seiner
Unverborgenheit ans Licht kommt.

Ob das geschieht, weiß ich nicht! Ich sehe aber im Wesen der
Technik den ersten Vorschein eines sehr viel tieferen Geheimnis-

ses, was ich das »Ereignis« nenne – woraus Sie entnehmen möchten, daß von einem Widerstand oder einer Aburteilung der Technik gar keine Rede sein kann. Sondern es handelt sich darum, das *Wesen* der Technik und der technischen Welt zu verstehen. Meiner Meinung nach kann das nicht geschehen, solange man sich philosophisch in der Subjekt-Objekt-Beziehung bewegt. Das heißt: Vom *Marxismus* aus kann das *Wesen* der Technik nicht verstanden werden.

WISSER: Alle Ihre Überlegungen gründen und münden in derjenigen Frage, die die Grundfrage Ihrer Philosophie ist, in der »Seinsfrage«. Sie haben immer wieder darauf hingewiesen, daß Sie nicht zu den bisherigen Thesen über das Sein eine neue hinzufügen wollen. Gerade weil man das Sein recht unterschiedlich bestimmt hat, etwa als Eigenschaft, als Möglichkeit und Wirklichkeit, als Wahrheit, ja als Gott, fragen Sie nach einem verstehbaren Einklang; und zwar nicht im Sinne einer Übersynthese, sondern als Frage nach dem Sinn von Sein.

In welcher Richtung bahnt sich durch Ihr Denken eine Antwort auf die Frage an: Warum ist Seiendes und nicht vielmehr Nichts?

HEIDEGGER: Da muß ich auf zwei Fragen antworten. Erstens: die Klärung der Seinsfrage. Ich glaube, hier besteht eine gewisse Unklarheit in Ihrer Fragestellung. Der Titel »Seinsfrage« ist zweideutig. Seinsfrage bedeutet einmal die Frage nach dem Seienden als Seiendem. Und in dieser Frage wird bestimmt, was das Seiende ist. Die Antwort auf diese Frage gibt die Bestimmung des Seins.

Die Seinsfrage kann aber auch verstanden werden in dem Sinne: Worauf gründet jede Antwort auf die Frage nach dem Seienden, d. h., worin gründet überhaupt die Unverborgenheit des Seins? Am Beispiel gesagt: Die Griechen bestimmen das Sein als Anwesenheit des Anwesenden. In Anwesenheit spricht Gegenwart, in Gegenwart ist ein Moment der Zeit, also ist die Bestimmung des Seins als Anwesenheit auf Zeit bezogen.

Versuche ich nun, die Anwesenheit von der Zeit her zu bestimmen, und sehe ich mich um in der Geschichte des Denkens, was über die Zeit gesagt ist, dann finde ich von Aristoteles an, daß das

Wesen der Zeit von einem schon *bestimmten* Sein her bestimmt ist. Also: Der überlieferte Begriff der Zeit ist unbrauchbar. Und *deshalb* habe ich in »Sein und Zeit« einen neuen Begriff der Zeit und Zeitlichkeit im Sinne der ekstatischen Offenheit zu entwickeln versucht.

Die andere Frage ist eine Frage, die bereits Leibniz gestellt hat und die wiederum Schelling aufgenommen hat und die ich wörtlich wieder am Schluß meines schon genannten Vortrags »Was ist Metaphysik?« wiederhole.

Aber: Diese Frage hat bei mir einen ganz anderen Sinn. Die gewöhnliche metaphysische Vorstellung dessen, was in der Frage gefragt wird, bedeutet: Warum ist überhaupt *Seiendes* und nicht vielmehr Nichts? Das heißt: Wo ist die *Ursache* oder der *Grund* dafür, daß *Seiendes* ist und nicht Nichts?

Ich frage dagegen: Warum ist überhaupt Seiendes und nicht viel *mehr Nichts?* Warum hat das Seiende den Vorrang, warum wird nicht das Nichts als identisch mit dem Sein gedacht? Das heißt: Warum herrscht und woher kommt die Seinsvergessenheit?

Es ist also eine ganz andere Frage als die *metaphysische* Frage. Das heißt: Ich frage »Was *ist* Metaphysik?« Ich frage nicht eine *metaphysische* Frage, sondern frage nach dem *Wesen* der Metaphysik.

Wie Sie sehen, sind diese Fragen alle ungewöhnlich schwer und für das geläufige Verstehen im Grunde unzugänglich. Es bedarf eines langen »Kopfzerbrechens« und einer langen Erfahrung und einer wirklichen Auseinandersetzung mit der großen *Überlieferung*. Eine der großen Gefahren unseres Denkens ist heute gerade die, daß das Denken – also im Sinne des philosophischen Denkens – keinen wirklichen ursprünglichen Bezug mehr hat zur Überlieferung.

WISSER: Ersichtlich kommt Ihnen alles auf den Abbau der Subjektivität an, nicht auf das heute Großgeschriebene, das Anthropologische und Anthropozentrische, nicht auf die Vorstellung, daß der Mensch im Wissen, das er von sich hat, und im Tun, das er bewerkstelligt, bereits sein Wesen erfaßt habe. Sie weisen den Menschen an, statt dessen auf die Erfahrung des Da-seins zu achten, in der sich der Mensch als seinsoffenes Wesen erkennt und das Sein sich ihm als Un-verborgenheit gibt. Dem Nachweis der Notwendigkeit einer solchen Verwandlung des Menschseins aus der Erfahrung des Da-seins gilt Ihr gesamtes Werk.

Sehen Sie Anzeichen dafür, daß dieses als notwendig Gedachte wirklich wird?

HEIDEGGER: Wie das Schicksal des Denkens aussehen wird, weiß niemand. Ich habe im Jahre 1964 in einem Vortrag in Paris, den ich nicht selber gehalten habe, der in französischer Übersetzung vorgetragen wurde, unter dem Titel gesprochen: »Das Ende der Philosophie und die Aufgabe des Denkens«. Ich mache also einen *Unterschied* zwischen Philosophie, d. h. Metaphysik, und dem Denken, so wie ich es verstehe.

Das Denken, das ich in diesem Vortrag gegen die Philosophie absetze – was vor allem dadurch geschieht, daß eine Klärung des Wesens der griechischen ἀλήθεια versucht wird –, dieses Denken ist der Sache nach im Verhältnis zum metaphysischen sehr viel einfacher als die Philosophie, aber gerade seiner Einfachheit wegen im Vollzug sehr viel schwieriger.

Und es verlangt eine neue Sorgfalt der Sprache, keine Erfindung neuer Termini, wie ich einmal dachte, sondern einen Rückgang auf den ursprünglichen Gehalt unserer eigenen, aber ständig im Absterben begriffenen Sprache.

Ein kommender Denker, der vielleicht vor die Aufgabe gestellt wird, dieses Denken, das ich *vorzubereiten* versuche, wirklich zu übernehmen, der wird sich einem Wort fügen müssen, das einmal Heinrich von Kleist niedergeschrieben hat und das lautet:

»Ich trete vor einem zurück, der noch nicht da ist, und beuge mich, ein Jahrtausend ihm voraus, vor seinem Geiste.«

Richard Wisser

NACHDENKLICHE DANKBARKEIT

Freitagnachmittag, 15. August 1969. Anruf des Hauptabteilungs-
leiters Kultur beim Zweiten Deutschen Fernsehen: Es stehe am
26. September der 80. Geburtstag von Martin Heidegger »ins
Haus«. Die ARD plane eine Sendung. Heidegger habe sich jedoch
geweigert, ein Interview zu geben. Auch Vorstöße des ZDF seien
gescheitert. Unklar sei, was dahinterstecke. Es hänge wohl nicht
nur mit einer gewissen Scheu vor dem neuen Medium zusammen,
wohl auch mit schlechten Erfahrungen, vielleicht Abscheu. »Versuchen Sie es, Heidegger zu einem Gespräch zu bewegen!«
Meine Antwort: Warum sollte ich erreichen, was anderen nicht
gelungen ist? Und überhaupt: Nach den erfolgten Absagen ist ein
solches Ansinnen Heidegger gegenüber, gelinde gesagt, imperti-
nent; von der Zumutung mir gegenüber gar nicht zu reden.
1964 hatte ich für das ZDF zum 500. Todestag des einzigartigen
deutschen Philosophen und Kardinals Nikolaus von Kues, dessen
Wappentier der Krebs ist, einen Film »Im Zeichen des Krebses«
(Nikolaus als Zeitgenosse) gemacht. Und nun soll ich Heidegger
»zum Sprechen« bringen? Wie soll ich das Unmögliche möglich
machen?
Am 24. September 1969 strahlt das ZDF zur großen Überraschung aller Insider tatsächlich ein Fernseh-Gespräch aus. Heidegger hat also mitgemacht. Das Presse-Echo ist dementsprechend
beachtlich. Von der »Süddeutschen Zeitung« beispielsweise anerkannt, weil »der Zuschauer dieser Sendung das einzigartige Glück
hatte, einen Weltweisen sprechen zu hören und vor sich zu sehen«
(Nr. 231, München, 29. September 1969) und vom »Evangelischen Pressedienst, Kirche und Fernsehen« »zu den bemerkens-
wertesten Fernsehbeiträgen der letzten Zeit« gerechnet, weil es

»nicht nur den Jüngern, sondern gerade auch den Kritikern Heideggers Gelegenheit gab, ihr teils von Emotionen, teils von simplem Mißverständnis bestimmtes Heideggerbild an der Realität zu messen und zu korrigieren« (Nr. 37, Frankfurt/M., 27. September 1969).

Sechs Jahre später, einen Tag nach Heideggers Tod, bringt das ZDF das Bild-Dokument Hunderttausenden zu Gesicht. Dem nachdrücklich vorgebrachten Wunsch – wie beim Tod von Karl Jaspers – auf dem Bildschirm einen Nekrolog zu sprechen, komme ich aus Dezenz nicht nach. Aber ich schreibe den Text, den Reinhart Hoffmeister – er hatte seinerzeit am Schneidetisch des Heideggerfilms Regie geführt – angemessen und mit Verständnis spricht:

»Gestern ist Martin Heidegger, der – wie kein anderer deutscher Philosoph dieses Jahrhunderts – im eigenen Land und in der ganzen Welt Anerkennung, aber auch Kritik gefunden hat, im Alter von 86 Jahren verstorben.

Heidegger hat dem Menschen, der heute weltweit in der Gefahr steht, im Verfügungsbereich wirtschaftlicher Vorgänge und ideologischer Praktiken aufzugehen, zu der Einsicht verholfen, daß er mehr ist als ein Objekt von Machenschaften. Indem Heideggers besinnliches Denken, seine vielgerühmte Nach-denklichkeit, dem Sinn der Dinge und dem Sein des Menschen nachfragt, ist es ihm gelungen aufzudecken, in welchem Maße sich der Mensch – in Geschichte und Gegenwart – am vordergründig Gegebenen und Praktikablen orientiert hat. Zugleich konnte Heidegger wie wenige Philosophen vor ihm ansichtig machen, daß der Mensch befähigt ist, das, was sich von sich her zeigt, zu erfahren und sein zu lassen.

Solches Seinsverständnis fußt nicht, wie die Wissenschaft, die dem Gegenständlichen zugewandt ist, auf dem Beweisbaren, sondern bleibt in der Unverborgenheit des Seins unterwegs. Mag Heidegger in den Augen des üblichen geschäftigen und alltäglichen Weltverständnisses dem vermeintlich Nutzlosen nachfragen. Indem er nach dem Sein als dem ursprünglichen Horizont fragt, innerhalb dessen sich überhaupt erst dieses oder jenes Seiende abspielt, macht er dem Menschen wieder das Vorrangige offenbar. Von Martin Heidegger, der dem Medium Fernsehen gegenüber extrem zurückhaltend gewesen ist, existiert nur ein einziges Fernseh-Interview. Er hat es am Vorabend seines 80. Geburtstages dem Mainzer Philosophieprofessor Richard Wisser gegeben und dabei bewußt seiner Philosophie den Epilog gesprochen. Wir senden diese Aufzeichnung des ZDF in der Überzeugung, daß trotz einer Vielzahl von Stellungnahmen und Äußerungen zu Heidegger, Heidegger selbst am einleuchtendsten zu sagen versteht, was ihn zeit seines Lebens beschäftigt hat.« Wenige Monate nach dieser Gedenksendung läßt Bundespräsident Walter Scheel dem Dichter Léopold Sédar Senghor, der als erster Afrikaner an der Sorbonne den Doktortitel erworben hat, der Träger des Friedenspreises des Deutschen Buchhandels von 1968 ist und als »Wegbereiter der Culture Universelle« (Gisela Bonn) gilt, in dessen Eigenschaft als Präsident der Republik Senegal »als Geschenk der Bundesrepublik Deutschland« eine Film-Kopie des Interviews – mit französischer Übersetzung – zum 70. Geburtstag überreichen. Präsident Senghor bezeichnet es nachdrücklich als »sein schönstes Geburtstagsgeschenk« und dankt dem deutschen Bundespräsidenten: »Rien ne pouvait me faire plus de plaisir, car je suis un admirateur de Heidegger.« –

Doch wie gelingt es, Heidegger zu gewinnen? Mein Plan ist einfach: Menschen, die Heidegger begegnet sind, sollen Rechenschaft und Zeugnis geben. Kann Heidegger die Antwort schuldig bleiben? Ich entwickele Heidegger brieflich das Konzept. Am 15. September trifft die Mitteilung ein: »Eben komme ich von einer längeren Reise zurück und finde Ihren Brief. Falls die Zeit nun nicht zu knapp ist, wäre ich zu einem ganz kurzen Interview mit Ihnen (unterstrichen) und zu wenigen Aufnahmen bereit. Bitte rufen Sie an, wann Sie evtl. kommen ...« (Freiburg i. Br.-Zähringen, 14. September 1969). Es geschieht am gleichen Tag. Wir vereinbaren

31

den 17. September, 15 Uhr, für die Aufnahme. In aller Eile kurbe-
le ich alles Nötige an und werde, wenig später, zu meiner größten
Überraschung angerufen von der Redaktion »Der Spiegel«.
Man habe erfahren, daß Heidegger sich zu einem Fernsehinterview bereiterklärt habe, was überraschend sei, gemessen an seinem bisherigen Verhalten. – Recht perplex murmele ich etwas
von Dank für die Blumen, verhehle allerdings meine Überraschung nicht und frage, ohne wirklich eine direkte Antwort zu
erwarten, wie denn die Tatsache, von der doch nur wenige bisher
wissen, dem »Spiegel« so rasch zur Kenntnis gekommen sei? –
Wir haben so unsere Kanäle. Aber wichtiger: Wir wollen beim
Interview dabei sein. Ich solle einen Redakteur des »Spiegel« mit
ins Haus nehmen und ihn zuhören lassen. – Ich verweise auf den
schriftlichen Passus von Heidegger, sehe keinen Grund, jemanden, der nicht zum Aufnahmeteam gehört, einzuschleusen, Vertrauen zu mißbrauchen und weise das Ansinnen zurück. – »Aber
das Tonband könnten Sie mir gleich unten vor dem Haus im
Wagen geben, bzw. es mich abhören lassen!« – Allmählich wird
mir die Sache ärgerlich: Auch dies werde ich nicht tun.
Spürbar lenkt mein Gesprächspartner ein, nennt mir – vertraulich
– den Grund seines Insistierens. »In einem Stahlschrank liegt bei
uns ein Interview, das Heidegger im September 1966 Rudolf Augstein gegeben hat. Wir haben uns aber verpflichtet, das Gespräch
bis zu Heideggers Tod nicht zu veröffentlichen.« Über den Inhalt
wird angedeutet, es werde dabei vornehmlich über Heideggers
Verhalten im Dritten Reich gesprochen. »Sie werden verstehen
…«
Und ob ich verstehe. Jetzt verstehe ich überhaupt erst. Und wir
sprechen noch ausführlich über die Art, in der ich die ZDF-Sen-
dung zu gestalten gedenke, und ich erfahre im einzelnen, wie die
ARD ihren Film aufbaut. Wir trennen uns verbindlich, zumal sich
mein Telephonpartner inzwischen als Schüler eines von uns beiden geschätzten Philosophen zu erkennen gibt. Und ich entspre-
che auch wunschgemäß seiner Bitte, im Anschluß an den Heideg-
ger-Besuch beim »Spiegel« in Hamburg anzurufen. In der Aus-

gabe des »Spiegel« vom 22. September, also zwei Tage vor der Ausstrahlung, steht in der Vorschau des »Spiegel« u. a. »Was ... nicht gelang und was auch als ausgeschlossen galt, erreichte der Wormser Autor Richard Wisser: ein Fernsehinterview mit Heidegger. 20 Minuten lang gab der Denker Antwort« (Nr. 39, S. 216).

Die Situation für den »Spiegel« ist »einigermaßen ungemütlich«. Und man hält das Interview »offensichtlich« für den »Beginn eines philosophischen Durchbruchs zur Publizität«, den Heidegger im Auge habe, nachdem in der Nummer 954 des französischen Nachrichtenmagazins »L'Express« (20./26. Oktober 1969) überraschenderweise ein großes, über acht Seiten umfassendes Interview erscheint, von dem behauptet wird, daß Heidegger es zwei Redakteuren gegeben habe. Der »Spiegel« ist begreiflicherweise hellwach und gespannt, ob Heidegger dadurch »sein Prinzip, sich nicht öffentlich über sein Werk zu äußern, endgültig durchbrochen« hat. »Wir werden das bald sehen.« Es ist nicht so!

Tatsächlich gelingt es den Spiegel-Redakteuren nachzuweisen, daß der von »L'Express« als »document«, und zwar als »l'entretien que Martin Heidegger a bien voulu accorder ... à notre collaborateur«, also als Unterhaltung gekennzeichnete Text, der von der Zeitung »Die Welt« guten Glaubens als »Interview« und »Gespräch« apostrophiert wird (Nr. 245, 21. Oktober 1969, S. 19), eine »Kompilation von nicht protokollierten, nicht auf Band gesprochenen, offenkundig nicht einmal wörtlich zitierten Äußerungen (ist), die Heidegger nicht vorgelegt, ja nicht einmal nach dem Druck zugeschickt worden sind.« Die Seifenblase ist geplatzt. »Der Spiegel« beruft sich auf zwei Briefe, die Heidegger ihm in dieser Angelegenheit schreibt, und macht dabei nicht von sich aus, sondern durch ein Briefzitat aus einer der beiden Zuschriften Heideggers erstmals öffentlich auf ein Interview aufmerksam, das beim »Spiegel« »sekretiert sei und erst nach meinem Tode gedruckt werden solle« (Nr. 45, 3. November 1969; Hausmitteilungen, S. 5).

Einem Leserbrief des Generalsekretärs von »L'Express«, der »mit

Erstaunen« den »Spiegel«-Artikel gelesen hat, »der die Authenti-
zität des Interviews anzweifelt«, läßt »Der Spiegel« eine Erklärung
von Martin Heidegger folgen, aus der hervorgeht, daß Heidegger
erstens ein »mittels Tonband aufgenommenes Gespräch verwei-
gert« hat und daß zweitens der »L'Express«-Text »eine von den
Verfassern zu verantwortende Zusammenstellung von Gedanken
und Stellungnahmen ist, die ich bei gelegentlichen Besuchen – vor
allem bei dem letzten – geäußert habe« (Nr. 4, 19. Januar 1970,
S. 14). Und so »schmort« denn das »Spiegel«-Gespräch weiter »in
der Schublade«, bis es nach Heideggers Tod im Jahre 1976 in der
Nummer 23 unter dem Titel »Nur noch ein Gott kann uns retten«
veröffentlicht wird. Es soll – laut einer Anmerkung – nach dem
Willen Heideggers als »Beitrag zur ›Aufklärung meines Falles‹«
dienen und nach Absicht des »Spiegel« Heideggers Wunsch erfüllen, »auf Vorwürfe zu antworten, die ihm wegen seiner Haltung
im Dritten Reich gemacht worden sind« (31. Mai 1976, S. 3,
193–219).

Auf dem Stuttgarter Philosophenkongreß 1955 hatte ich den französischen Philosophen Maurice de Gandillac von der Pariser Sorbonne kennengelernt, dessen Buch »Nicolaus von Cues. Studien
zu seiner Philosophie und philosophischen Weltanschauung« ein
Jahr zuvor in deutscher Übersetzung (Düsseldorf) erschienen war.
Wir versuchten in Gespräch und Korrespondenz Fragen zu klären,
die sich aus Schwierigkeiten ergaben, die er mit der Übersetzung
einer Erzählung von Gertrud von le Fort »Die Magdeburgische
Hochzeit« ins Französische hatte. Nach Vorträgen in Mainz und
Worms veranlaßten ihn gemeinsame Interessen und Freundlich-
keit, mich brieflich zu einem »Rencontre Philosophique« ins Château de Cerisy-la-Salle in der Normandie einzuladen, wo »sich
Philosophen aus mehreren Ländern versammeln, um Heidegger
zu hören, welcher über den Begriff der Philosophie (überhaupt)
vorlesen wird« (Neuilly s/Seine, 16. Juni 1955).

Dem Brief beigelegt hatte er einen Prospekt, der über die verschiedenen, dort veranstalteten Treffen Auskunft gibt und die Themen von vier anderen Rencontres ausführlich charakterisiert und Autoritäten nennt, unter deren Leitung die jeweiligen Gespräche stattfinden. Was mich wundert: Die Angaben im Blick auf das »Rencontre Philosophique« sind von nicht zu unterbietender Kürze. Es wird lediglich die Zeit der »conversations« angegeben und es wird das Thema bekanntgegeben: QU'EST-CE QUE LA PHILOSOPHIE?, sonst nichts. Handschriftlich ist von de Gandillac als Notiz für mich vermerkt: »Participation assurée de M. Heidegger et de G. Marcel«. Als Grund für die mehr als dürftige Anzeige gibt der Einladungsbrief die starken Reaktionen an, die der Name Heideggers in manchen Kreisen der französischen öffentlichen Meinung erregt hat.

Es ist noch nicht das Jahr der Reisen Heideggers in die Provence, geschweige die Zeit der berühmten drei Seminare in Le Thor (Provence), die von Vittorio Klostermann 1977 zusammen mit dem zugehörigen Zähringer Seminar in deutscher Übersetzung veröffentlicht und damit – es handelt sich um Protokolle – allgemein zugänglich gemacht worden sind (Martin Heidegger, Vier Seminare. Le Thor 1966, 1968, 1969, Zähringen 1973, Frankfurt am Main 1977). Die Reise nach Cerisy-la-Salle im August des Jahres 1955 wird Heideggers erste Reise nach Frankreich, und er hält dort als Einleitung eines Gesprächs den Eröffnungsvortrag, den Günther Neske herausbringt: »Was ist das ¬ die Philosophie?« (Pfullingen 1956).

Es versteht sich von selbst, daß ich die Einladung de Gandillacs, der zum comité d'honneur zählt, hocherfreut, dankbar annehme. In einem weiteren Informationsbrief erfahre ich von den »kolossalen Schwierigkeiten mit einigen Gliedern des Cerisy-Komitées«, weitere Erklärung dafür, weshalb die Ankündigung im Prospekt ganz kurz und anonym und nur andeutend bleiben mußte. Auch ist davon die Rede, daß Heidegger mit Beaufret die »kurze Liste« der deutschen Professoren »bestellt« hat, »mit denen er sich gern unterhalten möchte. Für die Franzosen und anderen Ausländer

sind wir freier gewesen.« Über meine Teilnahme habe er, de Gandillac, mit Gabriel Marcel, Birot, Beaufret und mit Madame Her-
gon-Desjardin gesprochen. »Und alle sind mit mir darüber einig,
um Ihre persönliche Teilnehmung als erwünscht zu betrachten« –
»und vielleicht Ihre Braut«. Dies in Klammer. Wegen eines Reise-
kostenzuschusses möge ich mich unter Berufung auf ihn mit den
französischen Lektor an der Universität in Freiburg/Br. in Verbindung setzen, dem mit Heidegger eng verbundenen und um das
Cerisy-Zusammentreffen sehr bemühten Gilbert Kahn. Ich folge
dieser Anregung und erfahre von ihm, daß es höchstwahrschein-
lich keine Subvention geben wird. Mich interessiert etwas anderes
viel mehr, und zwar, wer von deutscher Seite nach Cerisy fahren
wird. Die Antwort ist ausweichend.

Am 31. Juli trifft dann ein Brief ein, der mir das ganze Ausmaß
dessen deutlich macht, worauf ich mich eingelassen habe. »Tant
bien que mal« handelt es sich darum, daß mir – ohne Wissen des
Professors de Gandillac – abgeraten wird, an dem philosophischen
Rencontre in Cerisy teilzunehmen. »Votre personne est naturelle-
ment tout a fait hors de cause.« Aber Heidegger seien die ganz
besonderen Bedingungen dieser Zusammenkunft sehr rasch sehr
klar geworden. Ihn interessiere deshalb der direkte Kontakt vornehmlich mit jungen Franzosen. »Ce n'est pas le débat philosophique en tant qu'affrontement de positions solidement occupées.
Heidegger n'est pas l'homme des congrès. Mais il ne tient pas non
plus à avoir des intermédiaires de sa pensée, comme auraient été
par exemple ses collègues d'ici.«

Heidegger habe sogar – erneuter Wink mit dem Zaunpfahl – einem deutschen Studenten, der ihn als Assistent und Sekretär begleiten sollte, nahegelegt, seine Anwesenheit sei nicht unerläßlich,
so daß dieser wahrscheinlich eine andere Gelegenheit wählte, um
Frankreich und die Franzosen kennen zu lernen. »Dans ces condi-
tions je crains, quelles que soient vos qualités personelles et malgré
l'intérêt que je suppose que vous avez pour la pensée heideggerien-
ne, que votre situation, comme seul Allemand, ne soit un peu
fausse vis-à-vis de Heidegger. Il est vrai que j'oubliais Biemel, qui

36

est depuis quelques années de nationalité allemande. Mais Biemel est un vieil ami de Heidegger, une sorte d'enfant de la famille. Vous, cher monsieur, quelles que soient vos intentions, dont je ne doute pas, vous serez ›objectivement‹, si je puis dire, l'oeil de l'Université allemande sur la rencontre à Cerisy de Heidegger avec ses interlocuteurs français! ...« (Fribourg-Brisgau).

Was in den Zeilen steht und auf ihrem delikat gewundenen, aber bei aller bestrickenden Liebenswürdigkeit ein eindeutiges Ziel verfolgenden Gang zum Ausdruck kommt, und was »zwischen den Zeilen« steht, gewissermaßen als das Negativ zum schönen Positiv, hat mich damals bewogen, zu antworten: ich werde den Veranstaltern »mit innerem Bedauern« absagen, weil ich »unter den vorgegebenen Umständen, von denen ich ja keine Kenntnis hatte, fehl am Platze wäre« und es mir sehr leid täte, »wenn Heidegger nicht zu der Wirkung gelangen könnte, die er nun einmal hat«. – Meine Antwort an Gilbert Kahn, den Vermittler und Übermittler, ist mir schwer gefallen. Vielleicht fiel sie deshalb liebenswürdig aus. Schwerer fiel mir die Absage an die freundlichen Einlader.

Die Reaktion der Gastgeber erfolgte prompt und mit größtem, hier nicht wiedergegebenem Freimut am 10. August und am 11. September. Nur ein Punkt sei dokumentiert: »Ich bin persönlich so enttäuscht wie beleidigt. Selbstverständlich hätten Sie an den philosophischen Diskussionen und Unterhaltungen so frei teilgenommen wie jeder französische, belgische oder spanische Teilnehmer. Es ist wirklich dumm, Sie als einen ›Beobachter‹ der deutschen Universitäten (und des Professors v. Rintelen) zu betrachten. Mit der Ausnahme des Herrn Biemel hat Heidegger jeden möglichen deutschen Zeugen als unerwünscht erklärt. Unglaubbar, doch tatsächlich!« (Der Hinweis auf Prof. v. Rintelen, meinen Lehrer, ist aufschlußreich, insofern auf dessen Buch »Philosophie der Endlichkeit im Spiegel der Gegenwart«, Meisenheim/Glan 1951, angespielt wird, das eine zwar durch methodologische Sympathie getragene, aber von der Basis einer realistisch orientierten Wertphilosophie inspirierte Auseinandersetzung mit der »existenzphilosophischen Bewegung«, insbesondere mit Martin Heidegger, enthält. Heidegger, der das Denken in Werten schon 1927 in »Sein und Zeit« ablehnt, weil »Werte *vorhandene* Bestimmtheiten eines Dinges sind« (S. 99), hat im »Humanismusbrief« davon gesprochen, daß »das Denken in Werten hier und jetzt die größte Blasphemie ist, die sich dem Sein gegenüber denken läßt«, (Bern 1947, S. 99). Noch am 26. April des darauf folgenden Jahres wird die Sprache auf den Vorgang gebracht, und es werden Auswirkungen angedeutet, die dieser Vorgang für die »Gespräche« hatte.

Bei aller Enttäuschung dämmerte mir doch damals bereits, daß ein solcher Vorgang nicht nur von vorne, sondern gerade auch von seinem Hintergrund her beurteilt werden muß und nur verständlich wird, wenn man Einblick in die Belastungen nimmt, denen Heidegger damals ausgesetzt war. Sie können wenigstens erklären, wie es zu solchem »Mißverständnis« kommen mochte. Mein Verhältnis zum Werk und – später – zur Person Heideggers blieb deshalb von dieser ersten, wenn auch indirekten Erinnerung an Heidegger, mag man dies auch merkwürdig empfinden, unbelastet, wenn auch nicht unbeeindruckt. Ich verspürte ein Mitgefühl mit einem Bedrängten, das mich nicht mehr verlassen hat, mit einem von Feinden und »Freunden« Bedrängten, von Zudringlichkeit und Anbiederung wie von Polemik und Kraftmeierei. So entsteht eine »Nähe«, in der die Luft zum Atmen fehlt und Kurzatmigkeit leicht um den Verstand, jedenfalls ums rechte Verständnis bringt, eine Nähe, die keine ist, weil sie Zwangsverhalten auslöst. Anderen bringt Enge den Kragen zum Platzen. Es mochte nicht leicht sein und war nicht Flucht, wenn Heidegger sich zu bewahren versuchte. Und so kümmerte ich mich um das Werk intensiv, um die Person mit Zurückhaltung, aber ohne auf Distanz zu gehen. Am 17. September 1969 bin ich, obwohl Heidegger im Jahre 1958 den Kontakt von sich aus aufgenommen hatte, und ich seitdem von ihm mit Briefen und Sonderdrucken bedacht wurde, Heidegger das einzige Mal in meinem Leben begegnet.

Ich gebe im folgenden Auszüge aus einem Gedächtnisprotokoll, das ich am 18. September 1969, also im unmittelbaren Anschluß an die Fernsehaufnahmen und ein ihnen folgendes langes, ausführliches Gespräch aufgezeichnet habe. Auslassungen, die noch lebende Personen betreffen, sind durch eckige Klammern gekennzeichnet, Ergänzungen stehen in runden Klammern. –

Für 15 Uhr bin ich angesagt. Die Kameraleute sind nicht da. Was soll ich tun? Dringend hatte ich den Verantwortlichen eingeschärft, die Autokolonne rechtzeitig auf den Weg zu schicken. Ich will pünktlich sein, gehe zwischen der hochgewachsenen, das Haus vor der Sicht ein wenig schützenden Hecke durch das einfache, ein wenig schiefsitzende Gartentürchen, über Steinplatten zum Haus, das zur Straßenfront hin mit Schindeln bedeckt, verkleidet scheint und mich wohl deshalb ein wenig wie ein Hexenhäuschen anmutet, steige die Stufen der Treppe hoch zur Holztüre. Merkwürdig, die beiden Klingeln: »Dr. Dipl. Ing. H.« und darüber »Martin Heidegger«, mit Schreibmaschinenhinweisen, wie zu klingeln ist. Rechts ein alter kleiner Briefkasten mit Heideggers unverkennbaren Schriftzügen auf einem Zettel. Ich klingele, ein Blick auf den Haussegensspruch über der Tür: »Behüte Dein Herz mit allem Fleiß. Denn darüber geht das Leben« (Sprüche Salomos 4, 23), die Tür öffnet sich: Heidegger selbst, klein, überraschend klein – daß Größe so klein sein kann –, wartend, abwartend, ein alter Mann, doch nur kalendarisch 80-jährig, ein Hausherr, der den schon erwarteten Gast willkommen heißt. Die Begrüßung geht ein wenig unter im gegenseitigen Händegeben, im Ausdruck seiner spürbaren Aufmerksamkeit und meiner Freude, ihn endlich persönlich kennenzulernen. Von rechts, aus der Küche des insgesamt klein wirkenden, ein wenig karg anmutenden, holzfühligen Hauses kommt Frau Heidegger, lebhaft, spontan, aufmerksam.

Heidegger, jetzt, wie auch später, wenn er mich geleitet, ein wenig im Hintergrund bleibend, gemessen, abwartend, weisend, den Vortritt lassend, anbietend, fast ein wenig an einen Kavalier alter Schule erinnernd, aber ohne Gehabe, nicht eigentlich bäuerlich, wie er mitunter beschrieben wird, gelassene Selbstverständlichkeit mit Takt und Güte gepaart. Ich steige, er will es, vor ihm die Stufen der schmalen, gewundenen, steilen Treppe empor. Unwillkürlich muß ich an die Gefahr denken, gefährlich in seinem Alter. Im oberen Stockwerk bleibe ich im Flur stehen, wende mich Heidegger zu, der langsam die Treppe hochkommt – »Greislaufstörungen« hat sein witzig schlagfertiger Bruder Fritz in seinem »Geburtstagsbrief« zum 80. geschrieben (Martin Heidegger zum 80. Geburtstag von seiner Heimatstadt Meßkirch, Frankfurt a. M. 1969, S. 36) –, erwarte ihn, obwohl die Tür zu seinem Arbeitszimmer offensteht.

Ich entschuldige die bisher nicht eingetroffenen Leute vom Fernsehen, die vielleicht einem Stau auf der Autobahn Zeit opfern müssen. Heidegger hört, aber wehrt ab, weist den Weg ins Arbeitszimmer, bietet Platz an. Ich sehe manches, während er ein vorbereitetes Tablett, mit Cinzanoflasche und zwei Likörgläschen, herbeiholt, vorbereitet irgendwo, nun auf den Schreibtisch stellt. Ebenfalls vorbereitet hat er zwei neue Veröffentlichungen, »Zur Sache des Denkens« und das von der Heimatstadt Meßkirch herausgebrachte Geburtstagsbüchlein, die er mir mit Widmung schenkt. In beiden: »Für Richard Wisser mit herzlichem Dank Martin Heidegger«. Dank?

Das Zimmer ist rechteckig, mit einem durchgehenden Bücherregal an der Längsseite der einen Wand, keine Schrankwand, kein Wandschrank, viel »Heidegger« nehme ich wahr, auch vor dem Schreibtisch, zum Erkerfenster hin, Manuskriptblätter auf getrennt nebeneinander liegenden Haufen, sortiert, mit Deckeln. Viel Platz hinter dem Schreibtisch, an dem er arbeitet, mit Blick zum Erkerfenster, schmaler Gang an der rechten Schreibtischseite, dort ein tiefer Ledersessel und ein Sofa, mit Decke und übermäßig hochgestelltem Kopfteil, darüber das einzig beherrschende Bild, wohl Pastell, wohl Todtnauberg, eine Schwarzwaldlandschaft, mit Weißtönen, außerdem noch zwei, drei kleine Bilder: Hölderlin, eine Zeichnung, ich kann nicht sehen, ob es ein Original ist. Heidegger bittet, im Sessel Platz zu nehmen.

»Nun wollen wir zunächst einen Willkommensschluck trinken.«
Mir fällt an der Betonung, wie Heidegger den Satz spricht, auf,
daß das Gesagte Raum schaffend und auf Zeit aus ist. Spätere
seiner Sätze fangen an, ohne recht zu enden, als stünden Pünktchen am Schluß, nichts Abschließendes, sondern Eröffnendes,
Ausklang, aber Antworterwartung. Heidegger schenkt selbst, obwohl ich es ihm abnehmen möchte, sorgfältig und gut ein. Noch
immer hält die Überraschung des ersten Augenblicks an. Zugleich
stellen wir die Gläschen wieder ruhig ab. Er hat halb ausgetrun-
ken, ich habe nur genippt. Nochmals bringe ich an, wie besorgt
ich bin, daß die Techniker nicht pünktlich eingetroffen sind. Heidegger lächelt bei »Techniker«, ich betone »pünktlich«.
Ich steuere jetzt rasch auf mein Ziel zu. Entwickle Heidegger, wie
ich mir gedacht habe, daß sich das Interview abspielen könnte. Da
er sich nur zu einem kurzen Gespräch bereiterklärt habe, solle
nichts dem Zufall überlassen bleiben, keine Zeit verschwendet
werden.
Wir vereinbaren, die Fragen einzeln durchzugehen. Ich lese. Heidegger liest mit, das Original, das ich ihm in die Hand gegeben
habe. Liest den Text sehr aufmerksam, hört aber auch zu. Ich lese
mit Absicht, denn ich hoffe, daß eine lebendige Stimme ihn überzeugen hilft. Ich bemerke, manchmal ist er mit dem eigenen Lesen
hinter mir zurück, ich verlangsame den Redefluß, er nickt. »In
unserer Zeit werden immer mehr Stimmen laut und es werden
diese Stimmen immer lauter, die in einer Veränderung der gesellschaftlichen Verhältnisse die entscheidene Aufgabe in der Gegenwart propagieren und den einzig erfolgversprechenden Ansatzpunkt für die Zukunft sehen. Wie stehen Sie, Herr Professor Heidegger, zu solcher Ausrichtung des sog. Zeitgeistes?« Heidegger
hat sichtlich etwas anderes erwartet. Was, weiß ich nicht. Daß,
spüre ich. »Das ist sehr allgemein. Was soll ich dazu sagen?« Zurückhaltung, Widerstand macht sich bemerkbar, sogar ein wenig
Unwille, hineingezogen zu werden in das Übliche, in die pene-
trante Eloquenz selbstherrlicher Schlagworte. Heidegger deutet es
an, läßt aber keinen Zweifel an seiner Einschätzung des »Allge-

meinen«. Trotzdem verdeutliche ich noch einmal meine Zielrichtung, Stichworte: »Veränderung der gesellschaftlichen Verhältnisse«, »Ausrichtung«, »Zeitgeist«. Heidegger geht nicht darauf ein. Ich weise deshalb auf die nächste Frage hin, die im Zusammenhang mit der ersten steht: »Es sind recht unterschiedliche Motive, die zu den modernen Versuchen geführt haben, innerhalb der gesellschaftlichen Ebene oder auch innerhalb der mitmenschlichen Ebene eine Umorientierung der Zielsetzungen und eine Umstrukturierung der faktischen Gegebenheiten zu erreichen. Ersichtlich ist dabei viel Philosophie im Spiel, im Guten wie im Bösen. Sehen Sie einen gesellschaftlichen Auftrag der Philosophie?« In einer für Heidegger, wie ich später bemerke, kennzeichnenden Kopfbewegung, von schräg unten den Kopf nach oben geführt, mit klarem, erwiderndem Blick der großgewordenen Augen: »Nein! Ich sehe keinen!« »Dann sagen Sie es! Sagen Sie es, warum Sie keinen sehen! Sagen Sie, was heute manch einer hinunterschluckt! Klären Sie das Mißverständnis auf, daß Philosophie gleich Gesellschaftsphilosophie ist!« »Da müßte ich weit ausholen, da ist Marx, und Sie wissen …« Erneut fallen mir die Pünktchen auf. »Nun, gerade das sollte angefaßt werden, denn gerade auf ihn beruft man sich heute. Und auch die Diktion meiner Frage: ›Umorientierung‹, ›Umstrukturierung‹, ›faktische Gegebenheiten‹, sie ist von mir bewußt dem heute gängigen doktrinären Jargon angepaßt, durch den man sich als Parole verständigt.« »Da haben Sie recht. Ja, ich bemerke das. Auch den Zusammenhang mit der ersten Frage. Sie meinen es gut. Aber da wäre so viel zu sagen…«
Ich suche nach einem Weg, die beiden Fragen, von denen ich meine, daß viele sie von mir erwarten, zu retten, denn ich glaube zu bemerken, daß immer deutlicher wird, auf welches Unternehmen Heidegger sich da eingelassen hat. »Können wir die erste Frage vielleicht spezifizieren? Etwa im Hinblick auf die Universitätsreform, von der heute so viel gesprochen und für die gekämpft wird, und die doch auch Ihre Aufgabe war!« Ich denke dabei an eine spätere Frage, die ich Heidegger stellen möchte, so daß sie wenigstens vorbereitet wird. »Ja, das geht! Da kann ich etwas

dazu sagen, was ich schon viel früher gesagt habe, da ist alt neu und neu modisch.« (Ich halte mich später im Interview an die Abmachung und hänge an meine erste Frage an: »Wie stehen Sie zu einer solchen Ausrichtung des sog. Zeitgeistes, etwa hinsichtlich der Universitätsreform?« und bekomme wegen des »allgemeinen« Teils der Frage eines aufs Dach: »Ich werde nur auf die letzte Frage antworten; denn was Sie zuvor sagten, ist zu weit gegriffen.« Die Antwort, die Heidegger gibt, ist ein Zitat aus seiner Antrittsvorlesung in Freiburg aus dem Jahre 1929, sie liegt also genau 40 Jahre zurück und – vor!

»Aber auch die zweite Frage nach dem gesellschaftlichen Auftrag der Philosophie sollte ich stellen. Mir liegt ja, und das spüren sie gewiß, sehr daran, daß Sie in Kontakt gebracht, Ihr Denken nicht für sich bleibt, zu zeigen, daß es etwas zu dem, was vor sich geht, sagt, und man an dieses Denken verwiesen wird, weil es Auswirkungen hat, die man durch Umsetzung, ja Anwendung beweist.«

»Oh, dazu ist die Zeit noch nicht gekommen. Man versteht das alles nicht.« Ist es Resignation? Ich muß an Karl Jaspers denken: Der Geist ist ohnmächtig; trotzdem springt Jaspers, dieser kranke Mann, seine Gegner und das Unverträgliche an. Heidegger zieht sich zurück. Ich empfinde keinen Vorwurf, weil einem solchen Verhalten Erfahrungen zugrunde liegen. Heidegger zieht sich zurück, lehnt sich im Stuhl zurück, schaut mich aus klein gewordenen, schmalen Augen an. Ich vermeine, er legt eine Distanz, beobachtet aus einer Burg, legt Raum um sich, zwischen uns.

Er spricht einzelne Sätze, durch Pausen verbunden, Pausen, in denen er erinnert, wie es ist und warum es so ist und, »weil ändern heute verändern bedeutet«, von sich rückt, was so ist. Mit einem Mal sind seine Augen wieder groß, und während Heidegger, das Manuskript zur Seite legend, spricht, erscheint er mir jetzt zum ersten Mal groß, der kleine Mann an seinem Schreibtisch im Zähringer-Haus im Rötebuck 47. Er reckt sich gegen Erfahrungen, die ihn belasten und von denen er andeutungsweise spricht, auf. Er spricht freimütig, läßt aber keinen Zweifel daran, daß er solches nicht vor der Kamera äußern wird. Trotzdem suche ich ihn wieder auf meine zweite Frage zu bringen. »Gerade bei der Frage nach einem gesellschaftlichen Auftrag der Philosophie können Sie doch gut auf den hinter einer solchen Frage wirksamen Philosophie-Begriff zu sprechen kommen! Setzen Sie ihn doch von Ihrem ab.« »Ja, aber was heute geschieht, das hat mit Philosophie nichts zu tun, das ist Soziologie.« Wieder das Hochheben des Kopfes und der nicht mich, die Zeit attackierende Aufblick. Nachdem Heidegger aus der Reserve herausgetreten ist, gieße ich Öl ins aufflakkernde Feuer. »Das sollten Sie sagen. Schon jetzt vorbereiten, was ich später erfragen möchte, Ihr Denken!«

Wir kommen zur dritten Frage, die ich ebenfalls vorlese. Heidegger wendet sich wieder dem Schreibtisch zu, nimmt das Textoriginal, liest – mir kommt es so vor – sperrig mit: »Von Karl Jaspers stammt ein Wort, das auf das gegenseitige Aufeinanderangewiesensein von Philosophie und Politik hindeutet: ›Was eine Philosophie ist, zeigt sie in ihrer politischen Erscheinung.‹ Jaspers ist deshalb, und zwar besonders in den letzten Jahren seines Lebens, den ›Weg in die Öffentlichkeit‹ gegangen. Er hat – gefragt und ungefragt – Stellung genommen. Er hat Zustimmung und Ablehnung erfahren. Aber er hat gesprochen. Warum schweigen sie?«

Heidegger spricht den Namen von Jaspers nicht aus. Ich bemerke, daß ihm die Fragen lästig werden. (Von Jaspers' langjährigem Assistenten und Herausgeber des Jaspers-Nachlasses, Hans Saner, war ich nach Jaspers' Tod über einiges im Verhältnis Jaspers-Heidegger orientiert worden, weiß ich, daß Jaspers zwar kein abschließendes Bild über Heideggers Denken und Person entwirft, aber letztlich Heideggers Denkungsart verwirft, wie umgekehrt Heidegger beinahe vernichtend über Jaspers' »Psychologie der Weltanschauungen« geschrieben hat. Inzwischen ist in der Neuauflage von Jaspers' »Philosophischer Autobiographie«, München 1977, das seinerzeit ausgelassene Kapitel über Heidegger erschienen. 1978 gab Hans Saner aus dem Nachlaß Jaspers' »Notizen zu Martin Heidegger« heraus. Derzeit bereitet Saner zusammen mit Walter Biemel den Briefwechsel vor.) Aber ich kann Heidegger nicht dazu bringen, sich vor der Kamera zu seinem »Schweigen«

zu äußern, das heißt, es zu brechen. Heidegger wirkt abweisend. Mir bleibt nichts übrig: »Wir können diese Frage, wenn Sie wollen, streichen.« »Ja, lassen wir das! Das ... Es ist das alles schwer für mich ... Ich habe manche Erfahrungen gemacht. Einige habe ich Ihnen angedeutet... Wir lassen es.« Ich streiche mit meinem Bleistift in meinem Manuskript die Frage durch. Heidegger greift zu einem Filzstift und streicht, mit roter Farbe, sorgfältig. Erleichtert? Streicht fast behutsam, erledigend.

Gestrichen werden auch die Frage 4 und die Hälfte der Frage 5, gestrichen nach langem Gespräch. Frage 4: »Es ist allgemein bekannt und es wird immer wieder darauf hingewiesen, daß Sie einmal in Ihrem Leben dem politischen Engagement, wie man das heute nennt, nicht aus dem Wege gegangen sind. Es ist weniger bekannt und es wird weniger darauf hingewiesen, daß Sie bereits Ende des Wintersemesters 1933/34 nach zehnmonatiger Amtszeit als Rektor auch wegen der zunehmenden Schwierigkeiten in der Amtsausübung zurückgetreten sind, und daß Sie demonstrativ der öffentlichen Amtseinsetzung Ihres Nachfolgers, der vom Ministerium ernannt wurde, ferngeblieben sind. Wie beurteilen Sie selbst heute Ihre kurzzeitige Hoffnung, daß es sich damals um den Aufbruch des ›Willens zur Selbstverantwortung‹ eines Volkes als ›Gesetz des Miteinanderseins der Völker‹ handeln könnte?« Gestrichen wird der Hintergrund der Frage: »Es ist aufschlußreich, daß Sie in dem Augenblick, als die Hoffnung auf ein gleichgerichtetes Unternehmen grundlos wurde, anders ausgedrückt, als man Ihre Philosophie gleichschalten wollte, die Konsequenz gezogen und – wofür es Zeugen gibt – in Ihren Vorlesungen Ihren Hörern – jedenfalls den Hörenden unter Ihren Hörern – manches gesagt haben, was im äußersten möglich war.« Heidegger, das wenig ergiebige Gespräch zusammenfassend, als Ergebnis: »Das hat keinen Zweck. Das gibt wieder eine Diskussion. Die Menschen verstehen das heute doch nicht, was ich jetzt sage. Rechtfertigung, heißt es, und schon ist alles ins Gegenteil verkehrt...Nein...« Allerdings wieder kein diktatorisches, kein zurücksetzendes Nein, sondern das Nein eines Mannes, dem alles das weh tut, der Last verspürt, fast zarte Handbewegungen, die wegwischen, entfernen, was drückt.

Trotzdem dränge ich nach. Ich hoffe, daß etwas von Gernhaben, etwas Liebevolles dabei spürbar ist. Erkläre. Die Diskussion könnte durch einen Hinweis endlich beendet werden. »Ich möchte nicht Sie drängen, zu etwas Unmöglichem drängen, sondern die Gelegenheit nutzen, etwas zu erreichen. Ein Wort, nicht klärend, nicht erklärend, aber ein Wort. Ein ›Wort‹ zu dieser Sache! Ich habe ja in der Fragestellung abgewogen formuliert, habe bewußt in der Frage Sie zitiert...« Heidegger fällt mir ins Wort, das ihn umstimmen soll. »Sie meinen es so gut, lieber Herr Wisser. Aber ich kann darüber nicht reden. Nicht jetzt! Im Vertrauen, ›Der Spiegel‹ hat eine Erklärung von mir, die zu gegebener Zeit veröffentlicht wird ... Nach meinem Tod ... Ein klärendes Gespräch ... Soweit das möglich ist ... Da habe ich das gesagt, was Sie jetzt von mir gesagt haben wollen. Das kann ich jetzt nicht sagen.«
Nun bin ich doch froh, vom »Spiegel« informiert worden zu sein. Ich sage nichts, da ich Vertraulichkeit zugesichert habe. Sage nichts, obwohl Heidegger sichtlich an der Wirkung interessiert ist, die diese Kundgabe, Preisgabe, auf mich macht. Wäre mir der Vorgang nicht bekannt gewesen, hätte ich bestimmt gefragt: Warum »Der Spiegel«? Heidegger sucht in meinen Gedanken zu lesen, sagt von sich aus: »Er war fair zu mir. Ich bin fair zu ihm.«
Auch wenn ich das verstehe, lasse ich doch nicht locker, weil außer wenigen von diesem »Spiegel«-Gespräch sonst niemand etwas weiß. »Wichtig ist, daß Sie etwas sagen, denn, wie man so sagt, man erwartet es. Wer weiß schon von dem Gespräch und von dem, was Sie damals gesagt haben und erst zu gegebener Zeit öffentlich machen? Man erwartet auch, daß ich eine solche Frage stelle. Gut, vielleicht ist dieses mein Drängen Grund für Sie, mir mangelndes Verständnis vorzuwerfen.« Heidegger, ohne Schärfe, aber mit Nachdruck: »Lieber Herr Wisser, Sie gehen aufs Ganze ...« »Ihretwegen, Ihrer Philosophie wegen ...« Zwei Adern auf Heideggers Stirn sind geschwollen. Er ist erregt. Später, während des Gesprächs, geschieht es noch einmal. Er ist innerlich beweg-

ter, als äußerlich sichtbar werden soll, beherrscht, nicht beherrschend.

Ich bin seit einiger Zeit aufgestanden, stehe neben ihm am Schreibtisch, seit er sich ihm wieder zugewandt hat, heruntergebeugt, nah. Jetzt setze ich mich wieder in den Sessel. Wir streichen. Heidegger ist blasser geworden. Auf die zweite Hälfte der 5. Frage, die direkte Frage, möchte ich nicht verzichten: »Wodurch aber konnte damals und wodurch kann heute Ihre Philosophie im Hinblick auf eine konkrete Gesellschaft mit ihren mannigfachen Aufgaben und Sorgen, Nöten und Hoffnungen wirksam werden? Oder haben diejenigen Ihrer Kritiker Recht, die behaupten, Martin Heidegger sei derart konzentriert mit dem ›Sein‹ beschäftigt, daß er die conditio humana, das Sein des Menschen in Gesellschaft und als Person drangegeben habe?« Ich sage deshalb: »Aber die direkte Frage möchte ich, auch wenn wir die Beziehung auf damals streichen, doch stellen; denn sie enthält einen Vorwurf gegenüber dem, was sie als Ihre Aufgabe ansehen, über den ›Sinn von Sein‹ und über das, was ›Sein‹ heißt und ›ist‹, nachzudenken.« Heidegger schaut mich groß an. Eine Form der Abwehr? Zustimmung? Trainierte Hinnahme »seiner« Formulierungen, von Anerkennung, Achtung, Zustimmung, Verehrung, die ihm bei Besuchern in seinem Haus wohl oft zuteil wird?

Mehrfach habe ich den Eindruck, das Interview ist gefährdet. Ich sage mir: du mußt ganz natürlich bleiben. Ich spreche, wie ich denke, einzig das Ziel vor Augen, das Interview, dessen systematische Fragekonsequenz bereits aufgebrochen und aus den Fugen geraten ist, doch noch zu machen. Schon einige Male ist es mir durch den Kopf gegangen, zu fragen, ob wir auf das Konzept verzichten sollen. Aber was wäre dadurch gewonnen? Nach allem Bisherigen zu urteilen, wäre erst recht »nichts gelaufen«. Ohnedies ist meine größte Sorge: Was wird, wenn die Stimmung umschlägt, er ablehnt? Mir scheint, Heidegger ist nahe daran, zu sagen: Ach, lassen wir es doch lieber. Deshalb begründe ich die Frage und erinnere Heidegger an die Sendung, an die Statements der Teilnehmer. »Meine Fragen kommen nicht von ungefähr. Sie

47

nehmen Überlegungen auf, die die Gratulanten vorbringen, ihr Lob und ihren Tadel, Tadel als Reaktion ihrer selbst auf Sie. So hat Dolf Sternberger Ihnen vorgeworfen, daß Sie über Ihrem Denken den konkreten Menschen drangeben, die Person, die Geschichte.« »Das ist doch Unsinn! Ohne den Menschen gibt es nicht das Sein, aber den Menschen um des Seins willen. Der Mensch ist doch gerade darum für mich so wichtig. Aber er ist nicht das einzige.« »Sternberger denkt an diesen und jenen Menschen, und es wäre, meine ich, gut, wenn Sie selbst die Beziehung darstellen wollten, wie Ihr Denken dem konkreten Menschen zugute kommt. Das wollte ich doch auch bei den anderen, den politischen, den ›soziologischen‹ Fragen.« (Die Statements sind nachzulesen in: Martin Heidegger im Gespräch. Hrsg. von Richard Wisser, Freiburg/ München 1970, S. 13–56.)

Beim Reden habe ich mich wieder aus dem tiefen, mir zu tiefen Sessel erhoben, erwärme mich, spreche trotzdem nicht auf Heidegger ein, aber in ihn hinein, will ihn überzeugen. »Die Umsetzung, bis hin ins Gesellschaftliche, ins Einzelmenschliche ist doch unerläßlich.« »Die wenigsten verstehen, was mein Denken ist. Sie erreichen das nicht.« »Es muß doch möglich sein. Es ›lohnt‹ sich doch so sehr!« Heidegger lächelt und lächelt, viel Weisheit im Blick, Sympathie, aber Enttäuschung. Auch über mich? Darüber, daß ich rede, wie die, die das große Problem unserer Zeit darin sehen, Heidegger und den konkreten Menschen, meinetwegen auch »das Gesellschaftliche« zusammenbiegen? Heidegger hat das Lächeln zurückgenommen. Er hat, wie man und er sagt, seine Erfahrungen gemacht. »Man hat es mir sehr schwer und nicht schön gemacht«, hat er im Zusammenhang mit der vierten und fünften Frage geäußert. Mir fällt es jetzt wieder ein, da ich sehe, wie er sich zurückzieht, in seinem einfachen Schreibtischstuhl zurücklehnt. Und doch ist da eine außergewöhnliche Sicherheit. Heidegger weiß, was er denkt, daß er denkt. Darum geht es, nicht um bloßes Verständnis, zwar um Verstandenwerdenwollen, um Verständnis nicht mehr, noch nicht. Er glaubt nicht mehr daran.

48

Meine fünf Fragen sind auf zweieinhalb zusammengeschrumpft. Die eigentlich philosophischen Fragen (»Martin Heidegger, das schlechte Gewissen der abendländischen Philosophie?«; »Was wollen Sie erstens damit sagen, wenn Sie behaupten: Die Wissenschaft denkt nicht?«; »Was meinen Sie, wenn Sie zweitens davon sprechen, daß größer als die Gefahr der Atombombe für die heutige Menschheit das Ge-setz der Technik ist, das Ge-stell?«), jedenfalls die nächsten drei akzeptiert Heidegger schneller, ja schnell.

Innere Erregung dann aber bei der Frage, die ich mit dem heideggerschen Terminus »Ge-stell« vorbereitet hoffte und durch die gewunden anmutende, an Heideggers Ausdrucksweise orientierte Erklärung, einer Frage, die auf die Art seiner Sprache zielt: »Die Art Ihrer Sprache, die übrigens sogar die Sprache der französischen Philosophie verändert hat, wird in mitunter recht pointierten Ausdrücken kritisiert. So hat der Sozialphilosoph Adorno Ihre Sprache einen ›Jargon der Eigentlichkeit‹ genannt. Und wenn auch Ernst Bloch seinerseits Adornos eigene Sprache als einen ›Jargon der Uneigentlichkeit des Guten‹ charakterisiert hat, so wirft er Ihrer Sprache doch ›eine merkwürdige Erlebnisserei in Begriffen‹ vor, ›Wortklauberei, mit immer wieder gepreßter Etymologie.‹ Was bedeutet Ihnen die Sprache?«

Heidegger hat die Augen zusammengekniffen. Die Stirnfalte über der Nasenwurzel tritt stark hervor. Aber er schließt nur an der Endfrage an: »Das ist sehr schwer.« Pause. Eine Pause, die drückend wird und von seiner Seite nicht nur dem Nachdenken entspringen dürfte. Ich breche das Schweigen: »Ist Ihnen die Sprache alles?« Heidegger: »Nein, das nicht! Aber es ist schwer zu sagen.« Ich erinnere ihn, besser, weise auf einige seiner eigenen Äußerungen hin. Er will nicht. Will er nicht, weil zuvor von Adorno und Bloch die Rede ist? Ich muß es herauszubekommen versuchen! »Wir sollten gerade auf Adorno und Bloch hinweisen und deren Kritik nennen, die von vielen nachgeredet wird. Beide haben sich ja etwas dabei gedacht. Um dem verbreiteten Nachreden, ›Jargon der Eigentlichkeit‹, – das fällt den meisten ja ein, wenn sie die Namen Heidegger und Jaspers hören –, einen Schein von Objektivität zu geben, auf die man sich viel zugute hält, habe ich bewußt bei der Frage nach der Technik auf eine Ihrer Formulierungen zurückgegriffen: Das Wirkliche in der Weise des Bestellens als Bestand zu entbergen. Das scheint Sprachspielerei, wird so aufgefaßt, von denen kritisiert, die nicht bemerken, daß hier terminologisch gearbeitet wird, Gegen*stand*, *Gegen*stand aufheben, alles zum *Bestand* machen, *machen*.« Heidegger nickt zustimmend. Ich hoffe schon, ihn gewonnen zu haben, als er mit Bestimmtheit erklärt: »Aber über die Sprache kann ich nicht sprechen.« Wir streichen.

Doch sprechen wir miteinander über die Frage, denn die Bemerkung, daß Heideggers Sprache die Sprache der französischen Philosophie beeinflußt habe, greift er auf. Er erzählt, gelockert und in bester Stimmung, fast mit Wohlbehagen, längere Zeit von seinen Erfahrungen mit Franzosen und dem französischen Geist. »Die Franzosen haben Achtung vor dem Geist! Die Deutschen wissen nicht, was er ist.« »Ja, viele haben keine Achtung vor dem Geist, aber *haben* manchmal Geist.« Wir sprechen über die Zeit des Deutschen Idealismus, in der Deutsche ein fast natürlich zu nennendes Verhältnis zum Geist hatten. Heidegger gewinnt noch mehr Farbe. Er nickt, stimmt zu, hört zu, denkt nach, spricht, weist hin.

An der nächsten Frage hatte ich, als ich die Fragefolge spät abends ausarbeitete, herumlaboriert: »Alle Ihre Überlegungen gründen in derjenigen Frage, die die Grundfrage Ihrer Philosophie ist, in der ›Seins-Frage‹. Sie haben immer wieder darauf hingewiesen, daß Sie nicht zu den bisherigen Thesen über das Sein eine neue hinzufügen wollen. Gerade weil man das Sein recht unterschiedlich bestimmt hat, etwa als Eigenschaft, als Möglichkeit und Wirklichkeit, als Wahrheit, ja als Gott, fragen Sie nach einem verstehbaren Einklang; und zwar nicht im Sinne einer Übersynthese, sondern als Frage nach dem Sinn von Sein. In welcher Richtung bahnt sich durch Ihr Denken eine Antwort auf die Frage an: Warum ist Seiendes und nicht vielmehr Nichts?« Diese Frage sollte, nach den – nun allerdings ausgefallenen Erörterungen über die Sprache – Heidegger zu Äußerungen über die »Seinsfrage« veranlassen, zugleich aber Gelegenheit geben, auf den allgemein nicht gerade gebräuchlichen Ausdruck des »Seienden« im Unterschied zu »Sein« und »Nichts« sich einzulassen.

Heidegger korrigiert sofort, daß die Frage zweierlei Stiefel enthält. Ich sage ihm frei heraus, was ich bezwecke, und daß meine Frage einen Haken habe, der ihn zum Korrigieren bringen sollte. Gerade beim Herzstück seines Denkens sei eine lebendige, nicht orakelhafte Antwort wichtig. »Gut! Dann erst die eine Fragestellung, meine Fragestellung, dann die ganz andere Frage, die Schelling stellt.« »Ja!«

Die nächste Frage, die nach Anzeichen einer Verwirklichung des Menschen als seinsoffenem Wesen, nicht als anthropozentrischem Selbstbewußtsein fragt, bleibt. Sie wird zur letzten Frage, weil Heidegger die geplante abschließende von sich schiebt. Ich lese: »Sie, Professor Heidegger, leben in einem Schicksalsbewußtsein, demzufolge es Ihre Aufgabe ist, im Menschen wieder den Sinn für das mögliche Seinsgeschick zu wecken. Sie haben stets im Bewußtsein einer höchsten Verantwortung für das Sein gedacht. Ihr haben Sie in Ihren Werken das Persönliche geopfert, das die Schriften anderer Philosophen mitunter gerade anziehend macht. Sie erstreben nicht, die Menschen über Martin Heidegger als Menschen und als Person zur Sache des Denkens zu bringen, sondern über Gedachtes zum Denken zu verpflichten. Fühlen Sie sich einsam und was bedeuten Ihnen an Ihrem 80. Geburtstag die Menschen und Gott?« Heideggers Antwort erfolgt schlagartig, resolut, lapidar: »Mit dieser Frage schlagen Sie sich selbst ins Gesicht!« Schweigen. In bin betroffen, getroffen, fühle mich an die Perplex-Antwort buddhistischer Zen-Meister erinnert. Das ist »résponse«, Erwiderung, keine »correspondance«, kommt es mir vor. Ich schweige, bewußt, betont, nicht nur aus Nachdenklichkeit. Was mich bestimmt hat, dies zu fragen, ist nicht sozioökonomisches Antichambrieren bei der »Gesellschaft«, kein Einbruch in »Innerlichkeit«, nicht Taktlosigkeit angesichts vermeintlicher »Privatsache«, sondern Frage nach der Nähe zum Entfernten, Nahegehenden.

Heidegger selbst bricht das Schweigen. Fast milde, ohne jede Weinerlichkeit, bedächtig erinnernd, fast fürsorglich mir zugewandt blickt er mir ins Gesicht, sagt, bei aller Gelassenheit, angegriffen ernst: »Die Einsamkeit und die Menschen und Gott hängen zusammen ... Ja, das ist das Problem ... Ich bin einsam, wie einsam, das wissen Sie nicht, oder doch, Sie fragen, weil Sie es zu wissen meinen, aber gerade deshalb ... Das kann ich hier nicht beantworten.« Ich entschuldige mich, mache einen Vorstoß. »Es ist wohl eine Taktlosigkeit, so zudringlich zu fragen. Ich wollte nicht zu nahetreten, nicht zu nahekommen, wollte Nähe ...« Diesmal mache *ich* gewissermaßen Pünktchen. Heidegger: »Nein, das ist es nicht. Es ist ja wirklich die Frage. Aber nicht *die* Frage, nicht meine Frage. Und wenn ich über die Menschen und Gott spreche, dann nehmen die Leute es ... und das Mißverstehen ... und sie haben etwas ... aber die Einsamkeit?« »Gut, Sie haben ohnehin in der vorletzten Frage die Möglichkeit, ein geeignetes Ende, bitte, mißverstehen Sie es nicht, einen Höhepunkt des Gesprächs zu finden.«

Trotzdem bemühe ich mich noch einmal, Heidegger zu einer Teilfrage zu bewegen. »Ich habe bewußt auf einen Passus zurückgegriffen, den Passus ›Seinsgeschick‹, den Löwith verwendet.« Heidegger zuckt zusammen, ruckt: »Löwith? Macht denn der auch mit? Das haben Sie mir nicht geschrieben.« Heidegger steht auf, will nach meinem Schreiben, das inzwischen weit auf der einen Seite des Schreibtisches »abgelegt« ist, greifen. Tatsächlich, mir fällt ein, daß ich Löwith nicht unter den Gratulanten aufgeführt habe, allerdings einzig, weil er bei der Abfassung meines Briefes an Heidegger noch nicht geantwortet hatte. Ich bin über Heideggers Reaktion verblüfft, sage trotzdem ganz natürlich und ohne ins betont Unbetonte zu verfallen: »Als ich schrieb, war wohl von ihm noch nicht die Rede. Aber inzwischen hat er einen Gruß gesprochen.« Besteht hier eine Klippe? Um über einen Gefahrenmoment hinwegzukommen, vielleicht den Verdacht, es sei ein neuer Name eingeschmuggelt worden, lese ich Heidegger von einer vorbereiteten Liste die bereits gedrehten Statements vor und die Termine der noch ausstehenden. Mir wird erneut bewußt,

welche Zumutung es war, mich weich machen zu wollen, einen
»Spiegel«-Redakteur mit ins Haus zu nehmen und ihn zuhören zu
lassen.

Heidegger hat sich wieder gesetzt. Wir sprechen über das Stichwort »Seinsgeschick«. Mehrfach konstatiert er: »Das ist schwer.
Niemand versteht, wenn ich hierzu etwas sage.« Ich weise darauf
hin, daß es sich bei dem Gespräch um ein Dokument handelt, füge
hinzu: »Vom ›Spiegel‹ mal abgesehen.« Und Heidegger lächelt.
»Aber eines, das die Zuschauer nicht verstehen. Das klingt ihnen
gewiß chinesisch.« »Dann müssen wir eben mit der Zeit Chinesisch lernen.« Heidegger lächelt noch immer sein feines Lächeln:
»Das dauert.« Aber er gibt einen Widerstand auf, der nicht mir
gilt, sondern dem »Erfolg«, den ich zu erwarten scheine und der
doch in seinen Augen ersichtlich nicht eintreten wird. Jedenfalls
lenkt Heidegger ein: »Ich werde ein Wort über das Schicksal des
Denkens sagen, nichts Abschließendes, das geht nicht. Aber wie
ich mein eigenes Denken einordne.« »Dann darf ich die Techniker
holen.« Sie sind seit langem eingetroffen.

Ich beeile mich sehr, denn ich möchte nicht riskieren, daß noch
eine Panne, eine Absage erfolgt. Begrüßung schnellstens. Vor-
wurfsvolle Frage, sorgenvolle, warum sie nicht pünktlich eingetroffen sind? Einer murmelt: Wir durften erst nach 12 Uhr fahren.
Das hat mit gewerkschaftlichen Bestimmungen zu tun. Entweder
bis 12 oder nach 12. Dringende Bitte: So viel zu drehen wie nur
irgend möglich, auch ihnen selbst unwichtig Erscheinendes, de-
zent zu sein. Man hält sich nicht daran, jedenfalls nicht an das
erstere, Dringlichste.
Der Aufbau der Scheinwerfer, das Auslegen der Kabel, die Suche
nach Steckdosen, die Einrichtung der Tonaufnahme verwandeln
das Haus in einen Ameisenhaufen. Trotzdem geht alles, vielleicht
deshalb, reibungslos vonstatten. Herr v. Arnim, der Chefkamera-
mann, fällt zwar, weil er schon Einstellungen mit der Filmkamera
ausprobiert, zweimal fast über herumliegende Stücke, Stative.

Heidegger: »Nur keine Aufregung.« Er möchte an seinem Schreibtisch sitzen. Herr von Arnim, im Umgang mit Vietkongs ebenso erfahren wie im Plazieren bekannter Politiker, schiebt Heidegger unaufdringlich, aber bestimmt dorthin, wo die Aufnahmebedingungen, ohnedies schlecht, noch die besten sind. Wie ein Arzt, der operieren muß, bringt er den »Patienten«, der sich zwar innerlich wehrt, aber nun schon in seine Hände begeben hat, in die gewünschte Position, auf den Operationstisch. Heidegger schickt sich drein, bewahrt bei den Vorbereitungen Gelassenheit. Ich werde mit dem Rücken zum Schreibtisch postiert, neben mir eine Kamera, die Heidegger filmt, schräg hinter Heidegger eine zweite Kamera, die mich ins Visier nimmt.

Ich versuche, die paradoxe Situation, Herstellung von Kommunikation bei obwaltender Aufhebung der ihr dienenden Atmosphäre, ein wenig aufzulockern, menschlicher zu machen im Gespinst der Kabel und zwischen den Stativen und Stellagen. Nicht gerade mit Erfolg. Heidegger steht auf, beschreibt um die beschäftigten, einander durch Zurufe herumpostierenden Techniker einen gemessenen Slalomlauf, holt die Kröner-Ausgabe von Karl Marx, »Die Frühschriften«, bittet mich, weil näher dran, ihm ein schwarzes Notizheft zu reichen, steuert selbst die Bücherregale an, zieht sein Buch »Wegmarken« aus der Bücherreihe. Unterlagen, die er nur mit Mühe in den Spalten über den Buchreihen im Büchergestell unterbringt. Die »Wegmarken« fallen herunter. Heidegger bückt sich, ich schneller. Heidegger schlägt die Seite auf, die er zu lesen beabsichtigt. Jetzt läßt sich auch das Buch in den Spalt schieben.

Immer noch hantieren die Fernsehleute. Man kann sich über irgend etwas nicht einigen. Heidegger greift nach einem Manuskript. »Das ist das handschriftliche Manuskript von ›Sein und Zeit‹.« »Ob Sie es mir später zeigen werden?« Heidegger verspricht es. Und er erinnert sich tatsächlich später von sich aus daran. Die Lichter flammen auf, Scheinwerfer, grell, erbarmungslos. Licht wird gemessen. Man legt uns die Mikrophone um. Wir sind gefesselt. Ich entschuldige mich für den Umtrieb und die grellen Scheinwerfer. Heidegger: »Die blenden.« Er sagt nicht mich. »Aber das macht alles nichts. Mir macht der ›Betrieb‹ nichts aus.« Verschmitzt blickt er mich an. Einer der Techniker, offenbar der letzte, der noch Gerät oder was sonst herbeischafft, kommt ins Zimmer, geht schnurstracks auf Heidegger zu, strahlt ihn mit freundlichem Gesicht an und schüttelt dem sitzenden, von Scheinwerfern angestrahlten Heidegger die Hand: »Ja, und guten Tag Herr Professor. Na, wie geht's?« Er weiß: Heidegger wird 80 Jahre alt. Verblüffung bei Heidegger. Aber nur für eine Sekunde. Ich: »Die Mainzer sind sehr selbstverständlich im Umgang mit ›jedermann‹.« »Das ist gut so«, Heidegger schmunzelt vergnügt. Schalk in den Augen blinzelt er mir zu. Die Stimmung hat sich merklich gefangen.

Wir beginnen die Aufnahme. Belastung, die Enge, dieses Gedrängtsein, das Theaterhafte. Es fällt mir schwer, mich zu konzentrieren. Die Absicht, beim Gespräch Fragen »nachzuschieben«, habe ich, aus anderen Gründen, längst aufgegeben. Wir blicken uns fast ständig an. Ich muß mich im Zaum halten, darf nicht meiner Neigung folgen, einem Gesprächspartner zuzustimmen oder Ablehnung akustisch zu machen, darf nicht, wann es mir nötig erscheint, einspringen, eingreifen, ins Wort fallen, den Satz eines anderen in seinem Sinne früher zu Ende führen. Ich bin kein Interviewer. Was man »Gesprächsdisziplin« beim Fernsehen nennt, liegt mir nicht, auch wenn ich die Gründe verstehe, optische, akustische. Der »Gang« des Gesprächs, ohnedies um seine Systematik gebracht, geht mir gegen die Natur. Aber ich halte mich an die vereinbarte Schrittfolge.

Als Heidegger gerade über sein Denken spricht, ist – mitten im Satz – die Filmrolle zu Ende. Heidegger spricht weiter, bemerkt zunächst, trotz der Zurufe: »Schluß«, »Aus«, »das kommt nicht mehr drauf«, die technische Panne nicht. Bis eine neue Rolle eingelegt ist, Überbrückung. Jutta Szostak, ohne die die Statements nicht zustandegekommen wären, und die die »Klappe« übernommen hat, vom Sofa aus zu Heidegger: »Fangen Sie dort wieder an, wo Sie aufgehört haben.« Von mir ist es nicht ihr gegenüber – sie hatte als »Psychologiestudentin« bei mir Philosophie gehört – schulmeisterlich gemeint, sondern ich möchte dem 80jährigen Verständnis signalisieren, wenn ich einwerfe: »So einfach ist das nicht. Professor Heidegger war gerade auf etwas Wichtiges zugesteuert.« »Ja, so war das. Aber das macht nichts. Sie können das, was ich jetzt sage, ja aneinandersetzen. Aber bitte, achten Sie darauf.« Ich verspreche es als selbstverständlich. »Wo war das eigentlich, wo ich über Marx etwas sagen wollte? Das kam doch jetzt nicht mehr?« »Sie sagten etwas, als ich Sie nach dem gesellschaftlichen Auftrag der Philosophie fragte. Aber da wir ohnedies unterbrochen haben und schneiden müssen, können Sie das jetzt als erstes noch einmal sagen.« Heidegger stimmt zu, spricht diese wichtige Passage (die inzwischen Aufnahme in Büchmanns »Geflügelte Worte«, Berlin [32]1972, S. 714, gefunden hat), wartet und spricht dann, fast an der Stelle, wo er zuvor aufhören mußte, seinen Gedankengang weiterführend.

Noch einmal werden wir unterbrochen. Diesmal ist das Tonband zu Ende. Das ergibt die Möglichkeit, eine längere Passage von Heidegger, in der er auf zwei meiner Fragen, nach Wissenschaft, und nach der Technik, zusammengefaßt und dadurch recht lang antwortete, zu trennen. Es wird Schneidearbeit geben, nicht nur, weil wir zwei synchron laufende Filme, er und ich, kombinieren müssen. Wichtig ist, daß wir Heidegger zum Sprechen gebracht haben. Und er macht auch wahr, was er für die letzte Frage, von mir aus gesehen die vorletzte – aus weiteren sieben mach' fünf –, versprochen hat. Mit einem Spruch von Heinrich von Kleist – Heidegger liest ihn aus seinem schwarzen Notizbuch vor, »einem meiner Notizbiecher«, wie er sagt – endet er. Rührender Blick zu mir: »Jetzt ist's genug.« Wir haben nicht den Eindruck, daß ein König den Thron aufgibt, sondern der Denker Heidegger zurücktritt. Bei allem Ernst ist Ironie im Spiel, nicht bloße Ernsthaftigkeit, sondern wahrer Ernst.

Scheinwerfer aus. Es ist fast unerträglich heiß in dem vollgestopften engen Raum. Aufpacken, Einpacken, Durcheinander. Tage später schreibt mir Heidegger, daß ein Stativ liegengeblieben und abholbereit ist. Entwirrung des Verknäulten. Manches klappt nicht beim ersten Mal. Vor, zurück, hin, her. Ausgeräumtes wird wieder ins Zimmer hereingebracht. Heidegger verloren, wie abgemeldet, müde, aber gleichmütig. Die anderen wichtig. Das Schlachtfeld wird geräumt, die Aufgabe erledigt. Es wird wieder Ordnung gemacht. Heidegger: »Ach, lassen Sie nur.« Trotzdem stelle ich seinen Schreibtischstuhl an seinen alten Platz zurück. Wir bringen auch Buch und Notizheft wieder an Ort und Stelle. Heidegger selbst geht zu dem schmalen, den Bücherregalen gegenüberstehenden Gestell, nahe der Tür. Er muß sich etwas strecken, um Karl Marx ins Regal zu stellen. »Sehen Sie«, er zeigt mir die Ausgabe, »das ist von Landshut. Auch ein Schüler. Aber in der zweiten Auflage hat er sein Vorwort zur ersten Auflage weggelassen.« »Warum?« »Es war wohl zu heideggerisch.« »Ja, und?« »Das war damals (1953) nicht mehr opportun!« Der Raum wird wieder herb. Das Strenge, fast an karge Studentenzeiten Erinnernde kehrt wieder, auch das Großväterliche der Einrichtung. Die Rankenpflanze, die um das Erkerfenster gezogen ist, fällt mir erst jetzt auf. Blatt für Blatt treibt sie hervor, der Fensterumrandung folgend.

Ich bitte Heidegger, sich, wie versprochen, noch für einige Aufnahmen im Garten zur Verfügung zu stellen. Er möchte nicht. Ich werbe: »Ernst Jünger, in seiner Geburtstagsgratulation, geht mit beschwingtem, militärisch noch frischem Schritt durch seinen Garten, Sie sollten es auch.« Heidegger hat Spaß: »Ja, der Jünger ist ›jünger‹, der ist rüstig. Er hat einen schönen Garten. Der Jünger tut sich schwer, mit dem Denken. Ich meine, macht es sich nicht leicht. Er tut es.« Schließlich dränge ich, nehme Heidegger fast mit mir.

Wir brauchen Bildmaterial für einen Film-Vorspann, für einen eventuellen Abspann. Heidegger zögernd, bleibt auf dem Treppenvorplatz stehen. Ich bin in Sorge, ob er folgt: »Als ich zu Ihnen fuhr, wollte unser achtjähriger Andreas mitfahren. Du kannst nicht mit, hab' ich ihm gesagt, ich muß zu einem bedeutenden Philosophen. Ja, Papa, aber Du hast doch gesagt, daß er ein Opa

ist, also hat er doch Kinder, mit denen ich spielen kann.« »Ja, fünf
Enkelkinder.« Heidegger hat Spaß an diesem Thema und Einfall.
»Hätten Sie ihn doch mitgebracht, doch, doch. Der Kleine von
Volkmann-Schluck war in Todtnauberg auf der Hütte und hat
gesagt: Papa, ist das der Philosoph, der weiß, was das Sein ist?«
Heidegger amüsiert sich, kostet aus, was dahintersteckt, und geht
mit mir bereitwillig die Treppe hinunter.
Ich animiere den zweiten Kameramann, der sich im Garten po-
stiert hat, aber Blätter verhindern das Drehen. Außerdem bin ich
mit auf dem Bild. Ich möchte, daß Heidegger allein aus der Tür
tritt, durch den Garten läuft. Heidegger steht unschlüssig herum.
»Also, was soll ich jetzt machen?« Der erste Kameramann, Herr v.
Arnim: »Sehen Sie, Herr Professor, Sie gehen aus der Tür, die
Treppenstiegen hinunter, den Gang zwischen dem Rasen entlang,
drehen dann auf halbem Weg ab und steuern auf den Kastanienbaum zu, von dem aus ich drehe.« Heidegger, fast bestürzt, ja
betroffen: »Das ist aber ein Nußbaum!« Mir fällt – romantische
Assoziation, irgendwie daneben – nichts besseres ein: »Es grünet
ein Nußbaum vor dem Haus ...« Heidegger wirkt verstört, als
denke er über etwas nach, vielleicht darüber, wieso man einen
Nußbaum mit einer Kastanie verwechseln kann. Jedenfalls hat er
die Regieanweisung nicht im Sinn, denn er fragt mich: »Was soll
ich denn nun? Zeigen Sie es mir doch bitte.« Ich gehe, unter seinen
Blicken, den Weg, den er nehmen soll, gehe ihn sogar zweimal.
Mir geraten trotzdem jedesmal die Blätter des Nußbaums, unter
dem sich v. Arnim postiert hat, ins Gesicht. Ob Heidegger darunter durchkommt? v. Arnim wird schon wissen, was er macht:
Rücken, Weggang, Verschwinden?
Später: »Der Kameramann möchte – wir hatten das vorher besprochen –, daß Sie auch in Richtung Bergwald gehen. Das gibt,
meint er, ein gutes Bild. Weite, Ferne, Ausblick.« »Das ist jetzt
verbaut ... Jahre, eine lange Zeit, war der Blick frei. Jetzt hat man
ihn uns verbaut.« Bedauern auf beiden Seiten. Doch zunächst v.
Arnim: »Kommen!« Heidegger steht an seiner Haustüre. v. Arnim: »Nein, noch einmal zurück, Herr Professor. Man soll Sie

zuerst nicht sehen. Sie sollen aus der Türe treten, nicht herumstehen.« Ich rücke Heidegger zurecht, dränge ihn zurück. Er geht ins Haus. Kommt. Geht. Er geht einen etwas unsicheren Gang auf den versetzt-gesetzten Steinplatten, etwas schwankend, vielleicht auch dadurch. Da geht er, ein einsamer, alter Mann, geht durch seinen Garten, weil ihn Kameraleute, Leute vom »Fernsehen« gebeten haben, geht auf Geheiß von Leuten, die ihn einfangen wollen, wollen, daß sie ihn bald »im Kasten« haben. v. Arnim läßt Heidegger nochmals gehen. Heidegger tut es. Endlich ist alles vorüber.

Die Kameraleute verabschieden sich. Ich bitte Jutta Szostak zu warten, gehe mit Heidegger zurück. Er muß doch müde sein nach alledem. Doch er fordert mich zum Bleiben auf. Wir sprechen noch anderthalb Stunden miteinander. Mehrfach mache ich Anstalten zu gehen, doch Heidegger fragt, betont, immer gerade dann etwas Neues. Es ist wie eine Handreichung. Ich muß viel sprechen. Demnach scheint ihn das Informative zu interessieren. Von Anfang an habe ich darauf geachtet, natürlich zu sein, physiologisch im griechischen Sinne. Ob mehr als Vitalität, Temperament dabei herausgekommen ist? Mitunter bin ich mir doch recht »literarisch« neben Heidegger vorgekommen. Ich wollte den Faden nicht abreißen lassen, habe vielleicht das Schweigen und die Pausen zu musikalisch empfunden.
»Ich glaube, das Interview wird gut«, leite ich eine neue Periode ein. »Ja, es könnte sein. Aber Sie achten darauf, daß nichts durcheinandergerät.« Mir scheint, Heidegger ist ehrlich der Auffassung, daß die Sache, richtiger gesagt, die Angelegenheit besser geworden ist als ursprünglich angenommen. »Gerade auch durch die ›meisterliche‹ Richtigstellung der Implikationen meiner Fragen und durch Ihr Eingehen auf das, was hinter ihnen vermutet werden könnte, stecken könnte, haben Sie lebendig gesprochen.«
»Das mit der ›Verfallsgeschichte‹ fiel mir beim Lesen auf«, äußert er fast entschuldigend. Mir war es um Heideggers Verfahren der

»Destruktion« der bisherigen Geschichte der abendländischen Philosophie gegangen.

Plötzlich: »Am Ende der Anfang«. Heidegger greift von sich aus nach dem in Aussicht gestellten Manuskript von »Sein und Zeit«. Ich komme nicht mehr zurecht, meine Bitte zu äußern. Er zeigt es gerne. Jetzt kommt er auch mir ein wenig vor wie ein Bauer, von dem Jünger in seinem Statement spricht, einem, der seinen Besitz zeigt. Aber ich kann auch jetzt nicht finden, was ihn mir als Bauer, ja als bäuerlich erscheinen ließe. Er wirkt bei aller Härte, ja an Zorn grenzender Aggressivität, die im Gespräch an einigen Stellen durchbrach, zart, so behutsam in seinen Bewegungen, seine schöne deutsche Schrift, klar, ohne Verschreibungen, die Seiten gegliedert, ein Genuß die Schrift dieses Denkers. »So ist das Manuskript zum Setzer gegangen.«

Wir sprechen darüber, was Heidegger mit dem Manuskript vorhat. »Es ist die dritte Reinschrift. Ich weiß noch nicht genau. Das gibt sich, wird sich finden.« Ich deute an, da ich davon gehört habe, daß Pläne bestanden haben sollen, es in die USA zu verkaufen, es nun aber wohl ans Schiller-Archiv nach Marbach gehen wird, zeige aber auch Verständnis dafür, daß, was uns wert, auch ihm zu etwas nutze sein möge. Er hüllt sich in Schweigen. Dann: »Wir werden sehen.«

Wir betrachten gerade eine Vorarbeit zum leserlich schönen Manuskript von »Sein und Zeit«, schwer zu entziffern, mit derart kleingeschriebenen Buchstaben, daß man fast eine Lupe benötigt. Heidegger holt ein anderes Manuskript, eine Vorlesung über Schellings Schrift »Über das Wesen der menschlichen Freiheit«, auf die Heidegger sichtlich besonderen Wert legt (sie wird 1971 von Hildegard Feick, die sich auch durch den von ihr angelegten Heidegger-Index aufopfernd verdient gemacht hat, bei Niemeyer in Tübingen herausgegeben). Heidegger greift nach einem weiteren Karton, der in einer Reihe gleichformatiger Kästen steht, die Heideggers Vorlesungen und Handschriften enthalten. Was sagte ich: Bauer? Eine Biene, friedlich, aber mit Stachel, und die Regale Waben, kommt es mir vor.

»Alles unveröffentlicht. Sehen Sie – er weist auch auf die Blätter-stöße auf der Ablage gegen das Fenster zu hin –, aber es hat Zeit. Es braucht die rechte Zeit.« Ich gebe mich nicht zufrieden, spreize mich wohl auch ein wenig: »Zugegeben. Aber auch wenn ich etwa Ihre Dissertation und die Habilitationsschrift nicht gelesen habe, so gibt es doch auch noch andere Leute, die brennend an neuen Veröffentlichungen von Ihnen interessiert sind.« Heidegger betrachtet mich lächelnd, wird dann aber spitz: »Heute zählt nur die Neuerscheinung. Und sie nur solange, bis eine neuere Neuer-scheinung die ältere Neuerscheinung in Vergessenheit geraten läßt. Etwa der ... Verlag. Das ist doch kein Verlag, das ist eine Katastrophe.« Die Offenheit macht mich sprachlos. Ich fühle, es müßte umgekehrt sein.

Heidegger lenkt nach diesem Ausbruch aufs Thema zurück. »Die Leute, ich weiß, Sie meinten das anders, die Leute wollen immer Neues. Und sie haben das Alte noch nicht gelesen, nicht richtig gelesen.« »Aber die ›Leute‹ zählen doch nicht. Natürlich, ›Leute‹ wollen Neuerscheinungen, die sie nicht lesen, die sie sehen, kau-fen, haben wollen, weil sie sich dann up to date vorkommen. Aber Ihre Freunde und Gegner, die ernsthaften, suchen doch Ihr Den-ken zu erfahren, wo es herkommt, wie es von der Stelle kommt, möchten mitgehen oder spannen auf Abwege und auf ...« – »Irr-wege« will ich sagen, doch Heidegger fällt mir ins Wort, schroff, gefährlich leise: »Man begreift ja nicht einmal das Veröffentlichte. Wenn die, die über mein Denken schreiben – von denen, die über es reden, ganz zu schweigen –, wenigstens das Wichtigste von dem, was ich bisher veröffentlicht habe, gelesen hätten, wäre es besser um das Denken bestellt.« Als Heidegger meinen doch wohl ein wenig verblüfften Blick, nicht weil ich ihm Unrecht gäbe, sondern mich selbst ein wenig mitertappt fühle, bemerkt, fügt er hinzu: »Nicht nur um *mein* Denken.« Und mir fällt auf, daß ich tatsächlich einen Moment unkritisch Heideggers Denken mit *dem* Denken identifiziert hatte, als hätte ich vergessen, was Heidegger kurz zuvor am Schluß seines Gesprächs mit dem Kleist-Zitat und durch es hindurch gesagt hat.

Später am 26. März 1971 lese ich in einer Besprechung in »Publik«
aus der Feder eines der »sorgfältig über das gefährliche Zitat nachdenkt, mit dem Heidegger das Interview mit Wisser beschließt«:
Heidegger »spricht hier von einem ›kommenden Denker‹, der
›vielleicht vor die Aufgabe gestellt‹ werde, das Denken, das er,
Heidegger ›vorzubereiten‹ versuche, ›wirklich zu übernehmen‹.
Dieser ›kommende Denker‹ wie es hier in der Diktion positiver
Apokalyptik oder bloßer Dialektik heißt, werde sich einem Wort
von Heinrich von Kleist ›fügen müssen‹, das so lautet: ›Ich trete
vor einem zurück, der noch nicht da ist, und beuge mich, ein
Jahrtausend ihm voraus, vor seinem Geiste.‹ Ganz abgesehen davon, daß nicht klar ist, was es bedeutet, jener wie ein Heilbringer
anvisierte Denker werde sich ›einem Wort fügen müssen‹, gerät
die Exegese dieses Zitats in ein Dilemma: Versteht Heidegger sich
als den Vorläufer, der sich vor dem Kommenden jetzt schon
›beugt‹, oder aber ist jener erst noch kommende Denker derjenige,
der abermals vorausweist – ›ein Jahrtausend‹ – auf den, der alsdann
kommt? Wie es auch sei, dieser Chiliasmus bietet keinen Trost,
keine Hilfe ... er ist, man muß es zugeben, elitär, gnostisch und
auf fatale Weise a-politisch und a-sozial, ja er ist Ausdruck jener
deutschen Maßlosigkeit, der démesure des minuit, die Albert Ca-
mus scharfsinnig und leidenschaftlich kritisiert und der er den
Gedanken des midi, das heißt seine von den Griechen inspirierte
Philosophie der Grenze und des Maßes, gegenübergesetzt hat.«
(Nr. 23, Frankfurt am Main, S. 26). –
Und dann lehnt sich der 80jährige im Schreibtischstuhl zurück,
entfernt sich, nicht um den Abstand zu vergrößern, sondern, wie
ich gleich sehen werde, um mir etwas ihm Wichtiges nahezubrin-
gen, spricht Heidegger mich sehr persönlich und direkt an: »Denken, lieber Herr Wisser, Denken braucht Zeit, *seine* Zeit und seine
Zeit. Es *hat* Zeit, viel Zeit ...«
Wie unterschiedlich, schießt es mir durch den Kopf, ist doch das
Verhältnis großer Philosophen zur Zeit, und zu »ihrer« Zeit. Ich
muß unwillkürlich an Karl Jaspers denken. Jaspers, ursprünglich,
wie er selbst sich charakterisiert hat, »a-politisch« eingestellt, hat

in zunehmendem Maße in den letzten Jahren seines Lebens mit einer geradezu atemberaubenden Rasanz den Weg in die politische Öffentlichkeit genommen, sehr zum Leidwesen gerade mancher Politiker. Das war es, was ich Heidegger mit der gestrichenen Frage vor Augen führen wollte. »Was eine Philosophie ist, zeigt sie in ihrer politischen Erscheinung«, hat Jaspers schließlich formuliert und – sogar danach gehandelt. Er hat gebeten und ungebeten, gefragt und ungefragt, Stellung genommen. In den Briefen, die ich von Jaspers erhalten habe, wird von Mal zu Mal deutlicher, daß er die ihm noch verbliebene Zeit nutzen wolle, um das jetzt Anstehende zu tun, weshalb er mehrfach betont, wie wichtig für ihn das Politische ist. »Sie wissen, wie sehr ich mich immer freue, daß Sie sich auch meiner politischen Bücher annehmen, fast als einziger« (Basel, 20. Mai 1967). Für uns muß es heißen: »Sogleich.«

Angesichts eines weiteren handgeschriebenen Manuskripts von Heidegger komme ich mir, mir tut es leid, nur als Handschriftenliebhaber vor, der, da Heidegger obendrein davorsteht, also paradoxerweise »im Weg steht«, nicht die Worte und die Nähe findet, mit ihnen umzugehen, wirklich zu lesen. Heidegger blättert selbst, er zeigt. Ich selbst kann nicht blättern, könnte es vielleicht, ziehe es aber vor, die Hände davon zu lassen, denn wie soll ich mich vertiefen, und aufpicken möchte ich auch nicht. Deshalb bringe ich – Heidegger hat, da ich schweige, das Manuskript wieder verstaut, »eingefahren«, und ist einige Schritte zur Seite gegangen – meine Bitte vor, er möge mir in mein Exemplar von »Sein und Zeit«, das ich als Student durchgearbeitet habe, seinen Namen einschreiben. Verspätet, denn Heidegger hat eine Veröffentlichung geholt, das gedruckte Protokoll einer Réunion in Frankreich, »Séminaire du Thor – 30 aout – 8 septembre 1968. Séminaire tenu par le Professeur Martin Heidegger sur la Differenzschrift de Hegel« (Exemplaire 36). Ich rekapituliere Philosophiegeschichte, ein eigenes Oberseminar: »Fichte, Schelling im Visier von Hegel und unter den Augen von Heidegger«, bin sehr interessiert. »Ich möchte Ihnen diese im Buchhandel nicht erschie-

nene Schrift schenken.« Es ist die dritte dieses Besuchs. Heidegger
bereitet seinen Füllfederhalter, bedächtig, und schreibt, reicht mir
die als Halbbogen gedruckten, nicht aufgeschnittenen Seiten. Ich
erspähe am Ende des französischen Textes den deutschen Satz:
»Das entfaltete Sein selbst ermöglicht erst das Gott-sein«, lese die
Widmung: »Für Richard Wisser zur Erinnerung Martin Heideg-
ger«. Spielt er auf meine letzte, die gestrichene Frage an? Mein
Exemplar von »Sein und Zeit« läßt er vor sich liegen.
Zunächst sprechen wir miteinander, kommen auf meine Gefan-
genschaft, die französische, den Unterschied zur amerikanischen,
die Auslieferung an die Franzosen. Er berichtet von seinen beiden
Söhnen, die – erinnere ich mich recht – 3 und 5 Jahre in russischer
Gefangenschaft gewesen seien, noch heute an den Folgen trügen.
Dann erzählt er von dem Kreis um Beaufret, diesen »aufgeweck-
ten Menschen«, mit denen es eine Freude sei, zusammenzusein
und zu sprechen. Er spricht zweimal mit Wärme von Beaufret.
Bevor er seine langsame Schrift in »Sein und Zeit« setzt, blickt er
zu mir herüber: »Das erste, was ich von Ihnen gelesen habe, war
ein Artikel in der Frankfurter Allgemeinen Zeitung. Sie haben
damals über meine Schallplatte geschrieben, zu der Neske mich
überredet hat: ›Der Satz der Identität‹, den Vortrag zur 500-Jahr-
Feier der Universität Freiburg. Wissen Sie noch den Titel Ihrer
Beschreibung?« Ich kann mich des Vorgangs zwar noch gut erinnern, habe aber den genauen Titel nicht parat, sage: »Die denkende Stimme und ihr Gedanke.« Heidegger: »Ja, das traf ...« Längere Pause des Sinnierens, des Nachsinnens, der Erinnerung, der
Überlegung. Ich weiß nicht, was alles hinter seiner Stirne vor sich
geht, aber er lächelt freundlich, gütig, fast ein wenig dankbar.
Mir war es damals darum gegangen, deutlich zu machen, daß
Heideggers Stimme eine Interpretationshilfe für das Gedachte, für
das »Gesagte«, von beachtlicher Wirkung darstellt, (FAZ, 19.
April 1958). Ob Heidegger sich dessen erinnert, was er mir damals
geschrieben hat, in seinem ersten Brief? »Mein Dank für Ihren
Aufsatz ›Die denkende Stimme und ihr Gedanke‹ kommt schon zu
spät, weil Ihre Arbeit so ausgezeichnet ist, daß ich bisher nie der-

gleichen lesen konnte. Sie haben etwas ans Licht gehoben, was ich bisher einfach vollzog, ohne es zu wissen. Aber das Wissen davon, das Sie mir und den Lesern und Hörern vermitteln, ist der Sache so gemäß, daß es nicht beirren und mißleiten kann. Mir könnten Sie einen echten Wunsch erfüllen, wenn Sie mich mehr von Ihrer Arbeit und Ihnen selbst wissen ließen. Ein so freies Eingehen auf eine Sache, wie dies Ihr Aufsatz bekundet, ist heute selten geworden ...« (Frbg. 27. Mai 1958).

Inzwischen sind über 11 Jahre vergangen. Heidegger blickt mich lange an, nicht nur zu mir herüber, der ich wieder in dem tiefen Sessel sitze, dann schreibt er, legt den Füllfederhalter ab, reicht mir mein Exemplar von »Sein und Zeit«, sein Buch: »Für Richard Wisser zur Erinnerung an das Fernseh-Gespräch am 17. September 1969 Martin Heidegger«. Was vielen bis heute als Rätsel erscheinen mag, weshalb Heidegger das Fernseh-Interview, wie der »Spiegel« geschrieben hat, das »anderen nicht gelang und was auch als ausgeschlossen galt«, ausgerechnet mir gewährte, dürfte gelöst sein.

Während ich lese, greift Heidegger zögernd nach einer kleinen Photographie, die neben andern auf dem Schreibtisch steht. Ohne Sentimentalität: »Das ist auch ein einsamer Mann.« Schweigen. Dann: »Rudolf Bultmann.« Ich reagiere sachlich, registriere, gerade weil ich das Persönliche spüre: »Auch er hat jetzt Geburtstag gehabt.« Heidegger, für mich völlig unvermittelt: »Ja, die Schüler. Mit ihnen ist das so eine Sache. Sie wollen alle Martin Heidegger ›überwinden‹. Sie meinen, sie wären sich das schuldig, zu ›überwinden‹.« Mir fällt ein Satz ein, den Heidegger mir einmal geschrieben hat: »Die Schülerschaft ist eine rätselhafte Sache.« (z. Z. Meßkirch, 28. Mai 1959) Aber wie kommt er von Bultmann auf seine eigenen Schüler? Plötzlich, was bin ich doch begriffstutzig, wird mir klar, Heidegger spielt auf die Einsamkeit an, auf meine letzte Frage, die, die wir gestrichen haben. »Worauf führen Sie das zurück?« »Das hat viele Gründe. Ich weiß nicht. Aber manche meinen, sie müßten es tun. Das Fähnchen und der Wind?« »Halten Sie es nicht für möglich, daß es eine Art Selbstschutz ist?

Alle haben ja von Ihnen gelernt und bekommen. Sie wären arm, wenn sie nicht täten, als hätten sie auch etwas zu bieten. Und haben nicht« manche etwas geboten und zu bieten?« »Aber viele folgen der Mode, schreiben, was man hören will … Und viele haben gar nichts verstanden …«

Mitunter gewinne ich den Eindruck, Heidegger hat viel von einem Schalk an sich, nicht Bauernschläue. Da ist ein Mißtrauen, wie es dem gesunden Menschenverstand eigen ist, der sich nicht übers Ohr hauen läßt. Deshalb wohl auch sein Argwohn gegen Äpfel, die nicht weit vom Stamm fallen, oder gegenüber Vögeln, die den Horst verlassen haben und andere, eigene, engere Kreise ziehen. Auch Abweisendes in seinem Wesen läßt sich nicht übersehen, das nicht zur Kenntnis nimmt, weil er von seiner Aufgabe und seinem Weg überzeugt ist. Abweisendes, das sich nicht gegen Einwände richtet und schon gar nicht solche fürchtet, nein, Abweisendes gegen das, was für ihn nur dem Namen nach Philosophie ist, aber kein Denken »hart am Wind der Sache«.

Ich frage Heidegger nach ⟨…⟩ und auch nach seinem eigenen Verhältnis zur Universität. »Ich habe zur Universität keine Beziehung mehr.« Heidegger hält inne. Gibt Gelegenheit, zu ermessen, was das für ihn bedeutet. Wieder eine seiner Pausen, Entfaltungsräume für Angedeutetes. Er überläßt es seinem Gegenüber zu reagieren, Stellung zu nehmen. Ich: »Auch wenn das ein Schicksal der Emeriti zu sein scheint, es brauchte und sollte doch wohl nicht der Fall sein.« »Man hat es mir nicht schön gemacht!« Heidegger läßt nur einiges von dem heraus, was vorgefallen ist. Warum sollte er auch?! Er zieht einen Strich, nicht weil es erledigt wäre, sondern weil es schmerzt. ⟨…⟩

Wir kommen auf Adorno zu sprechen. Ich berichte von Erfahrungen, die mit Adorno-Schülern, die in Rundfunk- und Presseredaktionen sitzen, zu bestehen waren, und davon, daß es derzeit nicht immer leicht ist, bestimmte Gedanken, die nicht nur »kritisches Bewußtsein reflektieren«, zu äußern, ohne »zerrissen« zu werden. Heidegger: »Als Adorno nach Deutschland zurückkam, hat er – man hat es mir berichtet – geäußert: In fünf Jahren habe ich Heidegger klein. Da sehen Sie, was das für ein Mann ist.« Ich: »Eine kleine Äußerung, aber ein großes Kraftgefühl. Er hat sich bestimmt in der Sache geirrt, aber manches spricht dafür, daß seine Auswirkung der Wirkung Ihres Denkens nicht förderlich ist.« Um die tatsächliche oder nur kolportierte Kraftmeierei abzufangen, erzähle ich Heidegger von einer Begegnung mit dem Marburger Philosophen Julius Ebbinghaus, der mir bei einer Bemerkung über Karl Jaspers über den Mund gefahren ist: »Den sprenge ich mit einem Quentchen Logik in die Luft!« Aber Heidegger bleibt bei Adorno. Offenbar will er, was er mir als Antwort auf eine weitere meiner gestrichenen Fragen schuldig geblieben ist, jetzt andeuten: »Ich habe nichts von ihm gelesen. Der Hermann Mörchen hat einmal versucht, mich zu bereden. Ich sollte doch Adorno lesen. Ich habe es nicht getan.«

Im Gespräch benutze ich bewußt den Ausdruck »Negative Dialektik« als Schlüsselwort für Adornos Denkweise. »Was versteht er denn darunter – eigentlich?« Heidegger dehnt das strittige Adjektiv, verschmitzt. Ich deute an, daß er seine Dialektik im Unterschied zu der positiven Hegelschen als »Denunziation« versteht, als Kritik an dem, was ist, um dessentwillen, was daran nicht so ist, wie es *so* nicht sein darf. Ich spreche ausführlich, vielleicht zu lange, weil ich vor einiger Zeit eine Besprechung von Adornos »Negativer Dialektik« veröffentlicht habe (Die Welt der Bücher, 3. Folge, H. 9, Freiburg i. Br. 1968, S. 459 f.; übrigens um ein Drittel gekürzt). »Es wird kritisch reagiert.« Heideggers Kommentar: »Also doch ein Soziologe, kein Philosoph.« »Aber einer, der wie wenige heute bei unseren ›revolutionären‹ Studenten ankommt. Er ruft geradezu den kritischen Protest, das ›Gegen‹ hervor. Mit ihm gewinnt man eine philosophisch firmierte Position, sprich Negation, um sich abzusetzen, abzuheben, reagierend zu agieren, zu agitieren. Das philosophische Fragen in Ihrem Sinne geht flöten.« Heideggers Rückfrage irritiert mich: »Bei wem hat Adorno denn studiert?« Ich kann diese Frage nicht beantworten, weise statt dessen auf seine Herkunft, wie sie sich mir darstellt, also auf Veröffentlichungen hin. Heidegger geht darauf nicht ein, auch nicht auf meine Anmerkungen zu »Minima Moralia«, über die, wie mir Adorno bei unserer einzigen persönlichen Begegnung erzählt hat, Hermann Krings eine Besprechung geschrieben hat, über die er lange nachgedacht habe, nachdenke. Heidegger hört zu. Dann schließt er an seine Frage, die durch meine Erörterungen nicht beantwortet, nur verschoben ist, wieder an. »Nein, hat er richtig bei jemandem studiert?« »Ich weiß es nicht!«

Heidegger fragt nach Adornos Sprache und kommt dadurch auf eine weitere der gestrichenen Fragen zu sprechen. Es fällt der Ausdruck von den »adornierenden Nachahmern«, was mich zu einem Hinweis auf die »heideggernden An-dächtigen« veranlaßt. »Ich halte manche Veröffentlichung von Adorno für literarisch vertrackt, andere für brillant, assoziativ delikat, andere für manieristische Gedankengestikulation, also für – ich imitiere Adornos Ausdrucksweise – ›kualitativ unterschiedlich‹.« Berichte allerdings mit betonter Zustimmung von Adornos ästhetischen Schriften und dem, was mich mit ihm verbindet, Liebe zur Musik, erinnere an Thomas Manns »Dr. Faustus«. Das musikalische Hören sei ebenfalls eine Zugangsart zu vielem. Ich weise auf den scharfen, fast schneidenden Ton im Statement Jüngers hin, weil Heidegger, obwohl er abwartend zugehört hat, von meinen Lanzen gegen und meinen Lanzen für Adorno offenbar genug hat. Er ergreift das ihm liebe Stichwort »Jünger« als Gelegenheit, das Thema zu wechseln.

»Wann wird die Sendung sein? Ich möchte es aufschreiben. Mein Bruder Fritz hat einen Fernsehapparat und möchte es vielleicht sehen.« »Werden Sie es nicht sehen?« »Nein!« Als Heidegger meine Verblüffung bemerkt, fügt er hinzu: »Wir haben keinen Fernsehapparat.« »Hätten Sie nicht gerne einmal einen?« Heidegger sieht mich fast so verrückt an, wie ihm meine Frage offenbar vorkommt. Nur seine abweisenden Handbewegungen antworten, antworten mehr als Nein. Trotzdem überlege ich, ob nicht Professor Holzamer, der Intendant des ZDF, der unser Unternehmen aufmerksam verfolgt, ihm zum Geburtstag »die Freude« eines Fernsehapparates machen sollte. Mir fällt ein, was Fräulein Szostak berichtet hat: Ernst Jünger hat erst seit kurzem einen, und dieser wurde gegen seinen eigenen erbitterten Widerstand von seiner Frau angeschafft. Nun mache Jünger aber reichlich Gebrauch von ihm. Gerade das, geht es mir durch den Kopf, wäre eine Sünde gegen Heideggers noch verbleibende Lebenszeit. »Eine Freude machen«? Heidegger, der zurück-getretene Denker im Fernsehsessel? Die Unterhaltung, die er braucht, ist eine andere. Der Genuß, den man ihm bieten würde, wäre, falls er sich überhaupt, vielleicht via seiner Frau, darauf einließe, vielleicht ihr zuliebe, infame Verführung. Andererseits, es würde ihm Welt, wenn auch eine andere als die von ihm gedachte, von Husserl gesichtete, vor Augen führen.

Unvermittelt kommt Heidegger auf die Fernsehaufnahmen, die die ARD bei ihm gemacht hat, und auf die Umstände und seine Einschätzung zu sprechen. Dann spontan: »Mir hat ihr Plan gefallen, Freunde und ehemalige Schüler zum Sprechen zu bringen. Es erinnert das an so vieles, damals, und wie sie heute sich geben, was sie heute sagen und worin sie etwas besonderes sehen.« Ich freue mich über Heideggers Zustimmung und berichte ihm, weil ich nun weiß, daß er die Sendung nicht sehen, nur die Statements lesen wird, im einzelnen, wie sich alles abspielen wird: Er, zuerst abwesend-anwesend zur »Erscheinung« gebracht, dann er selbst sprechend-denkend zur Anschauung, zu Gesicht gebracht. »Ja, das leuchtet ein.«

Wir sprechen auch über die Lage der Hochschuldozenten. Über vieles ⟨...⟩ vor allem aber über viele ⟨...⟩ möchte er meine Meinung hören. Ich wundere mich, daß er mich regelrecht ausfragt. Sein eigenes Urteil ist scharf, aber nicht lieblos, legt Schwächen bloß, aber reißt keine Wunden. Mir fällt auf, daß er die Sorgen von jüngeren Kollegen zwar wahrnimmt, aber das vom »Zeitgeist« geforderte »Einschwenken« vornehmlich als Verzicht auf die Aufgabe des Denkens interpretiert. »Viele wollen etwas werden und sie werden etwas, indem sie sich dabei verlieren.« Dann, als rolle Heidegger die von ihm abgewiesenen Fragen konsequent von hinten nach vorne auf: »Das ›Gesellschaftliche‹ – Sie haben mich da-

nach gefragt! Darüber sollten die nachdenken, die über alles her-
ziehen. Sie wissen alles besser. – Alles kann man immer besser
wissen, keiner kommt auf das Sachliche. – Sie überziehen alles,
Dinge und Menschen mit ihrem Gerede. Haben engstirnige Antworten zur Hand und vergessen so vieles über allem ... Wann sagt
den Soziologen jemand, was ›das Gesellschaftliche‹ ist? Das ist
nicht mit Definitionen getan, und Aktionen reichen allein nicht
aus. Das Gesellschaftliche ist eine Interpretation. Sie sollten dahin-
terkommen und das erst einmal begreifen. Aber sie bestimmen,
was der ›Geist‹ ist ...«
Wir sprechen über Ordinarien und Universitäten, Rufe und Beru-
fungen, seine Einschätzungen. ⟨...⟩
Als sich Heidegger wieder einmal nach hinten in den Schreibtischstuhl zurücklehnt, nehme ich es als Zeichen, mich zu verabschieden. Er geht darauf ein, besorgt, daß ich nun im Dunkeln nach
Hause komme. Ich bitte, auch seiner Gattin noch einen Abschied
sagen zu können. Heidegger holt sie aus der Küche, herzlich,
freundlich verabschieden wir uns. Heidegger begleitet mich noch
an die Türe. »Ich habe nur den Wunsch, daß dieser Besuch nicht
der letzte war.« Aufmunterung durch Heidegger. Er begleitet
mich bis zur Gartentüre. Dort sehen wir den wartenden Wagen,
den ich völlig vergessen hatte. Heidegger: »Sie mußten die ganze
Zeit warten? Das wollten wir nicht!« Nochmals Abschied. Er geht
ins Haus zurück.
Ein einsamer, alter Mann, aber sicher in seinem Denken, von
seiner Aufgabe überzeugt. »Im Denken wird jeglich Ding einsam
und langsam« (Aus der Erfahrung des Denkens, Pfullingen 1954,
S. 17).

Die Anregung, die Sendung zu dokumentieren, erfolgt unmittelbar nach der Ausstrahlung, und die Gespräche mit Dr. Meinolf
Wewel vom Alber-Verlag führen rasch zu einem Bändchen, das
noch vor Weihnachten 1969 ausgeliefert wird und bald auch in
einer italienischen, spanischen und japanischen Fassung, später in

einer englischen, und in schwedischer, portugiesischer und französischer Übersetzung unter dem anspielungsreichen Titel »Martin Heidegger im Gespräch« (Freiburg/München 1970) vorliegt. Hans Kimmel, selbst Fernsehmann, spielt auf den mitgemeinten Sinn an, wenn er in seiner Besprechung im »Hochland« schreibt: »Eine Fernsehsendung, die, wie Messungen ergaben, etwa ein Prozent der deutschen Zuschauerschaft interessierte ...

Ein Prozent der bundesdeutschen Fernsehhaushalte – das sind zur späten Abendzeit vielleicht zweihundertfünfzigtausend Menschen. In einem einzigen Augenblick mehr Menschen als diejenige Zahl, die während seines ganzen Lebens die Möglichkeit fanden, Heidegger sprechen zu sehen ...« (62. Jg., München 1970, S. 368 ff.)

Heidegger hat mich um eine Adressenliste der Beteiligten gebeten, um jedem persönlich zu danken. In dem Dank an mich hat er eine Berichtigung eingebaut (»Korrektur nötig«), die für sich spricht. Ich hatte in meiner Präsentation davon gesprochen, daß Heidegger »in seiner alemannischen Heimat Wurzeln geschlagen hat« und führte aus: »... Man hat versucht, oft nicht in guter Absicht, Heidegger wegen dieser, wie man meint, ›naiven Verwurzelung‹, die man mit unzeitgemäßer Naturverbundenheit und Landschaftsbeschreibung verwechselt, in einen Winkel abzudrängen. Er zieht aus dieser Radikalität Kraft für sein Werk. Es ist sein Persönlichstes« (S. 55). Mit dem Ausdruck »alemannisch« bin ich einer Kennzeichnung aufgesessen, bei der ich nicht an Geographie, sondern an ein Reizwort seiner Kritiker dachte. Heidegger macht akkurat darauf aufmerksam: »Meßkirch gehört zu Oberschwaben; der Dialekt ist schwäbisch. Dort sind alle meine Vorfahren geboren. Das ›Alemannische‹ kommt von der Hütte in Todtnauberg, die wir seit 1922, auch in der Marburger Zeit während aller Ferienwochen bewohnten, auch an Weihnachten; wir holten das Bäumchen selbst im oft tief verschneiten Wald.« Und um mir die »geographische und landsmannschaftliche Orientierung« zu erleichtern, legt Heidegger einen »Prospekt« bei, den ihm »in diesen Tagen der Bürgermeister von Meßkirch schickte.«

Ich blättere den Prospekt auf. Sorgfältig und in hervorstechender Rotschrift ist am Rand des Bildes der Burg Wildenstein vermerkt: »unterhalb der Burg der Stammhof der Heidegger. 1801 dort der Großvater Martin H. geboren«. Und auch auf der Lagekarte am Schluß des Prospekts wird der Stammhof der Heidegger eingezeichnet, auch die »Heimat der Mutter« westlich von Krauchenwies. Und beim nahegelegenen Kreenheinstetten steht notiert: »Geburtsort von Abraham a. S. Clara«. Ihm hat Heidegger bekanntlich eine seiner vielleicht schönsten, weil einfachsten Reden (anläßlich eines Meßkircher Schultreffens 1964) gewidmet: der Meßkircher Schüler dem Meßkircher Schüler, dessen Weg »ein Zeichen für Treue und für die Strenge ist, womit Abraham a Santa Clara der ihm zugedachten Bestimmung gefolgt ist. Achten wir darauf, dann haben wir jetzt bei unserem Schultreffen nicht nur den früheren Schüler einer Meßkircher Schule, sondern einen Lehrer für unser Leben und einen Meister der Sprache getroffen« (Martin Heidegger. Zum 80. Geburtstag von seiner Heimatstadt Meßkirch, Frankfurt am Main 1969, S. 57).

Als Zeichen seines Dankes für die Fernseharbeit legt Heidegger dem Brief aber noch ein handschriftliches Manuskriptblatt mit Widmung bei, auf dem er vermerkt: »Vorbereitender Text zur Auslegung von Hölderlins ›Andenken‹ für die Festschrift 1943«. Die Seite ist – und dies achte ich an Heidegger besonders, und ich besitze weitere Zeugnisse für solches Eingehen Heideggers auf den anderen – sorgfältig ausgewählt, denn ihr Text steht in Analogie zu dem von mir in der Sendung Ausgeführten und Erinnerten. Auf dieser Seite sucht Heidegger Hölderlin vor dem Mißverständnis zu bewahren, als gehe es diesem in dem Gedicht »Andenken« um »Naturempfinden« oder »persönliches Befinden«. »Der n.o. (nord-ost) Wind ist allen anderen Winden vorgezogen ... der ›liebste‹, weil er den Sagenden in die Richtung seines innersten und einzigen Wesens dreht ... Das Gedicht sagt nichts von ›persönlichen Erlebnissen‹ des ›Menschen‹ H.«

Heute frage ich mich, steckt hierin und in Heideggers Anerkennung (»Ihre beiden Texte – gemeint sind die ›Einführung‹ und das

Statement ›Zur Verantwortung des Denkens‹ in ›Martin Heidegger im Gespräch‹ – sprechen eine verhaltene, die Befindlichkeit des Denkens M.H. schon treffende Sprache ...«, Freiburg i. Br. 18. Dezember 1969) nicht auch ein Wink über die Zeit hinweg, es in einem ganz bestimmten Sinne und im Blick auf die vom Verleger Neske erbetene Erinnerung bei einer in der Tat und wörtlich »persönlichen«, nicht zu veröffentlichenden, Erinnerung zu belassen? Hat Heidegger nicht in seinen »Erläuterungen zu Hölderlins Dichtung« dem Gedicht »Andenken« eine Abhandlung gewidmet, in der er deutlich werden läßt, wie wenig es auf eindeutige Berichte über Geschehenes, auf Erinnerungen an Lebensgeschichtliches, auf Erlebnisse ankommt, sondern auf die Dichtung des Wesens des »Andenkens«? Müßten wir nicht also eingedenk von Hölderlins Distichon: »Wißt! Apoll ist der Gott der Zeitungsschreiber geworden, / Und sein Mann ist wer ihm treulich das Faktum erzählt« (III,6) entweder schweigen oder, wenn wir könnten, ein Gedicht schreiben, oder aber erkennen, daß man die Menschen zwar durch das Menschlich-Allzumenschliche zueinander- oder auseinanderbringen mag, daß man sie aber nur über Gedachtes zum Denken verpflichten kann? Ist das Öffnen von Truhen und Archiven mehr als Geplauder aus dem Nähkästchen? Diogenes Laërtios' »De vitis, dogmatibus et apophtegmatibus clarorum philosophorum«, aber auch Xenophons »Erinnerungen an Sokrates«? Was soll's? Anekdotisches, Miterlebtes, Photographiertes, Verstandenes, Mißverstandenes, Schärfen, Unschärfen, und immer die peinliche Beziehung auf die eigene Person, die den Weg dessen, um den es einzig geht, gekreuzt hat, ihm begegnet ist?

Und doch gibt es Erfahrungen, die erfahrener machen. Und sie mögen es sein, um deretwillen mich 1974 der Verleger Günther Neske, angeregt durch den bevorstehenden 85. Geburtstag von Heidegger, für seinen Plan zu gewinnen suchte, die Chance nicht zu verspielen, zu dessen Lebzeiten noch einen Film zu drehen, in dessen Mittelpunkt Heidegger selbst treten sollte. Meinen Erfahrungen nach bestand keine Aussicht, Heidegger noch einmal vor die Kamera zu bekommen. Daß es entgegen Neskes Erwartungen nicht zu neuen Aufnahmen mit Heidegger gekommen ist, hat viele Gründe. Es zwang Walter Rüdel (Neske-Film) und mich zu einem anderen Konzept. Alles verfügbare Material wurde auf seine Verwend- und Verwertbarkeit hin geprüft. Durch Photographien und private Schmalfilmkamera-Aufnahmen, aber auch durch Originalaufnahmen von wichtigen Schauplätzen und Stationen von Heideggers Lebensweg sollte Sichtbarkeit vermittelt werden. »*Erst Gebild wahrt Gesicht. / Doch Gebild ruht im Gedicht.*« (Aus der Erfahrung des Denkens, Pfullingen 1954, S. 13) Ein geeigneter Text mochte das Gezeigte gewissermaßen auf das Schaubare, das, wie Heidegger es einmal ausgedrückt hat, »Sehen im Denken« hin durchsichtig machen.

Günther Neske hat mich in dieser Absicht bestärkt, auch darin, dem Text nicht nur Information und Zitation aufzubinden, sondern auch Kritischem Rechnung zu tragen, Polemisches aufzufangen, Verständnis zu wecken, Mißdeutungen heimzuleuchten. »... Man hat Heidegger als ›Denkwebel‹ verspottet, als ›alemannische Zipfelmütze‹. Ernstzunehmende Kritiker werfen ihm Unbrauchbarkeit und Unverwertbarkeit seines Denkens im Blick auf die Gesellschaft, die ›offene‹ und die Einheitsgesellschaft, vor. – Wo Brauchbarkeit und Zweckdienlichkeit die Kriterien setzen, wo der Verstand nur rechnet, schrumpft das Denken. Man mißt Heidegger mit Maßen, die man selbst gesetzt hat. – Heidegger macht niemandem das Geschäft streitig, man sollte seinen Beruf nicht unterschätzen. Mag bei ihm der Verstand zu kurz kommen, Vernunft kommt durch ihn zur Besinnung. – Heidegger in Griechenland, auf der Akropolis, auf Kap Sunion, im Amphitheater von Delphi. Durch Hölderlin und Nietzsche in griechischen Möglichkeiten erfahren, ist er hartnäckig bemüht, um der Zukunft willen im ›Schritt zurück‹ ›die Frühe des Gedachten in die Nähe des zu Denkenden‹ zu bringen. Heidegger, ein denkender Mensch, der sieht, daß trotz des gigantischen Aufwandes an Scharfsinn in Wissenschafts-Theorie und Ideologie-Kritik die Besinnung verlorenzugehen droht und die Gedankenlosigkeit ein ›unheimlicher Gast ist, der in der heutigen Welt überall aus- und eingeht‹. Heidegger, der Lehrer, der die Menschen, die auf dem Sprung sind, sich auf das Ganze der Erde zu stürzen und die Menschheit ihrem Diktat zu unterwerfen, in all ihrer Macht und Herrschsucht einsehen lehrt, was es heißt: außerstande zu sein, einfach zu sagen, was ist. – Man hat Heideggers Sprachstil den Charakter kenntnisbereichernder Information abgesprochen, ihm nachgesagt, er täusche durch scheinsinnvolle Leerformeln über gedankliche Trivialität hinweg und versuche, mittels vage-stimmungshaft-sphärischer Untertöne Eindruck zu schinden. Heideggers Sprache ist nicht, wie die des Dichters, sinnstiftend, sie will den Bezug des Menschen zum Sein eröffnen und das Hinhören auf das Unerhörte der sprachlichen Wendung wecken. Für die einen ist Heidegger ein Stelldichein von Fragen, für die anderen – von Fragezeichen.«

Günther Neske und Dr. Paul Schlecht vom Südwestfunk Baden-Baden haben mir beigestanden, wohlwissend, daß das Echo auf das einzig noch Mögliche geteilt sein würde. Was den einen als »schwer genießbar« (Frankfurter Rundschau, 25. September 1975), als »starker Tobak« (epd/Kirche und Rundfunk, 2. Oktober 1975), als Film erscheint, der »nur zeigte, wie dunkel das nur Geahnte bleibt« (Frankfurter Allgemeine Zeitung, 25. August 1975), halten andere für »die erste umfassende Filmdokumentation, die einem breiten Publikum die Möglichkeit eröffnet, mit dem Philosophen wieder ins Gespräch zu kommen« (Hannoversche Allgemeine Zeitung, 25. September 1975), für »unvergeßlich« in manchen Passagen und für »beispielhaft«, weil der Neske-Film »in den Mittelpunkt ein Denken gestellt hat, das Heidegger selber als Übung des Sehens versteht« (tv, Zeitung, 4. Oktober 1975). »Kein ›Holzweg‹«, urteilt die »Funk-Korrespondenz« (2. Oktober 1975), meint aber, es wäre »doch mal an der Zeit, Heidegger in einer sorgfältig vorzubereitenden Serie für ein Drittes Fernsehprogramm noch mehr abzufordern.«

Heidegger selbst hat mir drei Tage vor der Ausstrahlung geschrieben, daß es ihm »keine Freude« ist, zu wissen, daß eine Sendung zusammengestellt wird. »Da wir glücklicherweise kein Fernsehen haben, kann ich mir den Ärger ersparen, diese Sendung zu sehen … Ihnen danke ich aber, daß Sie das Beste aus der Sache gemacht haben« (Freiburg i. Br./Zähringen, 20. September 1975). Heidegger dankt dann allerdings zwei Tage nach der Sendung, nachdem ihm Freunde »Gutes von der Sendung« berichtet haben, zumal ihm »auch in vielen Briefen, die mir zugingen«, versichert wird, daß »›das Beste‹ aus der Sache« gemacht wurde. »Leider kommt auch anderes – wie gewohnt – zur Sprache in öffentlichen Äußerungen. Diesem von Neuem ins ›Rampenlicht-treten‹ wollte ich gerne entgehen …« (Freiburg i. Br./Zähringen, 25. September 1975).

Einen Tag nach Heideggers Tod greift die ARD als Gedächtnissendung zu dem Neske-Film »Martin Heidegger. Im Denken unterwegs …«. »… Was Heidegger die ›Kehre‹ im Denken nennt, ist weder eine ›Umkehr‹ Heideggers, noch eine ›Bekehrung‹, sondern Ausdruck dessen, daß der Weg zum Sein immer schon ein Weg vom Sein her ist.« Und Heidegger selbst sagt: »Wie das Schicksal des Denkens aussehen wird, weiß niemand … Ein kommender Denker, der vielleicht vor die Aufgabe gestellt wird, dieses Denken, das ich *vorzubereiten* versuche, wirklich zu übernehmen, der wird sich einem Wort fügen müssen, das einmal Heinrich von Kleist niedergeschrieben hat und das lautet: ›Ich trete vor einem zurück, der noch nicht da ist, und beuge mich, ein Jahrtausend ihm voraus, vor seinem Geiste‹.« – Das »Ende der Philosophie« ist erreicht, wenn sie in den Wissenschaften aufgeht. Das Denken geht weiter … Wohl denen, die dem Vorgänger begegnen, der vorausgeht, ohne daß die meisten es bemerken.

Richard Wisser

Quelle: 1. Martin Heidegger im Gespräch, hrsg. von Richard Wisser, Freiburg/München 1970, 9–11 u. 67–77. Das Interview wurde anläßlich des 80. Geburtstags von Heidegger im Zweiten Deutschen Fernsehen am 24. 9. 1969 ausgestrahlt.

2. Gekürzte Fassung unter dem Titel »Das Fernseh-Interview« in: Erinnerung an Martin Heidegger, hrsg. von Günther Neske, Pfullingen 1977, 257–287.

Notizen zur Person: geb. 1927 in Worms, Studium der Philosophie, Psychologie und Vergleichenden Kulturwissenschaften an den Universitäten in Mainz und Córdoba (Argentinien), 1954 Promotion zum Dr. phil., 1966 Habilitation, seit 1971 ordentlicher Professor für Philosophie an der Universität in Mainz.

Veröffentlichungen zu Heidegger u. a.: La voix qui pense et sa pensée. Martin Heidegger, in: Les Études Philos., 4, Paris 1958, 495–500; Humanismus und Wissenschaft in der Sicht Martin Heideggers, in: Integritas, hrsg. von D. Stolte und R. Wisser, Tübingen 1966, 141–159; Das Fragen als Weg des Denkens. Martin Heideggers Verantwortung von Technik, Wissenschaft und Humanismus im Hinblick auf den Menschen als Da des Seins, in: Verantwortung im Wandel der Zeit, Mainz 1967, 273–323; Martin Heidegger und der Wandel der Wirklichkeit des Wirklichen, in: Areopag, 5. Jg., 1970, 79–90; Aneignung und Unterscheidung. Existenzphilosophie im Kampf um die Existenz der Philosophie: Karl Jaspers und Martin Heidegger, in: Theol. und Philos., 1984, 481–498; auch in: Karl Jaspers, Today. Philosophy at the Threshold of the Future. Edited by L. Ehrlich and R. Wisser, Washington, DC. 1988, 341–361; Hegel und Heidegger, oder die Wende vom Denken des Denkens zum Seinsdenken, in: Synthesis Philosophica, 4, Zagreb 1987, 301–326; Martin Heideggers vierfältiges Fragen. Vor-läufiges anhand von »Was ist Metaphysik?«, in: Martin Heidegger – Unterwegs im Denken. Symposion im 10. Todesjahr, hrsg. von R. Wisser, Freiburg/München 1987, 15–50.

DAS SPIEGEL-INTERVIEW

Spiegel-Gespräch
MIT MARTIN HEIDEGGER

SPIEGEL: Herr Professor Heidegger, wir haben immer wieder festgestellt, daß Ihr philosophisches Werk ein wenig umschattet wird von nicht sehr lang währenden Vorkommnissen Ihres Lebens, die nie aufgehellt worden sind, weil Sie entweder zu stolz waren oder weil Sie nicht für zweckmäßig hielten, sich dazu zu äußern.

HEIDEGGER: Sie meinen Dreiunddreißig?

SPIEGEL: Ja, davor und danach. Wir möchten das in einen größeren Zusammenhang stellen und von daher zu einigen Fragen kommen, die als wichtig erscheinen, etwa: Welche Möglichkeiten gibt es, von der Philosophie her auf die Wirklichkeit, auch auf die politische Wirklichkeit einzuwirken? Gibt es diese Möglichkeit überhaupt noch? Wenn ja, wie ist sie beschaffen?

HEIDEGGER: Das sind schon wichtige Fragen, ob ich sie alle beantworten kann? Aber zunächst muß ich sagen, daß ich mich politisch vor meinem Rektorat in keiner Weise betätigt habe. In dem Winter 1932/33 hatte ich Urlaub und war die meiste Zeit oben auf meiner Hütte.

SPIEGEL: Wie kam es dann dazu, daß Sie Rektor der Universität Freiburg wurden?

HEIDEGGER: Im Dezember 1932 wurde mein Nachbar von Möllendorff, Ordinarius für Anatomie, zum Rektor gewählt. Der Amtsantritt des neuen Rektors ist an der hiesigen Universität der 15. April. Wir sprachen im Wintersemester 1932/33 öfters über die Lage, nicht nur über die politische, sondern im besonderen über die der Universitäten, über die zum Teil aussichtslose Lage der Studierenden. Mein Urteil lautete: Soweit ich die Dinge beurteilen kann, bleibt nur noch die eine Möglichkeit, mit den aufbauenden

Kräften, die wirklich noch lebendig sind, zu versuchen, die kommende Entwicklung aufzufangen.

SPIEGEL: Sie sahen also einen Zusammenhang zwischen der Lage der deutschen Universität und der politischen Situation in Deutschland überhaupt?

HEIDEGGER: Ich verfolgte die politischen Vorgänge freilich zwischen Januar und März 1933 und sprach darüber gelegentlich auch mit jüngeren Kollegen. Aber meine Arbeit galt einer umfangreicheren Auslegung des vorsokratischen Denkens. Ich kehrte zum Beginn des Sommersemesters nach Freiburg zurück. Inzwischen hatte Professor von Möllendorff am 15. April sein Amt als Rektor angetreten. Knapp zwei Wochen später war er seines Amtes durch den damaligen badischen Kultusminister Wacker enthoben. Den vermutlich erwünschten Anlaß zu dieser Entscheidung des Ministers gab die Tatsache, daß der Rektor verboten hatte, in der Universität das sogenannte Judenplakat auszuhängen.

SPIEGEL: Herr von Möllendorff war Sozialdemokrat. Was unternahm er nach seiner Absetzung?

HEIDEGGER: Noch am Tage seiner Absetzung kam von Möllendorff zu mir und sagte: »Heidegger, jetzt müssen Sie das Rektorat übernehmen.« Ich gab zu bedenken, daß mir jede Erfahrung in der Verwaltungstätigkeit fehle. Der damalige Prorektor Sauer (Theologe) bedrängte mich jedoch ebenfalls, für die neue Rektoratswahl zu kandidieren, weil die Gefahr bestünde, daß sonst ein Funktionär zum Rektor ernannt würde. Jüngere Kollegen, mit denen ich seit mehreren Jahren Fragen der Universitätsgestaltung durchgesprochen hatte, bestürmten mich, das Rektorat zu übernehmen. Ich zögerte lange. Schließlich erklärte ich mich bereit, das Amt zu übernehmen nur im Interesse der Universität, wenn ich der einhelligen Zustimmung des Plenums gewiß sein könnte. Indes blieben die Zweifel an meiner Eignung für das Rektorat bestehen, so daß ich noch am Morgen des für die Wahl festgesetzten Tages mich ins Rektorat begab und dem anwesenden abgesetzten Kollegen von Möllendorff und dem Prorektor Sauer erklärte, ich könne das Amt nicht übernehmen. Darauf antworteten mir beide Kollegen, die Wahl sei so vorbereitet, daß ich jetzt nicht mehr von der Kandidatur zurücktreten könne.

SPIEGEL: Daraufhin erklärten Sie sich endgültig bereit. Wie gestaltete sich dann Ihr Verhältnis zu den Nationalsozialisten?

HEIDEGGER: Am zweiten Tag nach meiner Amtsübernahme erschien der »Studentenführer« mit zwei Begleitern auf dem Rektorat und verlangte erneut das Aushängen des »Judenplakats«. Ich lehnte ab. Die drei Studenten entfernten sich mit der Bemerkung, das Verbot werde an die Reichsstudentenführung gemeldet. Nach einigen Tagen kam ein fernmündlicher Anruf des SA-Hochschulamtes in der Obersten SA-Führung, von SA-Gruppenführer Dr. Baumann. Er verlangte die Aushängung des genannten Plakates, das bereits in anderen Universitäten angebracht sei. Im Weigerungsfalle hätte ich mit meiner Absetzung, wenn nicht gar mit der Schließung der Universität zu rechnen. Ich lehnte ab und versuchte, die Unterstützung des badischen Kultusministers für mein Verbot zu gewinnen. Dieser erklärte, er könne gegen die SA nichts unternehmen. Dennoch nahm ich mein Verbot nicht zurück.

SPIEGEL: Das war bisher so nicht bekannt.

HEIDEGGER: Das Grundmotiv, das mich überhaupt bestimmte, das Rektorat zu übernehmen, ist schon in meiner Freiburger Antrittsvorlesung im Jahre 1929 »Was ist Metaphysik?« genannt, S. 8: »Die Gebiete der Wissenschaften liegen weit auseinander. Die Behandlungsart ihrer Gegenstände ist grundverschieden. Diese zerfahrene Vielfältigkeit von Disziplinen wird heute nur noch durch die technische Organisation von Universitäten und Fakultäten zusammen und durch die praktische Abzweckung der Fächer in einer Bedeutung erhalten. Dagegen ist die Verwurzelung der Wissenschaften in ihrem Wesensgrund abgestorben.« Was ich im Hinblick auf diesen – inzwischen heute ins Extrem ausgearteten – Zustand der Universitäten während meiner Amtszeit versuchte, ist in meiner Rektoratsrede dargelegt.

SPIEGEL: Wir versuchen herauszufinden, wie und ob sich diese Äußerung von 1929 mit dem deckt, was Sie 1933 in Ihrer Antrittsrede als Rektor sagten. Wir reißen hier einen Satz aus dem Zusammenhang: »Die vielbesungene ›akademische Freiheit‹ wird aus der deutschen Universität verstoßen; denn diese Freiheit war unecht, weil nur verneinend.« Wir glauben vermuten zu dürfen, daß dieser Satz zumindest einen Teil von Auffassungen ausdrückt, denen Sie noch heute nicht fernstehen.

HEIDEGGER: Ja, ich stehe auch dazu. Denn diese »akademische Freiheit« war im Grunde eine rein negative; die *Freiheit von* der Bemühung, sich auf das einzulassen, was wissenschaftliches Studium an Nachdenken und Besinnung verlangte. Im übrigen sollte der von Ihnen herausgegriffene Satz aber nicht vereinzelt, sondern in seinem Zusammenhang gelesen werden, dann wird deutlich, was ich mit »negativer Freiheit« verstanden wissen wollte.

SPIEGEL: Gut, das versteht man. Einen neuen Ton glauben wir jedoch in Ihrer Rektoratsrede zu vernehmen, wenn Sie dort, vier Monate nach Hitlers Ernennung zum Reichskanzler, etwa von der »Größe und Herrlichkeit dieses Aufbruchs« reden.

HEIDEGGER: Ja, ich war auch davon überzeugt.

SPIEGEL: Könnten Sie das noch etwas erläutern?

HEIDEGGER: Gern. Ich sah damals keine andere Alternative. Bei der allgemeinen Verwirrung der Meinungen und der politischen Tendenzen von 32 Parteien galt es, zu einer nationalen und vor allem sozialen Einstellung zu finden, etwa im Sinne des Versuchs von Friedrich Naumann. Ich könnte hier, nur um ein Beispiel zu geben, einen Aufsatz von Eduard Spranger zitieren, der weit über meine Rektoratsrede hinausgeht.[1]

SPIEGEL: Wann begannen Sie, sich mit den politischen Verhältnissen zu befassen? Die 32 Parteien waren ja schon lange da. Millionen von Arbeitslosen gab es auch schon 1930.

HEIDEGGER: In dieser Zeit war ich noch ganz von den Fragen beansprucht, die in »Sein und Zeit« (1927) und in den Schriften und Vorträgen der folgenden Jahre entwickelt sind, Grundfragen des Denkens, die mittelbar auch die nationalen und sozialen Fragen betreffen. Unmittelbar stand für mich als Lehrer an der Universität die Frage nach dem Sinn der Wissenschaften im Blick und damit die Bestimmung der Aufgabe der Universität. Diese Bemühung ist im Titel meiner Rektoratsrede ausgesprochen. »Die Selbstbehauptung der deutschen Universität«. Ein solcher Titel ist in keiner Rektoratsrede der damaligen Zeit gewagt worden. Aber wer von denen, die gegen diese Rede polemisieren, hat sie gründlich gelesen, durchdacht und aus der damaligen Situation heraus verstanden?

SPIEGEL: Selbstbehauptung der Universität, in einer solchen turbulenten Welt, wirkt das nicht ein bißchen unangemessen?

HEIDEGGER: Wieso? – »Die Selbstbehauptung der Universität«, das geht gegen die damals schon in der Partei und von der nationalsozialistischen Studentenschaft geforderte sogenannte »Politische Wissenschaft«. Dieser Titel hatte damals einen ganz anderen Sinn; er bedeutete nicht Politologie wie heute, sondern besagte: Die Wissenschaft als solche, ihr Sinn und Wert, wird abgeschätzt nach dem praktischen Nutzen für das Volk. Die Gegenstellung zu *dieser* Politisierung der Wissenschaft wird in der Rektoratsrede eigens ausgesprochen.

SPIEGEL: Verstehen wir Sie richtig: Indem Sie die Universität in das, was Sie damals als einen Aufbruch empfanden, mit hineinnahmen, wollten Sie die Universität behaupten gegen sonst vielleicht übermächtige Strömungen, die der Universität ihre Eigenart nicht mehr gelassen hätten?

HEIDEGGER: Gewiß, aber die Selbstbehauptung sollte sich zugleich positiv die Aufgabe stellen, gegenüber der nur technischen Organisation der Universität einen neuen Sinn zurückzugewinnen aus der Besinnung auf die Überlieferung des abendländisch-europäischen Denkens.

SPIEGEL: Herr Professor, sollen wir das so verstehen, daß Sie damals meinten, eine Gesundung der Universität mit den Nationalsozialisten zusammen erreichen zu können?

HEIDEGGER: Das ist falsch ausgedrückt. Nicht mit den Nationalsozialisten zusammen, sondern die Universität sollte aus eigener

Besinnung sich wieder erneuern und dadurch eine feste Position gegenüber der Gefahr der Politisierung der Wissenschaft gewinnen – in dem vorhin angegebenen Sinne.

SPIEGEL: Und deswegen haben Sie in Ihrer Rektoratsrede diese drei Säulen proklamiert: »Arbeitsdienst«, »Wehrdienst«, »Wissensdienst«. Dadurch sollte, so meinten Sie demnach, der »Wissensdienst« in eine gleichrangige Position gehoben werden, die ihm die Nationalsozialisten nicht konzediert hatten?

HEIDEGGER: Von »Säulen« ist nicht die Rede. Wenn Sie aufmerksam lesen: Der Wissensdienst steht zwar in der Aufzählung an dritter Stelle, aber dem Sinne nach ist er an die erste gesetzt. Zu bedenken bleibt, daß Arbeit und Wehr wie jedes menschliche Tun auf ein Wissen gegründet und von ihm erhellt werden.

SPIEGEL: Wir müssen aber – wir sind gleich mit diesem elenden Zitieren zu Ende – hier noch einen Satz erwähnen, von dem wir uns nicht vorstellen können, daß Sie ihn heute noch unterschreiben würden. Sie sagten im Herbst 1933: »Nicht Lehrsätze und Ideen seien die Regeln eures Seins. Der Führer selbst und allein *ist* die heutige und künftige deutsche Wirklichkeit und ihr Gesetz.«

HEIDEGGER: Diese Sätze stehen nicht in der Rektoratsrede, sondern nur in der lokalen Freiburger Studentenzeitung, zu Beginn des Wintersemesters 1933/34. Als ich das Rektorat übernahm, war ich mir darüber klar, daß ich ohne Kompromisse nicht durchkäme. Die angeführten Sätze würde ich heute nicht mehr schreiben. Dergleichen habe ich schon 1934 nicht mehr gesagt. Aber ich würde heute noch und heute entschiedener denn je die Rede von der »Selbstbehauptung der deutschen Universität« wiederholen, freilich ohne Bezugnahme auf den Nationalismus. An die Stelle des »Volkes« ist die Gesellschaft getreten. Indes wäre die Rede heute ebenso in den Wind gesprochen wie damals.

SPIEGEL: Dürfen wir nochmals eine Zwischenfrage stellen? In diesem Gespräch wurde bisher deutlich, daß sich Ihre Haltung im Jahre 1933 zwischen zwei Polen bewegte. Erstens: Sie mußten manches ad usum Delphini sagen. Das war der eine Pol. Der andere Pol war aber doch positiver; das drücken Sie so aus: Ich hatte das Empfinden, hier ist etwas Neues, hier ist ein Aufbruch – so wie Sie es gesagt haben.

HEIDEGGER: So ist es.

SPIEGEL: Zwischen diesen beiden Polen hat sich – das ist aus der Situation heraus durchaus glaubwürdig ...

HEIDEGGER: Gewiß. Aber ich muß betonen, daß die Wendung »ad usum Delphini« zu wenig besagt. Ich war damals des Glaubens, daß in der Auseinandersetzung mit dem Nationalsozialismus ein neuer und der allein noch mögliche Weg zu einer Erneuerung sich öffnen könnte.

SPIEGEL: Sie wissen, daß in diesem Zusammenhang einige Vorwürfe gegen Sie erhoben werden, die Ihre Zusammenarbeit mit der NSDAP und deren Verbänden betreffen und die in der Öffentlichkeit immer noch als unwidersprochen gelten. So ist Ihnen vorgeworfen worden, Sie hätten sich an Bücherverbrennungen der Studentenschaft oder Hitler-Jugend beteiligt.

HEIDEGGER: Ich habe die geplante Bücher-Verbrennung, die vor dem Universitätsgebäude stattfinden sollte, verboten.

SPIEGEL: Dann ist Ihnen vorgeworfen worden, Sie hätten Bücher jüdischer Autoren aus der Bibliothek der Universität oder des Philosophischen Seminars entfernen lassen.

HEIDEGGER: Ich konnte als Direktor des Seminars nur über dessen Bibliothek verfügen. Ich bin den wiederholten Aufforderungen, die Bücher jüdischer Autoren zu entfernen, nicht nachgekommen. Frühere Teilnehmer meiner Seminarübungen können heute bezeugen, daß nicht nur keine Bücher jüdischer Autoren entfernt wurden, sondern daß diese Autoren, vor allem Husserl, wie vor 1933 zitiert und besprochen wurden.

SPIEGEL: Wir wollen das festhalten. Aber wie erklären Sie sich das Entstehen solcher Gerüchte? Ist es Böswilligkeit?

HEIDEGGER: Nach meiner Kenntnis der Quellen möchte ich das

annehmen; aber die Beweggründe der Verleumdung liegen tiefer. Die Übernahme des Rektorats ist vermutlich nur Anlaß, nicht der bestimmende Grund. Vermutlich wird deshalb die Polemik immer wieder aufflackern, wenn sich ein Anlaß bietet.

SPIEGEL: Sie hatten auch nach 1933 jüdische Studenten. Ihr Verhältnis soll, wahrscheinlich nicht zu allen, aber zu einigen dieser jüdischen Studenten herzlich gewesen sein, auch nach 1933?

HEIDEGGER: Meine Haltung blieb nach 1933 unverändert. Eine meiner ältesten und begabtesten Schülerinnen, Helene Weiß, die später nach Schottland emigrierte, hat, als ihre Promotion in der hiesigen Fakultät nicht mehr möglich war, in Basel promoviert mit einer sehr wichtigen Arbeit über »Kausalität und Zufall in der Philosophie des Aristoteles«, gedruckt 1942 in Basel. Am Schluß des Vorworts schreibt die Verfasserin: »Der Versuch einer phänomenologischen Interpretation, den wir in seinem ersten Teil hier vorlegen, verdankt seine Möglichkeit M. Heideggers unveröffentlichten Interpretationen der griechischen Philosophie.«

Sie sehen hier das Exemplar, das die Verfasserin mit eigener Widmung mir im April 1948 zugeschickt hat. Ich habe Frau Dr. Weiß vor ihrem Tode noch mehrfach in Basel besucht.

SPIEGEL: Sie waren lange Zeit mit Jaspers befreundet. Nach 1933 begann sich dieses Verhältnis zu trüben. Die Fama will wissen, die Trübung sei im Zusammenhang zu sehen damit, daß Jaspers eine jüdische Frau hat. Möchten Sie dazu etwas sagen?

HEIDEGGER: Was Sie hier vorbringen, ist gelogen. Ich war seit 1919 mit Karl Jaspers befreundet; ich habe ihn und seine Frau im Sommersemester 1933 gelegentlich eines Vortrages in Heidelberg besucht. Karl Jaspers hat mir seine Veröffentlichungen zwischen 1934 und 1938 alle zugeschickt – »mit herzlichen Grüßen«. Ich lege Ihnen hier die Schriften vor.

SPIEGEL: Hier steht: »Mit herzlichem Gruß«. Nun, »herzlich« wäre der Gruß, wenn vorher eine Trübung stattgefunden hätte, wohl nicht gewesen.[2] Eine andere, ähnliche Frage: Sie waren Schüler Ihres jüdischen Vorgängers auf dem Philosophischen Lehrstuhl der Freiburger Universität, Edmund Husserl. Er hat Sie der Fakultät als Nachfolger im Ordinariat empfohlen. Ihr Verhältnis zu ihm kann nicht ohne Dankbarkeit gewesen sein.

HEIDEGGER: Sie haben ja die Widmung »Sein und Zeit«.

SPIEGEL: Natürlich.

HEIDEGGER: Im Jahre 1929 habe ich die Festschrift zu seinem 70. Geburtstag redigiert und bei der Feier in seinem Hause die Rede gehalten, die auch im Mai 1929 in den Akademischen Mitteilungen abgedruckt wurde.

SPIEGEL: Nun ist es später aber zu einer Trübung des Verhältnisses gekommen. Können Sie uns und wollen Sie uns sagen, worauf die zurückzuführen war?

HEIDEGGER: Die Differenzen in sachlicher Hinsicht verschärften sich. Husserl hat anfangs der dreißiger Jahre eine öffentliche Abrechnung mit Max Scheler und mir gehalten, deren Deutlichkeit nichts zu wünschen übrigließ. Was Husserl bewogen hat, sich in solcher Öffentlichkeit gegen mein Denken abzusetzen, konnte ich nie erfahren.

SPIEGEL: Bei welchem Anlaß war das?

HEIDEGGER: In der Berliner Universität hat Husserl vor 1600 Zuhörern gesprochen. Heinrich Mühsam hat in einer der großen Berliner Zeitungen von einer »Art Sportpalast-Stimmung« berichtet.

SPIEGEL: Der Streit als solcher interessiert in unserem Zusammenhang nicht. Es interessiert nur, daß es eben kein Streit war, der mit dem Jahr 1933 zu tun hat.

HEIDEGGER: Nicht das geringste.

SPIEGEL: Das war auch unsere Beobachtung. Daß Sie später die Dedikation an Husserl aus »Sein und Zeit« weggelassen hätten, stimmt doch nicht?

HEIDEGGER: Das stimmt. Ich habe diesen Sachverhalt aufgeklärt in meinem Buch »Unterwegs zur Sprache«, 1959, S. 269. Der Text lautet: »Um vielfach verbreiteten unrichtigen Behauptungen zu entgegnen, sei hier ausdrücklich bemerkt, daß die im Text des Gespräches Seite 92 erwähnte Widmung von ›Sein und Zeit‹ auch der vierten Auflage des Buches von 1935 vorangestellt blieb. Als der Verleger den Druck der fünften Auflage von 1941 gefährdet bzw. ein Verbot des Buches kommen sah, wurde auf Vorschlag und Wunsch von Niemeyer[3] schließlich vereinbart, die Widmung in dieser Auflage fortzulassen unter der von mir gestellten Bedingung, daß auch jetzt die Anmerkung auf Seite 38 stehenbliebe, durch die jene Widmung eigentlich erst begründet wurde und die lautet: ›Wenn die folgende Untersuchung einige Schritte vorwärts geht in der Erschließung der »Sachen selbst«, so dankt das der Verfasser in erster Linie *E. Husserl,* der den Verfasser während seiner Freiburger Lehrjahre durch eindringliche persönliche Leitung und durch freieste Überlassung unveröffentlichter Untersuchungen mit den verschiedensten Gebieten der phänomenologischen Forschung vertraut machte.‹«

SPIEGEL: Dann brauchen wir beinahe die Frage gar nicht mehr zu stellen, ob es richtig ist, daß Sie als Rektor der Universität Freiburg dem emeritierten Professor Husserl das Betreten oder die Benutzung der Universitätsbibliothek oder der Bibliothek des Philosophischen Seminars verboten haben.

HEIDEGGER: Das ist eine Verleumdung.

SPIEGEL: Und es gibt auch keinen Brief, in dem dieses Verbot gegen Husserl ausgesprochen wird? Wie ist wohl dieses Gerücht aufgekommen?

HEIDEGGER: Weiß ich auch nicht, ich finde dafür keine Erklärung. Die Unmöglichkeit dieser ganzen Sache kann ich Ihnen dadurch demonstrieren, was auch nicht bekannt ist: Unter meinem Rektorat habe ich den Direktor der Medizinischen Klinik, Professor Thannhauser, und den späteren Nobelpreisträger von Hevesy, Professor für Physikalische Chemie – beide Juden –, die das Ministerium zu entlassen verlangte, durch Vorsprache beim Minister gehalten. Daß ich diese beiden Männer hielte und gleichzeitig gegen Husserl, den Emeritus und meinen eigenen Lehrer, in der kolportierten Weise vorginge, ist absurd. Ich habe auch verhindert, daß Studenten und Dozenten eine Demonstration gegen Pro-

fessor Thannhauser vor seiner Klinik veranstalteten. In der Todes-
anzeige, die von der Familie Thannhauser in der hiesigen Zeitung
veröffentlicht wurde, heißt es: »Bis 1934 war er der verehrte Direktor der Medizinischen Universitätsklinik in Freiburg i. Br.
Brockline, Mass., 18. 12. 1962«. Über Prof. v. Hevesy berichten
die »Freiburger Universitätsblätter Heft 11/Februar 1966: »In den
Jahren 1926–1934 war von Hevesy Leiter des Physikalisch-Chemi-
schen Instituts der Universität Freiburg i. Br.« Nachdem ich mein
Rektorat niedergelegt hatte, wurden beide Direktoren aus ihren
Ämtern entfernt. Damals gab es sitzengebliebene Privatdozenten,
die dachten: Jetzt ist die Zeit da, um nachzurücken. Diese Leute,
wenn sie bei mir vorsprachen, habe ich alle abgewiesen.

SPIEGEL: Sie haben am Begräbnis Husserls 1938 nicht teilgenommen. Warum nicht?

HEIDEGGER: Ich möchte hierzu nur folgendes sagen: Der Vorwurf, daß ich meine Beziehungen zu Husserl abgebrochen hätte,
ist unbegründet. Meine Frau hat im Mai 1933 an Frau Husserl in
unser beider Namen einen Brief geschrieben, worin wir unser
beider »unveränderte Dankbarkeit« bezeugten, und schickte diesen Brief mit einem Blumenstrauß ins Haus. Frau Husserl antwortete kurz mit einem formellen Dank und schrieb, daß die Beziehungen zwischen unseren Familien abgebrochen seien. Daß ich
beim Krankenlager und Tod von Husserl nicht noch einmal meinen Dank und meine Verehrung bezeugte, ist ein menschliches
Versagen, um das ich später Frau Husserl in einem Brief um Entschuldigung bat.

SPIEGEL: Husserl starb 1938. Bereits im Februar 1934 hatten Sie
das Rektorat niedergelegt. Wie war es dazu gekommen?

HEIDEGGER: Da muß ich etwas ausgreifen. In der Absicht, die
technische Organisation der Universität zu überwinden, das heißt,
die Fakultäten von innen heraus, von ihren sachlichen Aufgaben
her, zu erneuern, habe ich vorgeschlagen, für das Wintersemester
1933/34 in den einzelnen Fakultäten jüngere und vor allem in ihrem Fach ausgezeichnete Kollegen zu Dekanen zu ernennen, und
zwar ohne Rücksicht auf ihre Stellung zur Partei. So wurden De-

kane für die Juristische Fakultät Professor Erik Wolf, für die Philosophische Fakultät Professor Schadewaldt, für die Naturwissen-
schaftliche Fakultät Professor Soergel, für die Medizinische Fakultät Professor von Möllendorff, der im Frühjahr als Rektor abgesetzt worden war. Aber schon um Weihnachten 1933 wurde mir
klar, daß ich die mir vorschwebende Erneuerung der Universität
weder gegen die Widerstände innerhalb der Kollegenschaft noch
gegen die Partei würde durchsetzen können. Zum Beispiel ver-
übelte mir die Kollegenschaft, daß ich die Studenten mit in die
verantwortliche Verwaltung der Universität einbezog – genau wie
es heute der Fall ist. Eines Tages wurde ich nach Karlsruhe geru-
fen, wo von mir der Minister durch seinen Ministerialrat – unter
Beisein des Gaustudentenführers – verlangte, die Dekane der Juri-
stischen und der Medizinischen Fakultät durch andere Kollegen zu
ersetzen, die der Partei genehm wären. Ich habe dieses Ansinnen
abgelehnt und meinen Rücktritt vom Rektorat erklärt, wenn der
Minister auf seiner Forderung bestehe. Dies war der Fall. Das war
im Februar 1934, nach zehnmonatiger Amtszeit trat ich zurück,
während die Rektoren damals zwei und mehr Jahre im Amt blieben. Während die in- und ausländische Presse die Übernahme des
Rektorats auf verschiedene Weise kommentierte, schwieg man
sich über meinen Rücktritt aus.

SPIEGEL: Haben Sie damals mit Rust verhandelt?
HEIDEGGER: Wann damals?
SPIEGEL: Da ist doch immer noch von einer Reise, die Rust 1933
hierher nach Freiburg gemacht hatte, die Rede.
HEIDEGGER: Es handelt sich um zwei verschiedene Vorgänge:
Aus Anlaß einer Gedenk-Feier am Grabe Schlageters in seiner
Heimat Schönau im Wiesental fand eine kurze formelle Begrü-
ßung des Ministers durch mich statt. Weiter hat der Minister keine
Notiz von mir genommen. Ich habe mich damals auch um kein
Gespräch bemüht. Schlageter war Freiburger Student und Ange-

höriger einer katholischen farbentragenden Korporation. Das Gespräch fand im November 1933 statt anläßlich einer Rektorenkonferenz in Berlin. Ich habe dem Minister meine Auffassung von der Wissenschaft und der möglichen Gestaltung der Fakultäten vorgetragen. Er nahm alles aufmerksam zur Kenntnis, so daß ich die Hoffnung hegte, das Vorgetragene könnte seine Wirkung haben. Aber es geschah nichts. Ich sehe nicht ein, wieso mir aus dieser Unterredung mit dem damaligen Reichserziehungsminister ein Vorwurf gemacht wird, während zur selben Zeit alle ausländischen Regierungen sich beeilten, Hitler anzuerkennen und ihm die international übliche Reverenz zu erweisen.

SPIEGEL: Wie entwickelte sich Ihr Verhältnis zur NSDAP, nachdem Sie als Rektor zurückgetreten waren?

HEIDEGGER: Nach dem Rücktritt vom Rektorat habe ich mich auf meine Lehraufgabe zurückgezogen. Im Sommersemester 1934 las ich »Logik«. Im folgenden Semester 1934/35 hielt ich die erste Hölderlin-Vorlesung. 1936 begannen die Nietzsche-Vorlesungen. Alle, die hören konnten, hörten, daß dies eine Auseinandersetzung mit dem Nationalsozialismus war.

SPIEGEL: Wie hatte sich die Amtsübergabe abgespielt? Sie nahmen an der Feier nicht teil?

HEIDEGGER: Ja, ich habe es abgelehnt, an der feierlichen Rektoratsübergabe teilzunehmen.

SPIEGEL: War Ihr Nachfolger ein engagiertes Parteimitglied?

HEIDEGGER: Er war Jurist; die Parteizeitung »Der Alemanne« meldete seine Ernennung zum Rektor mit der Balkenüberschrift: »Der erste nationalsozialistische Rektor der Universität«.[4]

SPIEGEL: Hatten Sie nachher Schwierigkeiten mit der Partei oder wie war das?

HEIDEGGER: Ich wurde ständig überwacht.

SPIEGEL: Haben Sie dafür ein Beispiel?

HEIDEGGER: Ja, der Fall mit Dr. Hancke.

SPIEGEL: Wie waren Sie darauf gekommen?

HEIDEGGER: Weil er selber zu mir kam. Er war bereits promoviert, im Wintersemester 1936/37 und Sommersemester 1937 Mitglied meines Oberseminars. Er war vom SD hierher geschickt, um mich zu überwachen.

SPIEGEL: Wie kam er dazu, plötzlich zu Ihnen zu kommen?

HEIDEGGER: Aufgrund meines Nietzsche-Seminars im Sommersemester 1937 und der Art, wie dabei die Arbeit vor sich ging, gestand er mir, er könne die ihm aufgetragene Überwachung nicht weiter übernehmen und er wolle mir diese Sachlage im Hinblick auf meine weitere Lehrtätigkeit zur Kenntnis bringen.

SPIEGEL: Sonst hatten Sie keine Schwierigkeiten mit der Partei.

HEIDEGGER: Ich wußte nur, daß meine Schriften nicht besprochen werden durften, zum Beispiel der Aufsatz: »Platons Lehre von der Wahrheit«. Mein im Frühjahr 1936 in Rom im Germanischen Institut gehaltener Hölderlin-Vortrag wurde in der HJ-Zeitschrift »Wille und Macht« in übler Weise angegriffen. Die seit dem Sommer 1934 einsetzende Polemik gegen mich in E. Kriecks Zeitschrift »Volk im Werden« sollten Interessenten nachlesen. Beim Internationalen Philosophenkongreß in Prag 1934 gehörte ich weder zur deutschen Delegation noch wurde ich überhaupt zur Teilnahme eingeladen. In der gleichen Weise sollte ich beim internationalen Descartes-Kongreß in Paris 1937 ausgeschaltet bleiben. Dies wirkte in Paris so befremdend, daß die dortige Kongreßleitung (Professor Bréhier an der Sorbonne) von sich aus bei mir anfrug, weshalb ich nicht zur deutschen Delegation gehöre. Ich antwortete, die Kongreßleitung möge sich beim Reichserziehungsministerium über diesen Fall erkundigen. Nach einiger Zeit kam von Berlin eine Aufforderung an mich, nachträglich noch der Delegation beizutreten. Ich habe dies abgelehnt. Die Vorträge »Was ist Metaphysik?« und »Vom Wesen der Wahrheit« wurden in titellosem Umschlag unter dem Ladentisch verkauft. Die Rektoratsrede wurde nach 1934 alsbald auf Veranlassung der Partei aus dem Handel zurückgezogen. Sie durfte nur noch in den N.S.-Dozentenlagern besprochen werden als Gegenstand parteipolitischer Polemik.

SPIEGEL: Als dann 1939 der Krieg ...

HEIDEGGER: Im letzten Kriegsjahr wurden 500 der bedeutendsten Wissenschaftler und Künstler von jeder Art Kriegsdienst frei-gestellt.[5] Ich gehörte nicht zu den Freigestellten, im Gegenteil, ich wurde im Sommer 1944 zu Schanzarbeiten drüben am Rhein, am Kaiserstuhl, befohlen.

SPIEGEL: Auf der anderen, auf der Schweizer Seite hat Karl Barth geschanzt.

HEIDEGGER: Interessant ist, wie das vor sich ging. Der Rektor hatte die ganze Dozentenschaft eingeladen in den Hörsaal 5. Er hielt kurz eine Rede des Inhalts: Was er jetzt sage, sei eine Abspra-che mit dem NS-Kreisleiter und dem NS-Gauleiter. Er würde jetzt die ganze Dozentenschaft einteilen in drei Gruppen: erstens Ganz-Entbehrliche; zweitens Halb-Entbehrliche; und drittens Un-entbehrliche. An erster Stelle der Ganz-Entbehrlichen wurde ge-nannt: Heidegger, des weiteren G. Ritter[6]. Im Wintersemester 1944/45, nach Beendigung der Schanzarbeiten am Rhein, hielt ich eine Vorlesung unter dem Titel: »Dichten und Denken«, im ge-wissen Sinne eine Fortsetzung meiner Nietzsche-Vorlesung, das heißt der Auseinandersetzung mit dem Nationalsozialismus. Nach der zweiten Stunde wurde ich zum Volkssturm eingezogen, der älteste Mann unter den einberufenen Mitgliedern des Lehrkörpers.

SPIEGEL: Ich glaube, die Vorgänge bis zur tatsächlichen oder sagen wir bis zur rechtlichen Emeritierung, da brauchen wir wohl Herrn Professor Heidegger nicht zu hören. Das ist doch bekannt.

HEIDEGGER: Bekannt sind die Vorgänge freilich nicht. Das ist eine wenig schöne Sache.

SPIEGEL: Außer wenn Sie noch etwas dazu sagen möchten.

HEIDEGGER: Nein.

SPIEGEL: Vielleicht dürfen wir zusammenfassen: Sie sind 1933 als ein unpolitischer Mensch im engeren Sinne, nicht im weiteren Sinne, in die Politik dieses vermeintlichen Aufbruchs ...

HEIDEGGER: ... auf dem Wege der Universität ...

SPIEGEL: ... auf dem Wege über die Universität in diesen ver-meintlichen Aufbruch geraten. Nach etwa einem Jahr haben Sie die dabei übernommene Funktion wieder aufgegeben. Aber: Sie haben 1935 in einer Vorlesung, die 1953 als »Einführung in die Metaphysik« veröffentlicht wurde, gesagt: »Was heute« – das war also 1935 – »als Philosophie des Nationalsozialismus herumgeboten wird, aber mit der inneren Wahrheit und Größe dieser Bewegung (nämlich mit der Begegnung der planetarisch bestimmten Technik und des neuzeitlichen Menschen) nicht das geringste zu tun hat, das macht seine Fischzüge in diesen trüben Gewässern der ›Werte‹ und ›Ganzheiten‹.« Haben Sie die Worte in der Klammer erst 1953, also bei der Drucklegung, hinzugefügt – etwa um dem Leser von 1953 zu erläutern, worin Sie 1935 die »innere Wahrheit und Größe dieser Bewegung«, also des Nationalsozialismus, gesehen haben –, oder hatten Sie die erklärende Klammer auch schon 1935 drin?

HEIDEGGER: Das stand in meinem Manuskript drin und entsprach genau meiner damaligen Auffassung der Technik und noch nicht der späteren Auslegung des Wesens der Technik als Ge-Stell. Daß ich die Stelle nicht vortrug, lag daran, daß ich von dem rechten Verständnis meiner Zuhörer überzeugt war, die Dummen und Spitzel und Schnüffler verstanden es anders – mochten es auch.

SPIEGEL: Sicher würden Sie auch die kommunistische Bewegung da einordnen?

HEIDEGGER: Ja, unbedingt, als von der planetarischen Technik bestimmt.

SPIEGEL: Wer weiß, ob Sie nicht auch die Summe der amerikanischen Bestrebungen so einordnen würden?

HEIDEGGER: Auch dieses würde ich sagen. Inzwischen dürfte in den vergangenen dreißig Jahren deutlicher geworden sein, daß die planetarische Bewegung der neuzeitlichen Technik eine Macht ist, deren Geschichte-bestimmende Größe kaum überschätzt werden kann. Es ist für mich heute eine entscheidende Frage, wie dem heutigen technischen Zeitalter überhaupt ein – und welches – politisches System zugeordnet werden kann. Auf diese Frage weiß ich keine Antwort. Ich bin nicht überzeugt, daß es die Demokratie ist.

SPIEGEL: Nun ist »die« Demokratie nur ein Sammelbegriff, unter dem sich sehr verschiedene Vorstellungen einordnen lassen. Die Frage ist, ob eine Transformation dieser politischen Form noch möglich ist. Sie haben sich nach 1945 zu den politischen Bestrebungen der westlichen Welt geäußert und dabei auch von der Demokratie gesprochen, von der politisch ausgedrückten christlichen Weltanschauung und auch von der Rechtsstaatlichkeit – und Sie nannten alle diese Bestrebungen »Halbheiten«.

HEIDEGGER: Zunächst bitte ich Sie zu sagen, wo ich über Demokratie und was Sie weiter anführen gesprochen habe. Als Halbheiten würde ich sie auch bezeichnen, weil ich darin keine wirkliche Auseinandersetzung mit der technischen Welt sehe, weil dahinter immer noch, nach meiner Ansicht, die Auffassung steht, daß die Technik in ihrem Wesen etwas sei, was der Mensch in der Hand hat. Das ist nach meiner Meinung nicht möglich. Die Technik in ihrem Wesen ist etwas, was der Mensch von sich aus nicht bewältigt.

SPIEGEL: Welche der eben skizzierten Strömungen wäre da nach Ihrer Ansicht die am ehesten zeitgemäße?

HEIDEGGER: Das sehe ich nicht. Aber ich sehe hier eine entscheidende Frage. Zunächst wäre zu klären, was Sie mit »zeitgemäß« meinen, was hier »Zeit« bedeutet. Mehr noch, zu fragen wäre, ob die Zeitgemäßheit der Maßstab ist für die »innere Wahrheit« menschlichen Handelns, ob das maßgebende Handeln nicht das »Denken und das Dichten« ist, aller Verketzerung jener Wendung zum Trotz.

SPIEGEL: Nun ist doch augenfällig, daß der Mensch mit seinem Werkzeug zu allen Zeiten nicht fertig wird, siehe den Zauberlehrling. Ist es da nicht etwas zu pessimistisch zu sagen: Wir werden mit diesem sicher sehr viel größeren Werkzeug der modernen Technik nicht fertig?

HEIDEGGER: Pessimismus, nein. Pessimismus und Optimismus sind im Bereich der jetzt versuchten Besinnung Stellungnahmen, die zu kurz tragen. Vor allem aber – die moderne Technik ist kein »Werkzeug« und hat es auch nicht mehr mit Werkzeugen zu tun.

SPIEGEL: Warum sollten wir von der Technik so stark überwältigt werden …?

HEIDEGGER: Ich sage nicht überwältigt. Ich sage, wir haben noch keinen Weg, der dem Wesen der Technik entspricht.

SPIEGEL: Man könnte Ihnen doch ganz naiv entgegenhalten: Was soll hier bewältigt werden? Es funktioniert ja alles. Immer mehr Elektrizitätswerke werden gebaut. Es wird tüchtig produziert. Die Menschen werden im hochtechnisierten Teil der Erde gut versorgt. Wir leben im Wohlstand. Was fehlt hier eigentlich?

HEIDEGGER: Es funktioniert alles. Das ist gerade das Unheimliche, daß es funktioniert und daß das Funktionieren immer weiter treibt zu einem weiteren Funktionieren und daß die Technik den Menschen immer mehr von der Erde losreißt und entwurzelt. Ich weiß nicht, ob Sie erschrocken sind, ich bin jedenfalls erschrokken, als ich jetzt die Aufnahmen vom Mond zur Erde sah. Wir brauchen gar keine Atombombe, die Entwurzelung des Menschen ist schon da. Wir haben nur noch rein technische Verhältnisse. Das ist keine Erde mehr, auf der der Mensch heute lebt. Ich hatte kürzlich ein langes Gespräch mit René Char in der Provence, wie Sie wissen, dem Dichter und Widerstandskämpfer. In der Provence werden jetzt Raketenbasen errichtet, und das Land wird in einer unvorstellbaren Weise verwüstet. Der Dichter, der gewiß nicht im Verdacht der Sentimentalität und einer Verherrlichung der Idylle steht, sagte mir, die Entwurzelung des Menschen, die da vor sich geht, ist das Ende, wenn nicht noch einmal Denken und Dichten zur gewaltlosen Macht gelangen.

SPIEGEL: Nun müssen wir sagen, wir sind zwar lieber hier, und zu unseren Zeiten werden wir ja wohl auch nicht mehr weg müssen; aber wer weiß, ob es die Bestimmung des Menschen ist, auf dieser Erde zu sein? Es wäre denkbar, daß der Mensch überhaupt keine Bestimmung hat. Aber immerhin könnte eine Möglichkeit des Menschen auch darin gesehen werden, daß er von dieser Erde auf andere Planeten ausgreift. Es wird sicher noch lange nicht soweit sein. Nur, wo ist geschrieben, daß er hier seinen Platz hat?

HEIDEGGER: Nach unserer menschlichen Erfahrung und Geschichte, soweit ich jedenfalls orientiert bin, weiß ich, daß alles Wesentliche und Große nur daraus entstanden ist, daß der Mensch eine Heimat hatte und in einer Überlieferung verwurzelt war. Die heutige Literatur zum Beispiel ist weitgehend destruktiv.

SPIEGEL: Uns stört hier das Wort destruktiv auch insofern, als das Wort nihilistisch gerade durch Sie und in Ihrer Philosophie einen ganz umgreifenden Sinnzusammenhang bekommen hat. Es frappiert uns in bezug auf die Literatur, die Sie doch durchaus als Teil dieses Nihilismus sehen könnten oder müßten, das Wort destruktiv zu hören.

HEIDEGGER: Ich möchte sagen, daß die von mir gemeinte Literatur nicht nihilistisch ist in dem von mir gedachten Sinne. (Nietzsche II, S. 335 ff.)

SPIEGEL: Sie sehen offenbar, so haben Sie es auch ausgedrückt, eine Weltbewegung, die den absoluten technischen Staat entweder heraufführt oder schon heraufgeführt hat?

HEIDEGGER: Ja! Aber gerade der technische Staat entspricht am wenigsten der vom Wesen der Technik bestimmten Welt und Gesellschaft. Der technische Staat wäre der unterwürfigste und blindeste Büttel gegenüber der Macht der Technik.

SPIEGEL: Gut. Nun stellt sich natürlich die Frage: Kann überhaupt der Einzelmensch dieses Geflecht von Zwangsläufigkeiten noch beeinflussen, oder aber kann die Philosophie es beeinflussen, oder können beide zusammen es beeinflussen, indem die Philosophie den einzelnen oder mehrere einzelne zu einer bestimmten Aktion führt?

HEIDEGGER: Sie kommen mit diesen Fragen auf den Beginn unseres Gespräches zurück. Wenn ich kurz und vielleicht etwas massiv, aber aus langer Besinnung antworten darf: Die Philosophie wird keine unmittelbare Veränderung des jetzigen Weltzustandes bewirken können. Dies gilt nicht nur von der Philosophie, sondern von allem bloß menschlichen Sinnen und Trachten. Nur noch ein Gott kann uns retten. Die einzige Möglichkeit einer Rettung sehe ich darin, im Denken und im Dichten eine Bereitschaft vorzubereiten für die Erscheinung des Gottes oder für die Abwesenheit des Gottes im Untergang; daß wir nicht, grob gesagt, »verrecken«, sondern wenn wir untergehen, im Angesicht des abwesenden Gottes untergehen.

Spiegel: Gibt es einen Zusammenhang zwischen Ihrem Denken und der Heraufkunft dieses Gottes? Gibt es da, in Ihrer Sicht, einen Kausalzusammenhang? Meinen Sie, daß wir den Gott herbeidenken können?

Heidegger: Wir können ihn nicht herbeidenken, wir vermögen höchstens die Bereitschaft der Erwartung vorzubereiten.

Spiegel: Aber können wir helfen?

Heidegger: Die Bereitung der Bereitschaft dürfte die erste Hilfe sein. Die Welt kann nicht durch den Menschen, aber auch nicht ohne den Menschen sein, was sie und wie sie ist. Das hängt nach meiner Ansicht damit zusammen, daß das, was ich mit einem langher überlieferten, vieldeutigen und jetzt abgegriffenen Wort »das Sein« nenne, den Menschen braucht, daß das Sein nicht Sein ist, ohne daß der Mensch gebraucht wird zu seiner Offenbarung, Wahrung und Gestaltung. Das Wesen der Technik sehe ich in dem, was ich das »Ge-Stell« nenne. Der Name, beim ersten Hören leicht mißverständlich, recht bedacht, weist, was er meint, in die innerste Geschichte der Metaphysik zurück, die heute noch unser Dasein bestimmt. Das Walten des Ge-Stells besagt: Der Mensch ist gestellt, beansprucht und herausgefordert von einer Macht, die im Wesen der Technik offenbar wird. Gerade in der Erfahrung dieses Gestelltseins des Menschen von etwas, was er selbst nicht ist und was er selbst nicht beherrscht, zeigt sich ihm die Möglichkeit der Einsicht, daß der Mensch vom Sein gebraucht wird. In dem, was das Eigenste der modernen Technik ausmacht, verbirgt sich gerade die Möglichkeit der Erfahrung, des Gebrauchtseins und des Bereitseins für diese neuen Möglichkeiten. Zu dieser Einsicht zu verhelfen: mehr vermag das Denken nicht, und die Philosophie ist zu Ende.

SPIEGEL: In früheren Zeiten – und nicht nur in früheren Zeiten – ist immerhin gedacht worden, daß die Philosophie indirekt viel bewirkt, direkt nur selten, aber daß sie indirekt viel bewirken konnte, daß sie neuen Strömungen zum Durchbruch verholfen hat. Wenn man allein bei den Deutschen an die großen Namen Kant, Hegel bis zu Nietzsche denkt, Marx gar nicht zu nennen, so ist nachweisbar, daß auf Umwegen die Philosophie eine ungeheure Wirkung gehabt hat. Meinen Sie nun, daß diese Wirkung der Philosophie zu Ende ist? Und wenn Sie sagen, die Philosophie sei tot, es gebe sie nicht mehr, ist dann dabei auch dieser Gedanke einbegriffen, daß diese Wirkung der Philosophie, wenn sie je da war, heute zumindest nicht mehr da ist?

HEIDEGGER: Ich sagte soeben: Durch ein anderes Denken ist eine mittelbare Wirkung möglich, aber keine direkte, so daß gleichsam kausal das Denken den Weltzustand verändert.

SPIEGEL: Entschuldigen Sie, wir wollen nicht philosophieren, dazu reichen wir nicht aus, aber wir haben ja hier die Nahtstelle zwischen Politik und Philosophie, deswegen sehen Sie uns bitte nach, daß wir Sie hier in solch ein Gespräch ziehen – Sie haben eben gesagt, die Philosophie und der einzelne könnten nichts tun außer ...

HEIDEGGER: ... dieser Vorbereitung der Bereitschaft des Sich-Offen-Haltens für die Ankunft oder das Ausbleiben des Gottes. Auch die Erfahrung dieses Ausbleibens ist nicht nichts, sondern eine Befreiung des Menschen von dem, was ich in »Sein und Zeit« die Verfallenheit an das Seiende nannte. Zu einer Vorbereitung der genannten Bereitschaft gehört die Besinnung auf das, was heute *ist*.

SPIEGEL: Aber da müßte tatsächlich ja noch der berühmte Anstoß von außen, ein Gott oder sonst wer, kommen. Also von sich aus und selbstgenügsam könnte dann das Denken heute nichts mehr bewirken? Früher hat es das nach Meinung der Zeitgenossen und auch, glaube ich, nach unserer Meinung gegeben.

HEIDEGGER: Aber nicht unmittelbar.

SPIEGEL: Wir nannten schon Kant, Hegel und Marx als große Beweger. Aber auch von Leibniz sind Anstöße ausgegangen – für die Entwicklung der modernen Physik und damit für die Entstehung der modernen Welt überhaupt. Wir glauben, Sie haben vorhin gesagt, daß Sie mit einer solchen Wirkung heute nicht mehr rechnen.

HEIDEGGER: Im Sinne der Philosophie nicht mehr. Die Rolle der bisherigen Philosophie haben heute die Wissenschaften übernommen. Für eine hinreichende Klärung der »Wirkung« des Denkens müßten wir eingehender erörtern, was hier Wirkung und Bewirken heißen kann. Hierzu bedürfte es gründlicher Unterscheidungen zwischen Anlaß, Anstoß, Förderung, Nachhilfe, Behinderung und Mithilfe. Für diese Unterscheidungen aber gewinnen wir erst die gemäße Dimension, wenn wir den Satz vom Grund hinreichend erörtert haben. Die Philosophie löst sich auf in Einzelwissenschaften; die Psychologie, die Logik, die Politologie.

SPIEGEL: Und wer nimmt den Platz der Philosophie jetzt ein?

HEIDEGGER: Die Kybernetik.

SPIEGEL: Oder der Fromme, der sich offenhält?

HEIDEGGER: Das ist aber keine Philosophie mehr.

SPIEGEL: Was ist es dann?

HEIDEGGER: Das andere Denken nenne ich es.

SPIEGEL: Sie nennen es das andere Denken. Möchten Sie es ein bißchen deutlicher formulieren?

HEIDEGGER: Dachten Sie an den Satz, mit dem mein Vortrag »Die Frage nach der Technik« schließt: »Denn das Fragen ist die Frömmigkeit des Denkens«?

SPIEGEL: Wir haben in Ihren Nietzsche-Vorlesungen einen Satz gefunden, der uns einleuchtet. Sie sagen da: »Weil im philosophischen Denken die höchstmögliche Bindung herrscht, deshalb denken alle großen Denker dasselbe. Doch dieses selbe ist so wesentlich und reich, daß nie ein einzelner es erschöpft, sondern jeder jeden nur strenger bindet.« Eben dieses philosophische Gebäude scheint doch aber dann nach Ihrer Meinung zu einem gewissen Abschluß gekommen zu sein.

HEIDEGGER: Ist abgeschlossen, aber für uns nicht nichtig geworden, sondern gerade im Gespräch neu gegenwärtig. Meine ganze Arbeit in Vorlesungen und Übungen in den vergangenen 30 Jahren war in der Hauptsache nur Interpretation der abendländischen Philosophie. Der Rückgang in die geschichtlichen Grundlagen des Denkens, das Durchdenken der seit der griechischen Philosophie noch ungefragten Fragen, das ist keine Loslösung von der Überlieferung. Aber ich sage: Die Denkweise der überlieferten Metaphysik, die mit Nietzsche abgeschlossen ist, bietet keine Möglichkeit mehr, die Grundzüge des erst beginnenden technischen Weltalters denkend zu erfahren.

SPIEGEL: Sie haben vor ungefähr zwei Jahren in einer Unterhaltung mit einem buddhistischen Mönch von »einer ganz neuen Methode des Denkens« gesprochen und gesagt, diese neue Methode des Denkens sei »zunächst nur für wenige Menschen vollziehbar«. Wollten Sie damit ausdrücken, daß nur ganz wenige Leute die Einsichten haben können, die nach Ihrer Ansicht möglich und nötig sind?

HEIDEGGER: »Haben« in dem ganz ursprünglichen Sinne, daß sie sie gewissermaßen sagen können.

SPIEGEL: Ja, aber die Transmission zur Verwirklichung ist auch in diesem Gespräch mit dem Buddhisten von Ihnen aus nicht sichtbar dargestellt worden.

HEIDEGGER: Das kann ich auch nicht sichtbar machen. Ich weiß darüber nichts, wie dieses Denken »wirkt«. Es kann auch sein, daß der Weg eines Denkens heute dazu führt, zu schweigen, um das Denken davor zu bewahren, daß es verramscht wird innerhalb eines Jahres. Es kann auch sein, daß es 300 Jahre braucht, um zu »wirken«.

SPIEGEL: Wir verstehen sehr gut. Aber da wir nicht in 300 Jahren leben, sondern hier und jetzt leben, ist uns das Schweigen versagt. Wir, Politiker, Halbpolitiker, Staatsbürger, Journalisten et cetera, wir müssen unablässig irgendeine Entscheidung treffen. Mit dem

System, unter dem wir leben, müssen wir uns einrichten, müssen suchen, es zu ändern, müssen das schmale Tor zu einer Reform, das noch schmalere einer Revolution ausspähen. Hilfe erwarten wir vom Philosophen, wenn auch natürlich nur indirekte Hilfe, Hilfe auf Umwegen. Und da hören wir nun: Ich kann euch nicht helfen.

HEIDEGGER: Kann ich auch nicht.

SPIEGEL: Das muß den Nicht-Philosophen entmutigen.

HEIDEGGER: Kann ich nicht, weil die Fragen so schwer sind, daß es wider den Sinn dieser Aufgabe des Denkens wäre, gleichsam öffentlich aufzutreten, zu predigen und moralische Zensuren zu erteilen. Vielleicht darf der Satz gewagt werden: Dem Geheimnis der planetarischen Übermacht des ungedachten Wesens der Technik entspricht die Vorläufigkeit und Unscheinbarkeit des Denkens, das versucht, diesem Ungedachten nachzudenken.

SPIEGEL: Sie zählen sich nicht zu denen, die, wenn sie nur gehört würden, einen Weg weisen könnten?

HEIDEGGER: Nein! Ich weiß keinen Weg zur unmittelbaren Veränderung des gegenwärtigen Weltzustandes, gesetzt, eine solche sei überhaupt menschenmöglich. Aber mir scheint, das versuchte Denken könnte die schon genannte Bereitschaft wecken, klären und festigen.

SPIEGEL: Eine klare Antwort – aber kann und darf ein Denker sagen: Wartet nur, innerhalb von 300 Jahren wird uns wohl etwas einfallen?

HEIDEGGER: Es handelt sich nicht darum, nur zu warten, bis dem Menschen nach 300 verflossenen Jahren etwas einfällt, sondern darum, aus den kaum gedachten Grundzügen des gegenwärtigen Zeitalters in die kommende Zeit ohne prophetische Ansprüche vorzudenken. Denken ist nicht Untätigkeit, sondern selbst in sich das Handeln, das in der Zwiesprache steht mit dem Weltgeschick. Mir scheint, die aus der Metaphysik stammende Unterscheidung von Theorie und Praxis und die Vorstellung einer Transmission zwischen beiden verbaut den Weg zur Einsicht in das, was ich unter Denken verstehe. Vielleicht darf ich hier auf meine Vorlesungen verweisen, die unter dem Titel »Was heißt Denken?« 1954 erschienen sind. Vielleicht ist auch dies ein Zeichen unserer Zeit, daß gerade diese Schrift von allen meinen Veröffentlichungen am wenigsten gelesen ist.

SPIEGEL: Es ist natürlich immer ein Mißverständnis der Philosophie gewesen, zu denken, daß der Philosoph mit seiner Philosophie direkt irgendeine Wirkung haben sollte. Kommen wir zu unserem Anfang zurück. Wäre es nicht denkbar, den Nationalsozialismus einerseits als Verwirklichung jener »planetarischen Begegnung«, andererseits als den letzten, schlimmsten, stärksten und zugleich ohnmächtigsten Protest gegen diese Begegnung der »planetarisch bestimmten Technik« und des neuzeitlichen Menschen anzusehen? Offenbar tragen Sie in Ihrer Person einen Gegensatz aus, so daß viele Beiprodukte Ihrer Tätigkeit eigentlich nur dadurch zu erklären sind, daß Sie sich mit verschiedenen Teilen Ihres Wesens, die nicht den philosophischen Kern betreffen, an vielen Dingen festklammern, von denen Sie als Philosoph wissen, daß sie keinen Bestand haben – etwa an Begriffen wie »Heimat«, »Verwurzelung« oder dergleichen. Wie paßt das zusammen: planetarische Technik und Heimat?

HEIDEGGER: Das würde ich nicht sagen. Mir scheint, Sie nehmen die Technik doch zu absolut. Ich sehe die Lage des Menschen in der Welt der planetarischen Technik nicht als ein unentwirrbares und unentrinnbares Verhängnis, sondern ich sehe gerade die Aufgabe des Denkens darin, in seinen Grenzen mitzuhelfen, daß der Mensch überhaupt erst ein zureichendes Verhältnis zum Wesen der Technik erlangt. Der Nationalsozialismus ist zwar in die Richtung gegangen; diese Leute aber waren viel zu unbedarft im Denken, um ein wirklich explizites Verhältnis zu dem zu gewinnen, was heute geschieht und seit drei Jahrhunderten unterwegs ist.

SPIEGEL: Dieses explizite Verhältnis, haben das etwa die Amerikaner heute?

HEIDEGGER: Sie haben es auch nicht und sind noch in ein Denken verstrickt, das als Pragmatismus dem technischen Operieren und Manipulieren zwar Vorschub leistet, aber gleichzeitig den

Weg verlegt zu einer Besinnung auf das Eigentümliche der modernen Technik. Indes regen sich in den USA hier und dort Versuche, sich vom pragmatistisch-positivistischen Denken zu lösen. Und wer von uns dürfte darüber entscheiden, ob nicht eines Tages in Rußland und in China uralte Überlieferungen eines »Denkens« wach werden, die mithelfen, dem Menschen ein freies Verhältnis zur technischen Welt zu ermöglichen?

SPIEGEL: Wenn es alle nicht haben und der Philosoph es ihnen aber nicht geben kann ...

HEIDEGGER: Wie weit ich mit meinem Denkversuch komme und in welcher Weise er künftig noch aufgenommen und fruchtbar verwandelt wird, das zu entscheiden steht nicht bei mir. Ich habe zuletzt 1957 in einem Festvortrag zum Freiburger Universitätsjubiläum unter dem Titel »Der Satz der Identität« in wenigen Denkschritten zu zeigen gewagt, inwiefern einer denkenden Erfahrung dessen, worin das Eigentümliche der modernen Technik beruht, sich die Möglichkeit öffnet, daß der Mensch des technischen Weltalters den Bezug zu einem Anspruch erfährt, den er nicht nur zu hören vermag, in den er vielmehr selbst gehört. Mein Denken steht in einem unumgänglichen Bezug zur Dichtung Hölderlins. Aber ich halte Hölderlin nicht für irgendeinen Dichter, dessen Werk die Literaturhistoriker neben vielen anderen auch zum Thema machen. Hölderlin ist für mich der Dichter, der in die Zukunft weist, der den Gott erwartet und der somit nicht nur ein Gegenstand der Hölderlin-Forschung in den literarhistorischen Vorstellungen bleiben darf.

SPIEGEL: Apropos Hölderlin – wir bitten um Entschuldigung, daß wir nochmals vorlesen müssen: In Ihren »Nietzsche«-Vorlesungen sagten Sie, daß der »verschieden bekannte Widerstreit des Dionysischen und des Apollinischen, der heiligen Leidenschaft und der nüchternen Darstellung, ein verborgenes Stilgesetz der geschichtlichen Bestimmung der Deutschen ist und uns eines Tages bereit und vorbereitet finden muß zu seiner Gestaltung. Dieser Gegensatz ist keine Formel, mit Hilfe deren wir nur ›Kultur‹ beschreiben dürften. Hölderlin und Nietzsche haben mit diesem Widerstreit ein Fragezeichen vor der Aufgabe der Deutschen aufgerichtet, geschichtlich ihr Wesen zu finden. Werden wir diese Zeichen verstehen? Eines ist gewiß: Die Geschichte wird sich an uns rächen, wenn wir es nicht verstehen.« Wir wissen nicht, in welchem Jahr Sie das schrieben; wir schätzen, es war 1935.

HEIDEGGER: Vermutlich gehört das Zitat in die Nietzsche-Vorlesung »Der Wille zur Macht als Kunst« 1936/37. Es kann aber auch in den folgenden Jahren gesprochen sein.

SPIEGEL: Ja, möchten Sie das noch etwas erläutern? Es führt uns ja vom allgemeinen weg auf eine konkrete Bestimmung der Deutschen.

HEIDEGGER: Ich könnte das im Zitat Ausgeführte auch so sagen: Meine Überzeugung ist, daß nur von demselben Weltort aus, an dem die moderne technische Welt entstanden ist, auch eine Umkehr sich vorbereiten kann, daß sie nicht durch Übernahme von Zen-Buddhismus oder anderen östlichen Welterfahrungen geschehen kann. Es bedarf zum Umdenken der Hilfe der europäischen Überlieferung und ihrer Neuaneignung. Denken wird nur durch Denken verwandelt, das dieselbe Herkunft und Bestimmung hat.

SPIEGEL: An eben dieser Stelle, wo die technische Welt entstanden ist, muß sie auch, meinen Sie ...

HEIDEGGER: ... im Hegelschen Sinne aufgehoben werden, nicht beseitigt, sondern aufgehoben, aber nicht durch den Menschen allein.

SPIEGEL: Sie messen speziell den Deutschen eine besondere Aufgabe zu?

HEIDEGGER: Ja, in dem Sinne, im Gespräch mit Hölderlin.

SPIEGEL: Glauben Sie, daß die Deutschen eine spezifische Qualifikation für diese Umkehr haben?

HEIDEGGER: Ich denke an die besondere innere Verwandtschaft der deutschen Sprache mit der Sprache der Griechen und deren Denken. Das bestätigen mir heute immer wieder die Franzosen.

Wenn sie zu denken anfangen, sprechen sie deutsch; sie versichern, sie kämen mit ihrer Sprache nicht durch.

SPIEGEL: Erklären Sie damit, daß Sie in den romanischen Ländern, zumal bei den Franzosen, eine so starke Wirkung gehabt haben?

HEIDEGGER: Weil sie sehen, daß sie mit ihrer ganzen Rationalität nicht mehr durchkommen in der heutigen Welt, wenn es sich darum handelt, diese in der Herkunft ihres Wesens zu verstehen. So wenig wie man Gedichte übersetzen kann, kann man ein Denken übersetzen. Man kann es allenfalls umschreiben. Sobald man sich ans wörtliche Übersetzen macht, wird alles verwandelt.

SPIEGEL: Ein unbehaglicher Gedanke.

HEIDEGGER: Es wäre gut, wenn es mit dieser Unbehaglichkeit im großen Maßstab Ernst würde und man endlich bedächte, welche folgenreiche Verwandlung das griechische Denken durch die Übersetzung ins Römisch-Lateinische erfahren hat, ein Geschehnis, das uns noch heute das zureichende Nachdenken der Grundworte des griechischen Denkens verwehrt.

SPIEGEL: Herr Professor, wir würden eigentlich immer von dem Optimismus ausgehen, daß sich etwas mitteilen, auch übersetzen läßt, denn wenn dieser Optimismus aufhört, daß sich Denkinhalte auch über Sprachgrenzen hinweg mitteilen lassen, dann droht die Provinzialisierung.

HEIDEGGER: Würden Sie das griechische Denken im Unterschied zur Vorstellungsweise im Römischen Weltreich als »provinziell« bezeichnen? Geschäftsbriefe lassen sich in alle Sprachen übersetzen. Die Wissenschaften, das heißt auch für uns heute bereits die Naturwissenschaften mit der mathematischen Physik als Grundwissenschaft, sind in alle Weltsprachen übersetzbar, recht gesagt: Es wird nicht übersetzt, sondern dieselbe mathematische Sprache gesprochen. Wir streifen hier ein weites und schwer zu durchmessendes Feld.

SPIEGEL: Vielleicht gehört auch dies zu diesem Thema: Wir haben im Moment, ohne zu übertreiben, eine Krise des demokratisch-parlamentarischen Systems. Wir haben sie seit langem. Wir haben sie besonders in Deutschland, aber wir haben sie nicht nur in Deutschland. Wir haben sie auch in klassischen Ländern der Demokratie, in England und Amerika. In Frankreich ist es schon gar keine Krise mehr. Frage nun: Können nicht doch von seiten der Denker, meinetwegen als Beiprodukt, Hinweise darauf kommen, daß entweder dieses System durch ein neues ersetzt werden muß und wie es aussehen soll, oder daß Reform möglich sein müsse, und Hinweise, wie die Reform möglich sein könnte. Sonst bleibt es dabei, daß der philosophisch nicht geschulte Mensch – und das wird ja normalerweise der sein, der die Dinge in der Hand hat (obwohl er sie nicht bestimmt) und der in der Hand der Dinge ist –, daß dieser Mensch zu Fehlschlüssen gelangt, ja vielleicht zu schrecklichen Kurzschlüssen. Also: Sollte nicht doch der Philosoph bereit sein, sich Gedanken zu machen, wie die Menschen ihr Miteinander in dieser von ihnen selbst technisierten Welt, die sie vielleicht übermächtigt hat, einrichten können? Erwartet man nicht doch zu Recht vom Philosophen, daß er Hinweise gibt, wie er sich eine Lebensmöglichkeit vorstellt, und verfehlt nicht der Philosoph einen Teil, meinetwegen einen kleinen Teil, seines Berufs und seiner Berufung, wenn er dazu nichts mitteilt?

HEIDEGGER: Soweit ich sehe, ist ein einzelner vom Denken her nicht imstande, die Welt im Ganzen so zu durchschauen, daß er praktische Anweisungen geben könnte und dies gar noch angesichts der Aufgabe, erst wieder eine Basis für das Denken selbst zu finden. Das Denken ist, solange es sich selber ernst nimmt angesichts der großen Überlieferung, überfordert, wenn es sich anschicken soll, hier Anweisungen zu geben. Aus welcher Befugnis könnte dies geschehen? Im Bereich des Denkens gibt es keine autoritativen Aussagen. Die einzige Maßgabe für das Denken kommt aus der zu denkenden Sache selbst. Diese aber ist das vor allem anderen Frag-Würdige. Um diesen Sachverhalt einsichtig zu machen, bedürfte es vor allem einer Erörterung des Verhältnisses zwischen der Philosophie und den Wissenschaften, deren technisch-praktische Erfolge ein Denken im Sinne des philosophischen heute mehr und mehr als überflüssig erscheinen lassen. Der schwierigen Lage, in die das Denken selbst hinsichtlich seiner eigenen Aufgabe versetzt ist, entspricht daher eine gerade durch die Machtstellung der Wissenschaften genährte Befremdung gegenübcr dem Denken, das sich eine für den Tag geforderte Beantwortung praktisch-weltanschaulicher Fragen versagen muß.

SPIEGEL: Herr Professor, im Bereich des Denkens gibt es keine autoritativen Aussagen. So kann es eigentlich auch nicht überraschen, daß es auch die moderne Kunst schwer hat, autoritative Aussagen zu machen. Gleichwohl nennen Sie sie »destruktiv«. Die moderne Kunst versteht sich selbst oft als experimentelle Kunst. Ihre Werke sind Versuche ...

HEIDEGGER: Ich lasse mich gern belehren.

SPIEGEL: ... Versuche aus einer Situation der Vereinzelung des Menschen und des Künstlers heraus, und unter 100 Versuchen findet sich hin und wieder einmal ein Treffer.

HEIDEGGER: Das ist eben die große Frage: Wo steht die Kunst? Welchen Ort hat sie?

SPIEGEL: Gut, aber da verlangen Sie etwas von der Kunst, was Sie vom Denken ja auch nicht mehr verlangen.

HEIDEGGER: Ich verlange nichts von der Kunst. Ich sage nur, es ist eine Frage, welchen Ort die Kunst einnimmt.

SPIEGEL: Wenn die Kunst ihren Ort nicht kennt, ist sie deshalb destruktiv?

HEIDEGGER: Gut, streichen Sie es. Ich möchte aber feststellen, daß ich das Wegweisende der modernen Kunst nicht sehe, zumal dunkel bleibt, worin sie das Eigenste der Kunst erblickt oder wenigstens sucht.

SPIEGEL: Auch dem Künstler fehlt die Verbindlichkeit dessen, was tradiert worden ist. Er kann es schön finden, und er kann sagen: Ja, so hätte man vor 600 Jahren malen mögen oder vor 300 oder noch vor 30. Aber er kann es ja nun nicht mehr. Selbst wenn er es wollte, er könnte es nicht. Der größte Künstler wäre dann der geniale Fälscher Hans van Meegeren, der dann »besser« malen könnte als die anderen. Aber es geht eben nicht mehr. So ist also der Künstler, Schriftsteller, Dichter in einer ähnlichen Situation wie der Denker. Wie oft müssen wir doch sagen: Mach die Augen zu.

HEIDEGGER: Nimmt man als Rahmen für die Zuordnung von Kunst und Dichtung und Philosophie den »Kulturbetrieb«, dann besteht die Gleichstellung zu Recht. Wird aber nicht nur der Betrieb fragwürdig, sondern auch das, was »Kultur« heißt, dann fällt auch die Besinnung auf dieses Fragwürdige in den Aufgabenbereich des Denkens, dessen Notlage kaum auszudenken ist. Aber die größte Not des Denkens besteht darin, daß heute, so weit ich sehen kann, noch kein Denkender spricht, der »groß« genug wäre, das Denken unmittelbar und in geprägter Gestalt vor seine Sache und damit auf seinen Weg zu bringen. Für uns Heutige ist das Große des zu Denkenden zu groß. Wir können uns vielleicht daran abmühen, an schmalen und wenig weit reichenden Stegen eines Überganges zu bauen.

SPIEGEL: Herr Professor Heidegger, wir danken Ihnen für dieses Gespräch.

Anmerkungen

1 Erschienen in der von A. Fischer, W. Flitner, Th. Litt, H. Nohl und Ed. Spranger herausgegebenen Zeitschrift »Die Erziehung«: »März 1933«. Seite 401 ff.

2 Das Buch, das Heidegger zeigt, ist »Vernunft und Existenz«. Außerdem legt Heidegger das Jaspers-Buch »Descartes und die Philosophie« mit einer Dedikation von Jaspers an Heidegger aus dem Jahre 1937 vor.

3 Hermann Niemeyer, Heideggers damaliger Verleger.

4 Die Belegstelle konnte bisher nicht gefunden werden.

5 Mit diesem Satz redigierte der »Spiegel« eine umformulierte Aussage von Dr. H. W. Petzet in den Heidegger-Text, die Heidegger bei der Schlußzeichnung annahm, weil sie wohl sachlich zutraf.

6 Professor Dr. Gerhard Ritter (»Carl Goerdeler und die deutsche Widerstandsbewegung«), damals Ordinarius für Neuere Geschichte an der Universität Freiburg, wurde im Zusammenhang mit dem Attentat auf Hitler vom 20. Juli 1944 am 1. November 1944 verhaftet und erst am 25. April 1945 von alliierten Truppen befreit. Der Historiker wurde 1956 emeritiert und verstarb 1967.

Feststellungen des Nachlaßverwalters Dr. Hermann Heidegger zur Edition des »Spiegel«-Gesprächs vom 31. Mai 1976

Die Vorgeschichte, über die der »Spiegel« in den Hausmitteilungen am 31. Mai 1976 nicht ganz zutreffend berichtete, war folgende: Martin Heidegger hatte sich zu unwahren Angaben über ihn im »Spiegel«-Aufsatz »Heidegger – Mitternacht einer Weltnacht« in einem Leserbrief (»Der Spiegel« Nr. 7/1966) zum ersten Mal öffentlich geäußert. Erhart Kästner, der zu »Spiegel«-Redakteuren Verbindung hatte, schlug diesen Ende Februar 1966 ein »Spiegel«-Gespräch mit Martin Heidegger vor. Bei Martin Heidegger selbst stieß er mit diesem Vorschlag zunächst auf eindeutige Ablehnung: »Aber ich lasse mich keinesfalls auf ein in irgendeiner Form organisiertes ›Spiegelgespräch‹ ein.« (Brief Heidegger an Kästner vom 11. März 1966, Heidegger/Kästner Briefwechsel S. 82). Erst das weitere Zureden von Kästner und anderen Freunden, vor allem aber ein, von Kästner angeregter, einfühlsamer zweiseitiger Brief von Rudolf Augstein an Martin Heidegger vom 23. März 1966 mit dem Angebot für ein »Spiegel«-Gespräch bewirkten, daß Heidegger einem solchen Gespräch zustimmte.

Das »Spiegel«-Gespräch fand im Hause Martin Heideggers in Freiburg-Zähringen auf dem Rötebuck am 23. September 1966 statt. Teilnehmer waren: Martin Heidegger, Rudolf Augstein, Georg Wolff, Heinrich Wiegand Petzet, dazu der Protokollführer Steinbrecher, ein Techniker und die Fotografin Digne Meller Marcovicz.

Die Abschrift der Bandaufnahme – darüber bestand vorher Einverständnis, wurde sowohl von Martin Heidegger wie der »Spiegel«-Redaktion sprachlich und sachlich bearbeitet und ergänzt. Einige Formulierungen des Gesprächs, die bei der ersten Bearbeitung durch Martin Heidegger unverändert blieben, wurden vom »Spiegel« erst in dessen zweitem Arbeitsgang redigiert und verbessert und von Martin Heidegger in der »2. Spiegelfassung« belassen und angenommen.

Der »Spiegel« hat seine im Gespräch gestellten Fragen, deren mündliche Beantwortung Heidegger schriftlich bearbeitet und verbessert hatte, erst nach dieser Bearbeitung und Verbesserung z. T. umformuliert, z. T. anders gestellt, z. T. neue Fragen eingeschoben. Diese las Heidegger erst in der »2. Spiegelfassung«. Aber auch in den bearbeiteten Heidegger-Text griff der »Spiegel« redigierend ein, ohne aber diese Stellen bei der Vorlage der »2. Spiegelfassung« für Martin Heidegger sichtbar zu machen. Es ist ungewiß und kann nicht mehr geklärt werden, ob Martin Heidegger in der »2. Spiegelfassung« die durch den »Spiegel« geänderten Stellen seines Textes erkannt hat. Es stehen daher auch in der »2. Spiegelfassung« Antworten Heideggers auf ursprünglich anders formulierte Fragen. Die sprachlichen Umformulierungen im Heidegger-Text durch den »Spiegel« für die »2. Spiegelfassung«, die zweifelsfrei redaktionelle Verbesserungen waren und die Martin Heidegger durch sein »Einverstanden« unter das ganze Manuskript anerkannte, wurden von mir belassen. In der »2. Spiegelfassung« vom »Spiegel« ausgelassene Heidegger-Korrektur-Texte wurden wieder eingefügt. Ein Vergleich zwischen der 1. Bearbeitung durch Georg Wolff und der 1. Bearbeitung durch Martin Heidegger zeigt, daß meist an den gleichen Stellen neue Formulierungen gesucht wurden, bzw. Aussagen gestrichen wurden, daß Heidegger Vorschläge Wolffs annahm, aber auch ablehnte.

Mehrere Male also sind die »Spiegel«-Sätze und -Fragen erst nach der Heidegger-Bearbeitung umformuliert, manchmal sogar anders gestellt worden. Aber die Antworten Heideggers blieben so, wie sie auf die ursprüngliche »Spiegel«-Frage gegeben, so daß selbst in der von Heidegger unterschriebenen Fassung mehrfach seine Antworten auf nicht mehr abgedruckte Fragen wiedergegeben wurden, weil er sich offensichtlich bei der letzten Durchsicht auf seinen Text konzentrierte und gar nicht auf den Gedanken kam, daß der »Spiegel«, trotz dessen abgeschlossener Hauptredaktion, Fragen änderte und neue Fragen nachschob.

Die »2. Spiegelfassung«, bei der, wie bereits gesagt, nicht alle Ergänzungen Martin Heideggers aufgenommen wurden, erhielt dieser zur Schlußredaktion, offensichtlich ohne die durch ihn durchkorrigierte Vorlage der Bandaufnahme. Auf dem bei Martin Heidegger verbliebenen Durchschlag der Abschrift der Bandaufnahme hatte Martin Heidegger seine Ergänzungen und Verbesserungen nicht eingetragen. Die »2. Spiegelfassung« wurde, nach einigen ergänzenden Korrekturen, am 28. März 1967 von Martin Heidegger mit »einverstanden« schlußgezeichnet.

Ein genauer Vergleich mit der 1976 veröffentlichten *Druckfassung* ergab, daß der »Spiegel« nachträglich, ohne Wissen Heideggers, die Zwischenüberschriften eingefügt, auch sonst noch Fragen eingeschoben, den »Spiegel«-Text sprachlich verändert, aber auch Sätze wieder weggelassen hat. Andererseits wurden aber auch von der »Spiegel«-Redaktion Sätze von Martin Heidegger ohne dessen Wissen gestrichen, verändert und zweimal Sätze Martin Heideggers sprachlich geringfügig verbessert.

Vorgelegt wird hier der Text, den Martin Heidegger mit seiner Unterschrift für den Druck freigegeben hat. Die nachträglichen Änderungen und Ergänzungen der »Spiegel«-Redaktion wurden wieder rückgängig gemacht. bzw. wieder gestrichen. Es wurden alle Heidegger-Texte wieder eingefügt, die der »Spiegel« nach der Schlußredaktion Heideggers, ohne dessen Wissen, noch gestrichen hatte. Die Texte, die Martin Heidegger zwar bei der ersten Korrektur handschriftlich eingefügt, der »Spiegel«

aber in der zweiten Fassung stillschweigend weggelassen hatte, wurden an den entsprechenden Stellen wieder eingefügt. Die durch die »Spiegel«-Redaktion nachträglich erst eingesetzten Zwischenüberschriften, die Martin Heidegger nicht kannte, wurden weggenommen.

Von Martin Heidegger bei der Schlußredaktion übersehene Schreibfehler wurden berichtigt. Bei der Angabe über Husserls Vortrag in Berlin (»Spiegel« S. 199) hatte Martin Heidegger sich aufgrund eines Berichtes in der Voss'schen Zeitung, die von einer »Art Sportpalast-Stimmung« geschrieben hatte, über den Ort der Veranstaltung und im Vornamen des Berichterstatters Mühsam geirrt. Diese beiden Sätze wurden von mir, den Tatsachen gemäß, berichtigt.

Die nachträgliche Schlußredaktion des »Spiegel« wurde Martin Heidegger nie zur Kenntnis gebracht, so daß er nie erfahren hat, welche Änderungen noch vorgenommen wurden, welche Zwischenüberschriften das Gespräch erhalten hat und welche Bilder mit welchen Unterschriften aufgenommen wurden.

Vom »Spiegel« indessen nachträglich durchgeführte sprachliche Veränderungen, die den Inhalt nicht berühren, blieben bestehen. Bei allen nach der Schlußredaktion Heideggers durchgeführten sachlichen Veränderungen – Ergänzungen, Streichungen, anderen Sätzen – wurde der Zustand wieder hergestellt, den Martin Heidegger bei seiner Schlußzeichnung vor Augen hatte.

Quelle: »Nur noch ein Gott kann uns retten«. In: Der Spiegel, 30. Jg., Nr. 23, 31. Mai 1976. Das Gespräch mit Rudolf Augstein und Georg Wolff fand am 23. September 1966 statt. Wiederabdruck mit freundlicher Genehmigung des Nachlaßverwalters, Dr. Hermann Heidegger. Durchgesehener Text nach dem Handexemplar von Martin Heidegger.

Heinrich W. Petzet

NACHDENKLICHES
ZUM SPIEGEL-GESPRÄCH

Von dem Augenblick an, in dem Heidegger wieder in der deutschen Öffentlichkeit erschien, und seit neue Bücher und Schriften von ihm herauskamen, weckte dies Wiederauftreten des mit dem politischen Makel nationalsozialistischer Parteinahme Behafteten den Argwohn der journalistischen Publizistik ebenso wie den Protest alter Gegner, die ihn ausgeschaltet glaubten. Daß der »hoffnungslose Provinzler Heidegger« (so Hühnerfeld) es wagte, seine beschwerliche Gedankenfracht den leichtgebauten Schiffen der Nachkriegshoffnungen mitaufzuladen, stieß keineswegs auf Gegenliebe bei den Kulturfunktionären. Man wäre ihn gern wieder losgeworden, ehe er mit seinem Denken in einer neuen Generation Fuß zu fassen begann und dort Unruhe stiftete. Ein schwelender Haß gegen die unliebsame Forderung, umdenken zu sollen und in einen neuen Anfang einzukehren, wurde in zahlreichen Angriffen, Mißdeutungen, ja teilweise persönlicher Herabsetzung spürbar, die in den fünfziger und noch in den sechziger Jahren gegen den Denker gerichtet worden sind und selbst vor seiner Ehre nicht Halt machten. Was diese Feindschaft immer aufs neue anstachelte, war Heideggers Schweigen. Es gelang nicht, ihm Äußerungen zu entlocken, über die man sich wieder hätte hermachen können (vgl. Das Rektorat 1933/34 – Tatsachen und Gedanken, Frankfurt a. M. 1983, S. 40). Eine sachliche Diskussion war in solcher Atmosphäre so gut wie unmöglich. Sie setzte erst ein, als die Stürme sich endlich gelegt hatten – und man überdies begann, sich vor den ausländischen Bewunderern des Philosophen zu schämen. Gegen einen Schweigenden schreien sich selbst die lautesten Kehlen wund.

Es ist oft darüber gerätselt worden, warum Heidegger sich nie (von einer knappen Berichtigung im »Spiegel« abgesehen) zur Wehr gesetzt hat. Gerade seine besten Freunde haben darunter gelitten, daß sie zwar mit ihren eigenen Gegenargumenten, nicht aber mit Richtigstellungen aus dem Munde des Angegriffenen erwidern konnten. Nicht selten ist dies Heidegger vorgehalten worden, ihn drängend und bittend, er möge doch einmal selbst Stellung nehmen gegen Insinuationen, von denen die Eingeweihten wußten, daß sie jeder Grundlage entbehrten. Ich habe es selbst erlebt, daß ein angesehenes ausländisches Blatt eine eingehende, sachlich »gesicherte« Erwiderung auf eine häßliche Attacke abzudrucken sich weigerte, mit der Begründung: man wisse es besser! Trotzdem brachte Heidegger es nicht fertig, ein Wort in solcher ihm feindlichen Öffentlichkeit zu äußern, so daß er sich lange Zeit scheinbar ins Unrecht setzte.

Allerdings war es seine Überzeugung, daß man nur der »Dumme« sei, wenn man sich auf dieses Feld begebe, wo man doch immer zu spät komme. Manches Schlimme, was über ihn verbreitet wurde, las er zwar nicht – aber es kam ihm dann auf irgendeine Weise doch zu Ohren, oder er ließ es sich von Freundesseite erzählen. Er gab sich dann äußerlich gelassen; dennoch haben ihn diese Dinge sehr verletzt und geschmerzt. »Man hat es nicht schön gemacht mit mir« sagte noch der Achtzigjährige zu Richard Wisser anläßlich der Sendungen, mit denen man ihn damals ehren wollte. Niemand weiß, wie sehr er im Grunde unter dem gelitten hat, was man ihm Jahre hindurch antat. Er hatte – wie schon einmal gesagt worden ist – keine »dicke Haut«, und ein unsachlicher oder gar persönlicher Anwurf tat ihm auf eine Weise weh, die niemand mehr ermessen kann.

Was ihn bei alledem besonders berührte, waren die Unterstellungen hinsichtlich seines angeblichen Verhaltens gegenüber seinen jüdischen Schülern von einst. Man wollte ihn zum Judenhasser stempeln. Nicht zu Unrecht erregten ihn daher manche Äußerungen und Vorgänge, die mit der nach dem Kriege erfolgenden Berufung von Karl Löwith an die Universität Heidelberg zusam-

menhingen. Ich hatte Heidegger auf einen in der »Neuen Zeitung«
erschienenen Artikel »Heideggerdeutsch« aufmerksam gemacht,
nichtsahnend, welchen zornigen Ausbruch dieser Hinweis (zugleich mit einem in der »Neuen Rundschau« erschienenen scharfen Aufsatz gegen ihn) hervorrufen würde. Die Antwort des
krank zu Bett Liegenden läßt seine ganze Erbitterung spüren:
»Daß ein heute 55jähriger Mann, der seit 1919 volle neun Jahre
hindurch bei mir Vorlesungen und Übungen gemacht hat (und in
Marburg fast jeden zweiten Tag ins Haus zu uns rannte, um mich
auszuquetschen), einiges berichten kann und beim Heer der heutigen Ahnungslosen den *Anschein* des Eingeweihten erwecken kann,
ist nicht zu verwundern. Daß derselbe Verfasser als Emigrant unter den USA-Emigranten, über die Schweiz und Paris, die übel-
sten Lügen gegen mich ausstreute, davon berichten die N.R. und
die N.Z. nichts. – Schmerzlich ist mir der fürchterliche Mißbrauch eines für mich wesentlichen Wortes ›Kehre‹.
Im Jahre 29, als Löwith noch rötester Marxist war – heute hat er
sich zum Christlichen ›gekehrt‹ und wird als ordentlicher Professor den Lehrstuhl für Philosophie in Heidelberg einnehmen –,
damals schrieb er über ›Sein und Zeit‹, das alles sei ›verkappte
Theologie‹. Später schrieb er, alles sei Atheismus. Wie man es
braucht. ... L. verschweigt auch seinen Lesern, daß die echte
›Kehre‹ zum ersten Mal 1930 in dem Vortrag ›Vom Wesen der
Wahrheit‹ mitgeteilt ist. Herr L. hat damals diesen Vortrag selbst
gehört und eine getippte Nachschrift erhalten. Dies verschweigt er
ebenso wie die Vorlesung von 1927, dem Erscheinungsjahr von
›Sein und Zeit‹, wo ich vierstündig jede Woche von der Seinsfrage
und nicht von der Subjektivität handelte.
Doch ich habe schon zu viel geschrieben – denn es handelt sich um
ganz andere Sachen. Man hat jetzt, wo ich wieder hervortrete, den
richtigen Mann für die richtigen Organe gewählt, um alles in der
raffiniertesten Form im voraus zu zersetzen. Es steht ja nun in der
Zeitschrift des Herrn Fischer, wie es mit Heidegger steht, und die
NZ und ihre Hintermänner geben die nötige Assistenz. Die Leute
wollen ja gar nicht zu echten Fragen und Erfahrungen kommen,

aber sie wollen in der Sphäre des öffentlichen Gesprächs *die Ober-hand* behalten bzw. wiedererlangen.

Ich frage mich immer wieder, wenn die Herren so genau über mein Denken Bescheid wissen und anscheinend sogar besser als ich selbst, *warum* machen sie denn die Sachen nicht selber und stellen die Fragen und lösen sie? Es wird nicht lange mehr dauern, dann macht man den griechischen Denkern den Prozeß, daß sie ›nur‹ Griechisch dachten und nicht Ägyptisch oder Hebräisch oder alles durcheinander.

Sie haben selbst gespürt, daß da nur ein Scharfsinn abschnurrt. Der Verfasser, der nun seine ›Wirksamkeit‹ in Deutschland erst entfalten wird, inszeniert mit seinesgleichen den Literaturbetrieb. Man dürfte eigentlich, wo jetzt solche Figuren an den ohnehin fragwürdigen Universitäten des Westens von Deutschland auftau-chen, kein Katheder eines solchen Instituts mehr betreten. – Ich bin dabei, mir dies und anderes reiflich zu überlegen …«

Der Brief zeigt die Verbitterung, die in den fünfziger Jahren – trotz aller Zuwendung, die er wieder von jüngeren Menschen her erfuhr – bei Heidegger manchmal fast überhand zu nehmen droh-te. Er steckte schließlich auch das von Löwith erfundene Schlag-wort vom »Denker in dürftiger Zeit« ein, bestärkt in der tiefen Skepsis, die in dem bereits zitierten Satze hinsichtlich seiner an den Hochschulen wirkenden Schüler zum Ausdruck kam: »Auch dar-aus ist nichts geworden.« Ob es später zu einer Aussprache und einem Ausgleich mit Löwith gekommen ist (Heidegger fuhr re-gelmäßig zu den Tagungen der Akademie nach Heidelberg), weiß ich nicht. Daß dieser sich später an der Glückwunschsendung zum 80. Geburtstag mit einem größeren Beitrag beteiligt hat, war trotz aller huldigenden Worte kaum geeignet, das früher Geschehene auszulöschen. – Jahrelang ließen die publizistisch bestellten Jäger nicht von ihrer Verfolgungsjagd ab. »Die Hetzereien haben noch lange nicht den Höhepunkt, d. h. Tiefpunkt erreicht«, schrieb Hei-degger mir einmal, als das mißliche Gerede um ihn nicht zur Ruhe kam.

Nicht nur im Hinblick auf seine Person war ihm das zuwider, was er im oben zitierten Briefe den »Literaturbetrieb« nannte. Da sich nach dem Kriege sein Denken immer mehr der Sprache zuwandte, und damit der Dichtung breitesten Raum gab, kam es öfters zu Konflikten mit den Philologen. Daß sich Alt- wie Neusprachler gegen ihn kehrten, erscheint begreiflich, da er sich nicht selten im Gegensatz zu deren Wissenschaften befand. Schon 1949 schrieb er mir, die Methoden mancher Zeitschriftenaufsätze seien billig. »Aber es scheint, daß der Literat das notwendige Gegenstück zur Technik ist. « Über ihn hat Nietzsche schon in den 80er Jahren alles Nötige gesagt: der Literat – »der eigentlich nicht ist, aber fast alles ›repräsentiert‹, der den Sachkenner spielt und ›vertritt‹, der es auch in aller Bescheidenheit auf sich nimmt, an dessen Stelle sich bezahlt, geehrt und gefeiert zu machen. –«

Gelegentlich äußerte er, die Etymologie werde dem Denken immer in den Weg treten, solange man ihr den Vorrang gebe vor dem Wesen der Sprache und sie für die Stimme des Absoluten halten möchte ... Mit solchen Sätzen stieß er die Fachwissenschaftler vor den Kopf. Daß jedoch nicht nur die »Fachsprache«, sondern die ganze verarmende und abstrahierende Weise modernen Sprechens, bis tief in die Literatur, nach Heideggers Auffassung vom Walten und Wesen des Ge-Stells bestimmt ist, kann nicht verwundern. In den Gesprächen ist das oft genug deutlich geworden, wobei häufig die Sorge durchschimmerte, der Mensch, der dies alles heraufbeschwor, werde nicht mehr damit fertig. Dabei verschwieg Heidegger nicht seine Kritik an dem sich seiner Sache so sicher dünkenden Geist des Westens. Im September 1961 schrieb er mir aus Todtnauberg, das ganze ausgehöhlte Wesen des Westens komme jetzt an den Tag. Indessen merke »man« auch dies noch nicht: bei uns werde der Prozeß der allgemeinen Verdummung sich fortsetzen. Man begreife immer noch nicht, daß im Weltalter des »Gestells« die Umformung aller Weisen des Daseins dem Menschen abgefordert werden müsse. Das Denken, wie Heidegger es sah, ist keine bequeme Sinekure, und ebenso wenig sind dies die Folgerungen, die der Mensch daraus ziehen sollte.

Immer wieder kamen wir auf die mißliche und entwürdigende Lage zurück, in die sich der Philosoph an der eigenen Universität und Fakultät versetzt sah – noch über seine Emeritierung hinaus. Es stecke »System« dahinter, meinte er; es sei alles nur gestartet, um zu unterwühlen, um nicht nur ihn, sondern das Denken zu Fall zu bringen. Es sei eine große Täuschung zu meinen, derartige »Schreibereien« blieben – über die augenblickliche Verwirrung hinaus – ohne Wirkung. Auf die Dauer freilich sacke dieses Zeug in sich zusammen. »Man hat ja kaum ›Sein und Zeit‹ begriffen – was soll man da mit dem Späteren anfangen?« Darum sei es für ihn, so mühsam, die nötige Stetigkeit und Behutsamkeit unter die Leser und Hörer zu bringen. Immer blieb er der Lehrer, dem es um echte Mitteilung ging – und der so oft enttäuscht wurde. Dennoch konnte Heidegger sich nicht davor verschließen, daß die Versuche, die er damals schreibend und sprechend in Deutschland unternahm, oft weit folgenreicher und fruchtbarer gewesen sind, »als unsereiner zu übersehen vermag«.

Je mehr sich im Laufe der Jahre eine neue Generation bereitfand, Heidegger Gehör zu schenken und sich ihm wieder zuzuwenden begann, nicht zuletzt im Ausland (Frankreich!), desto öfter wurde ihm im engeren Kreise nahegelegt, sich der Last immer noch wiederholter Vorwürfe durch eine Art von öffentlichem »Bekenntnis« ein für alle Male zu entledigen. Heidegger widerstrebte dergleichen zutiefst. Er hatte vor sich und seiner Sache ein reines Gewissen und sah keinerlei Veranlassung, einen »Canossa-Gang« zu tun, der noch im nachhinein sein frühes Tun, vor allem aber sein Denken hätte entschuldigen und damit post festum ins Unrecht setzen sollen. Er selbst war jedenfalls der Meinung, mit der Niederlegung des Rektorats im Februar 1934 und durch seine ganze geistige Haltung, die überdies aus zahlreichen, von seinen Kolleghörern und Seminarteilnehmern wohlverstandenen Äußerungen hervorgeht, seitdem deutlich genug gemacht zu haben, daß es keines solchen Schrittes bedürfe – weil er nie Nationalsozialist gewesen war. (vgl. Das Rektorat 1933/34, S. 29 ff.) Aber es ist nicht nur ein stolzes, man wird vielleicht sagen: eigenwilliges Beharren auf solchem Gewissensstandpunkt, sondern noch etwas anderes gewesen, was ihn von einem solchen Schritt abhielt. Er wußte nur zu gut, was für einen »Wirbel« eine derartige Geste verursachen müßte – ein heftig aufflammendes Für und Wider, wobei längst zur Ruhe Gekommenes erneut geweckt werden würde. Er fürchtete – und das vermutlich mit vollem Recht –, daß damit die eben sich bildenden Ansätze zu neuem fruchtbringenden Wirken erneut der Zerstörung ausgeliefert wären. Seine Arbeit, die er seit 1949 wieder aufgenommen hatte, wäre dann umsonst gewesen – und auf diese Arbeit und ihre mühsam erreichten Früchte kam es ihm jetzt im Alter in erster Linie an. Abgesehen davon, daß jeder »Wirbel« seine eigene Arbeitskraft nicht nur schädigen, sondern unter Umständen auf lange hinaus lahmlegen würde, glaubte er, daß niemandem damit gedient sei, wenn die Öffentlichkeit erneut aufgerührt werde durch weit zurückliegende Vorgänge. Eine Jugend, die das »Dritte Reich« nur im Kindesalter erlebt hatte, nun aber vor den Toren der Universitäten stand, werde womöglich irritiert und mißtrauisch seine Bücher weglegen. Dann müsse er selbst jene Saatkörner als gefährdet ansehen, die er in den Furchen seines Denkens ausgestreut hatte.

Heidegger – so durfte man damals, zur Mitte der sechziger Jahre, annehmen – werde zu den ohnehin schon völlig zerredeten und im Streit und Widerstreit immer unklarer gewordenen Fragen, Behauptungen, Beleidigungen und Rehabilitationsversuchen niemals öffentlich Stellung nehmen – und höchstens nach seinem Tode werde man erfahren, wie es damit in Wahrheit bestellt sei.

Diese Meinung hat am Ende recht behalten. Wenige Tage nach dem Ableben des Philosophen brachte die deutsche Wochenzeitschrift DER SPIEGEL in großer Aufmachung ein Gespräch Rudolf Augsteins, des Herausgebers, mit Heidegger, das – wie sich aus den Anmerkungen der Redaktion ergab – bereits zehn Jahre zuvor, am 23. September 1966, in Freiburg in Heideggers Hause aufgenommen worden war. Die einzige Bedingung, die der in diesem Gespräch Befragte als unabdingbar für seine Beteiligung gestellt hatte, war diese: daß es erst nach seinem Tode veröffentlicht werden dürfe. Die Zeitschrift hat sich an diese Bedingung gehalten und dafür gesorgt, daß das Vorhandensein dieses Gesprächs nicht bekannt wurde – wiewohl das Geheimnis nicht völlig dicht geblieben zu sein scheint. Jedenfalls bewirkte die Publikation am 31. Mai 1976 erhebliche Aufregung namentlich unter denjenigen, die nie etwas derartiges vermutet hätten. Die Brisanz der »Bombe« (um im einschlägigen Jargon zu reden) war durch die zehnjährige Lagerung im Aktentresor keineswegs geringer geworden – und der SPIEGEL hat damit eine der großen Überraschungen seiner an Sensationen nicht eben geringen Geschichte erzielt.

Die Vorgeschichte des Interviews ist kompliziert und kaum wert, in allen Einzelheiten erzählt zu werden. Für jeden, der Heidegger auch nur ein wenig kannte, blieb es erstaunlich, daß er sich – wenn er überhaupt sich zu diesem Schritt entschloß – gerade den SPIEGEL ausgesucht hatte für das, was er der Nachwelt in den bewußten Fragen zu sagen hatte. Denn ein Journalismus, wie ihn der SPIEGEL geradezu exemplarisch vertritt, ging ihm im Grunde durchaus contre cœur. Andererseits wußte er (der damals den SPIEGEL regelmäßig zu lesen pflegte) nur zu gut, daß kaum ein anderes Organ als gerade dieses Blatt, das immer wieder die öffentliche Aufmerksamkeit auf sich zog, einen so weitgefächerten Kreis von Menschen erreichte. Was als nachgelassene Äußerung des Philosophen, als Wort an die Öffentlichkeit dort stehen würde, das käme gewiß – über den Kreis der echten Anteil Nehmenden hinaus – über Neugierige und Gleichgültige bis zu den Widerstrebenden und Widersprechenden.

Mir, der ich verhältnismäßig früh ins Vertrauen gezogen wurde (und im ersten Moment heftig protestierte), ist nicht mehr alles erinnerlich, was sich während der Vorbereitung des Gesprächs abgespielt hat. Es gab Komplikationen, Ärger auf beiden Seiten, neue Vereinbarungen, schließlich die Festlegung der Prozedur, des Tages und der genannten Bedingung. Heidegger bat mich, bei dem Gespräch anwesend zu sein, als »Sekundant« gleichsam, da auch die Gegenseite zu zweit auftreten werde. Ich erinnere mich noch eines Besuchs in Hamburg, bei der SPIEGEL-Redaktion, um mich Georg Wolff, dem philosophisch vorgebildeten zweiten Teilnehmer des Interviews, vorzustellen und einige Fragen zu besprechen. Rudolf Augstein lernte ich erst am Morgen des Gesprächstages kennen, als ich die Herren im Colombi-Hotel in Freiburg abholte, um sie nach Zähringen zu bringen. Daß Augstein, in dem ich zuerst so etwas wie einen »fragenden Henker« vermutet hatte, der dem Meister an den Kragen wollte, in Minutenschnelle meine volle Sympathie gewann, lag an dem aus Herzenstiefe hervorgestoßenen Eingeständnis seiner »Heiden-Angst«, dem »berühmten Denker« gegenübertreten zu sollen ...

Wir waren zu sechst: Augstein, Wolff, die Photographin, ein Stenograph, ein Techniker und ich. Von Frau Heidegger an der Haustür empfangen, geleitete ich auf deren Wink die kleine Gruppe nach oben, wo Heidegger uns in der Tür seines Arbeitszimmers erwartete. Ich erschrak ein bißchen, als ich ihn ansah und merkte, in welcher übersteigerten Spannung er sich befand. Die Aufnahmen, die während dieses langen Vormittags gemacht wurden – es begann kurz nach zehn und endete erst gegen ein Uhr –, zeigen diese Hochspannung deutlich: die Adern an den Schläfen und an der Stirn mächtig geschwollen, die Augen in Erregung ein wenig hervortretend – etwas bedrohliche Anzeichen, die jedoch im Lauf des Gesprächs sich immer mehr milderten und schwanden. Die Photographin, Frau Digne Meller Marcovicz, hat die meisten ihrer Bilder in einem schönen Bande gesammelt herausgegeben – einem Buch, das ein erstaunliches Zeugnis ablegt für die Fähigkeit, Nuancen des Ausdrucks, der Gesten, der wichtigen Sprech-Momente im Lichtbilde zu erfassen. Daß man die Anwesenheit von Frau Meller Marcovicz völlig vergaß und sich keinen Augenblick durch die Kamera belästigt fühlte, ist ein schönes Zeugnis für menschlichen Takt im gnadenlosen Dienst der Technik.

Der erregende, auch die beiden Mithörer bewegende Gang des Gespräches zwischen Augstein und Heidegger, sein von Frage zu Frage, Antwort zu Antwort ständiges Anschwellen, das kaum verebbte, die Steigerungen und Höhepunkte sollen hier nicht nachgezeichnet werden, da das Gespräch ja als eine von beiden Seiten nachkontrollierte, von Heidegger auf dessen Wunsch an einigen Stellen handschriftlich ergänzte Dokumentation vorliegt. Hier darf nur ein Wort über den Eindruck des Ganzen angefügt werden, der weder aus dem geschriebenen Wort noch aus den anschaulichsten Photos wiedererstehen kann, sondern nur in den damals Beteiligten fortwirkt, die noch am Leben sind. Jene anfängliche Spannung – man war ohne viele »Präliminarien« rasch zur Sache gekommen – ließ mich einen Zornesausbruch des 76 Jahre alten Mannes befürchten, jetzt, da er nach so langer Zurückhaltung und kaum beschwichtigten Ärgernissen zum ersten Male vor Fremden zu einer Aussprache aufgefordert war. (Ob ihm dabei ständig bewußt blieb, daß hier nicht nur die paar Menschen im Zimmer, sondern ein weltweiter Kreis ihm zuhörten?). Aber er bewahrte völlig seine Haltung: nur dem grollenden Ton mancher Sätze war anzuhören (zumal für den, der ihn kannte und von dem wußte, was noch hinter diesen Sätzen steckte!), daß hier in vielen Jahren Angestautes hervorbrach. Dabei hielt er sich selber von jedem Ausbiegen in Unwesentliches, von allem zurück, was nach »Privatfehde« hätte aussehen können; einige wenige Male nahm er schon Gesagtes wieder zurück. Je mehr die Kleinlichkeiten politischer Art und persönlich gestimmter Anwürfe aus den taktvollen Fragen Augsteins verschwanden (der offenbar selbst im Fortschreiten des Gesprächs fühlte, daß dergleichen unwesentlich sei, während es die Stunde forderte, zum Eigentlichen und Wesentlichen vorzudringen), desto freier wurde Heidegger in seinen Antworten und nahm unmerklich das Gespräch selbst in die Hand. Als dieses mit dem berühmt gewordenen Wort »Nur ein Gott vermag uns zu retten« seine Klimax erreicht hatte, war zwischen dem Fragenden und dem Antwortenden ein »Niveau« erreicht, das den Anlaß der Stunde weit hinter sich ließ und das auch durch kleine Kontroversen, wie jene über die Aussagefähigkeit der modernen Kunst, keine Einbuße mehr erlitt. Als schließlich jener bekannte stereotype SPIEGEL-Schlußsatz gesprochen war (den Augstein ohne mein Zuflüstern fast vergessen hätte), atmete alles erleichtert auf. »Herr Professor: wir danken Ihnen für dieses Gespräch!« – das war keine bloße Floskel. Mit einem Markgräfler Wein, in alten Römern gereicht, wurde angestoßen – und dann öffnete sich die Tür, um Frau Heidegger hereinzubitten, die in den vergangenen drei Stunden mit einigem Bangen gewartet haben mag.

Sie blieb auch bei der kleinen Gesellschaft, die nun – ohne den Stenographen und den Techniker – auf Heideggers Einladung sich in Augsteins Wagen nach Todtnauberg aufmachte, um dort die »Hütte« kennenzulernen, den anderen Arbeitsplatz des Philosophen, der für ihn ebenso wichtig geworden ist wie die Klause beim Bruder in Meßkirch. Auch diesen, von mildem, sonnigem Septemberwetter begünstigten Ausflug hat die Kamera der Photographin festgehalten, die später noch einmal allein zurückkehrte, um unbelastet von der offiziellen Mission, eine große Anzahl besonders geglückter Aufnahmen vom Leben in der und rings um die Hütte zu machen. Zunächst zeigte Heidegger seinen Gästen seinen Arbeitsraum, über dessen völlige Kargheit – damals hing nicht einmal das Altersbildnis Schellings an der Wand – sie offensichtlich etwas erschrocken waren. Niemand hatte eine so »eisige« Zelle erwartet. Aber dann fanden sie sich rasch in die ungewohnte Umgebung. Bald saßen wir zum bescheidenen Imbiß um den Tisch in der Fensterecke des größeren Raumes, der schon so manches Gespräch in den verschiedensten »Höhenlagen« angehört hatte. Heidegger merkte man es an, daß er eine schwere Last losgeworden war; sein Blick sagte es mir, der ich diese Last seit langem kannte. Wie wohlgestimmt er nun war, konnte man daran erkennen, daß er bald nach Hebels Gedichten griff und daraus vorlas – als müsse er seinen Besuchern im Sinne des »genius loci« etwas Gutes antun. In gelöster Stimmung wurde am Spätnachmittag die Rückfahrt nach Freiburg angetreten.

Die Veröffentlichung des SPIEGEL-Gesprächs nach Heideggers Tod hat klärend gewirkt, ohne die jahrelang erhobenen Vorwürfe ganz zum Schweigen bringen zu können; viele haben von dem Interview überhaupt nicht Kenntnis genommen. Die unausgesprochene Hoffnung des Denkers, Feindschaft werde sich zu sachlicher Gegnerschaft wandeln, hat sich seither noch kaum erfüllt. *Es steht zu hoffen, daß durch Heideggers lange (bis 1983) zurückgehaltene Erklärungen zu dem ganzen Fragenkomplex seines Rektorates, auf die verschiedentlich bereits hingewiesen wurde, sich hier in Zukunft einiges ändern wird. (vgl. Das Rektorat 1933/34, S. 21 ff.)* Nicht jeder brachte den Mut auf wie der Schriftsteller Rudolf Krämer-Badoni, der zwar die Kunstauffassungen Heideggers mit Entschiedenheit ablehnte, sich aber nicht scheute, die Anerkennung seiner philosophischen wie der menschlichen Haltung öffentlich zu bekennen. Als Nachbemerkung zu einem jene Thesen verwerfenden Buch schrieb er 1980, er möchte nicht dahin mißverstanden werden, als schlösse er sich den verschiedenen unsachlichen Gegnern oder vielmehr Feinden Heideggers an. »Ich erkläre für meine Person ausdrücklich, daß ich Martin Heidegger für den bedeutendsten Philosophen der Gegenwart halte. Was aber den Staatsbürger Heidegger angeht, so sollte sein fast augenblickliches Abschwenken von einer kurzen politischen Parteinahme endlich als das aufgenommen werden, was es war: Mannhaftigkeit einem Diktator gegenüber ...«

Heinrich Wiegand Petzet

Quelle: Heinrich W. Petzet: Auf einen Stern zugehen. Begegnungen mit Martin Heidegger 1929–1976, Frankfurt a. M. 1983, 97–105. Wiederabdruck mit freundlicher Genehmigung des Autors.

Notizen zur Person: geb. 1909 in Bremen, Studium der Geschichte und Kunstgeschichte, hörte bei Heidegger, 1938 Promotion in Berlin bei Walter Elze zum Dr. phil., 1929–1976 Bekanntschaft und Freundschaft mit Heidegger, lebt in Freiburg i. Br.

Anmerkung: Zur Vorgeschichte des Spiegel-Interviews vgl. auch Martin Heidegger / Erhart Kästner: Briefwechsel 1953–1974, hrsg. von Heinrich W. Petzet, Frankfurt a. M. 1986, 79–83.

DOKUMENTARISCHES

Emil Kettering

HEIDEGGER UND DIE POLITIK
STATIONEN EINER DISKUSSION

Selten hat ein Buch über einen Philosophen in so kurzer Zeit so viel Staub aufgewirbelt, wie das Buch des Chilenen Victor Farias »Heidegger et le nazisme«, das im Herbst 1987 in Frankreich erschienen ist und dort unter den Heidegger-Lesern eine Art Erdrutsch ausgelöst hat. Es veranlaßte die französische Presse zu Schlagzeilen wie »das Buch ist eine Bombe« (Le Monde) oder gar »Heil Hitler!« (Liberation). Es hat nicht nur den Himmel der Philosophen zum Einsturz gebracht – wie Hugo Ott in seinem in diesem Band abgedruckten Artikel in der »Neuen Zürcher Zeitung« konstatiert –, sondern darüber hinaus einen Flächenbrand entfacht, der sich in Windeseile von Frankreich auf Deutschland ausbreitete und nicht nur in Philosophenkreisen, sondern auch in der breiten Öffentlichkeit zum heiß diskutierten Thema wurde. Monatelang verging keine Woche, in der sich nicht nur die großen überregionalen Zeitungen, sondern sogar auch die Lokalpresse mit dem Thema ›Heidegger und der Nationalsozialismus‹ befaßte, ja selbst Hörfunk und Fernsehen konnten in ihrer Berichterstattung nicht zurückstehen. Das außerordentliche Echo, das Farias' Buch gefunden hat, das noch immer die Gemüter erhitzt, ist für den Heidegger-Kenner aus zwei Gründen verwunderlich: Zum einen weil Farias größtenteils längst Bekanntes als Novum präsentiert, zum anderen weil seine Recherchen und insbesondere seine Auslegungen doch im ganzen gesehen – wie mittlerweile von verschiedener Seite herausgearbeitet worden ist – sehr zu wünschen übrig lassen und keineswegs dem Kriterium einer historischen oder hermeneutischen Wissenschaftlichkeit genügen.
Im Rahmen dieser Einleitung kann ich weder die Unzulänglichkeiten des Buches von Farias im einzelnen darlegen noch der Fra-

ge nachgehen, warum ein, genau besehen, so unseriös gemachtes Buch eine so große Wirkung nach sich ziehen konnte. Vielmehr muß ich mich darauf beschränken, einen skizzenartigen Überblick über die wichtigsten Stationen der Diskussion über »Heidegger und die Politik« zu geben.

Verfolgt man die Geschichte der Diskussion um Heideggers Verhältnis zum Nationalsozialismus, so fällt dem aufmerksamen Beobachter auf, daß diese sich in mehreren großen Schüben oder Wellen vollzogen hat. Auslösender Faktor war dabei meist eine neue Enthüllung von Tatsachen bzw. Behauptungen angeblicher Tatsachen über Heideggers politisches Engagement in den Jahren 1933–1945, über deren Triftigkeit sich dann eine kontroverse Diskussion entzündete. Bislang lassen sich wenigstens 7 Stationen oder Phasen von einander abheben:

1. Eine erste Welle der Diskussion über den Zusammenhang von Politik und Denken bei Heidegger wurde unmittelbar nach dem 2. Weltkrieg, im Jahre 1946, durch den Abdruck eines im japanischen Exil 1939 geschriebenen Artikels von Karl Löwith in der von Jean-Paul Sartre herausgegebenen Zeitschrift »Les Temps Modernes« ausgelöst, in dem der frühere Heidegger-Schüler die »politischen Implikationen der Existenzphilosophie« seines Lehrers herausstellt. Löwiths anklagende Enthüllungen provozierten einen Disput mit Alfonse de Waelhens und Eric Weil in den nächsten Heften besagter Intellektuellen-Zeitschrift.

2. Den Anstoß zur ersten größeren Diskussion in Deutschland gab im Jahre 1953 eine Rezension des damals 24-jährigen Philosophiestudenten Jürgen Habermas in der »Frankfurter Allgemeinen Zeitung« anläßlich der Veröffentlichung von Heideggers Vorlesung »Einführung in die Metaphysik« vom Sommersemester 1935. Im Zentrum von Habermas' Angriffen und der darauffolgenden Debatte mit Christian Lewalter, Karl Korn und Egon Vietta stand jener mißverständliche Satz Heideggers, in dem er von der »inneren Wahrheit und Größe« der nationalsozialistischen Bewegung als Ausdruck »der Begegnung der planetarisch bestimmten Technik und des neuzeitlichen Menschen« spricht, die »nicht das Ge-

ringste« mit dem zu tun habe, was heute (also 1935) als »Philosophie des Nationalsozialismus herumgeboten« werde. (Vgl. EiM
152; GA 40, S. 208) Der erbitterte Streit um die richtige Interpretation dieses Satzes veranlaßte schließlich Heidegger zu einem Leserbrief an »Die Zeit«, worin er die Deutung Lewalters »als in
jeder Hinsicht zutreffend« bezeichnet.

3. Die Veröffentlichungen von Paul Hühnerfelds polemischem
»Versuch über ein deutsches Genie« (1959), Guido Schneebergers
»Nachlese zu Martin Heidegger« (1962), die kleinere Texte aus der
NS-Zeit versammelt, und Theodor W. Adornos sprach- und
ideologiekritische Studie zum »Jargon der Eigentlichkeit« (1964),
evozierten Mitte der sechziger Jahre – wiederum zuerst in Frankreich – eine umfassende Gegenkritik des Beaufret-Schülers François Fédier in der Zeitschrift »Critique«. Fédiers ebenso detaillierte
wie schonungslose Aufdeckung der Unzulänglichkeiten der Argu-
mentationen von Hühnerfeld, Schneeberger und Adorno riefen
ihrerseits Entgegnungen der von Fédier ebenfalls am Rande kriti-
sierten Robert Minder, Jean Pierre Faye und Aimi Patri hervor,
auf die Fédier seinerseits noch zweimal antwortete. Verlauf und
wesentliche Argumente dieser Diskussion können in Beda Alle-
manns Aufsatz »Martin Heidegger und die Politik« bündig zusammengefaßt nachgelesen werden.

4. Im Jahre 1965 unternahm Alexander Schwan einen ersten Versuch, eine »Politische Philosophie im Denken Martin Heideggers«
auszumachen. Schwans Studie unterscheidet sich schon allein dadurch wohltuend von den bisherigen bloßen Polemiken, daß sie
nicht von Heideggers Taten als Rektor der Freiburger Universität
in den Jahren 1933/34 ausgeht, sondern im Denken Heideggers
selbst ansetzt. Im Ausgang von Heideggers Werk-Analyse in
»Vom Ursprung des Kunstwerkes« (1935) versucht Schwan eine
Ortsbestimmung des Politischen im Denken Heideggers. In
Frankreich folgt im Jahre 1968 das Buch von Jean-Michel Palmier
»Les ecrits politiques de Heidegger«, das in Deutschland aber ohne
nennenswerte Wirkung bleibt. Noch weniger Bekanntheit erlangt
Karl August Moehlings Dissertation »Martin Heidegger and the

Nazi Party« (1972), zumal sie nur als MicroFish zugänglich ist. Auf mehr Resonanz stieß Otto Pöggelers Untersuchung des Verhältnisses von »Philosophie und Politik bei Heidegger« (1972) im Ausgang von Heideggers Frage nach der neuzeitlichen Technik. Eher einen Rückfall in die unkritischen Polemiken Anfang der 60er Jahre à la Adorno und Minder stellt m. E. die Publikation des französischen Soziologen Pierre Bourdieu mit dem Titel »Die politische Ontologie Martin Heideggers« (1975) dar, in deren Mittelpunkt eine Sprachkritik steht.

5. Die Veröffentlichung des »Spiegel-Interviews« nach Heideggers Tod im Jahre 1976, die um das Heidegger-Kapitel erweiterte Neuausgabe der »Philosophischen Autobiographie« von Karl Jaspers im Jahre 1977 sowie seiner aus dem Nachlaß herausgegebenen »Notizen zu Martin Heidegger« (1978) lieferten neuen Gesprächsstoff zu Heideggers politischem Irrtum in der NS-Zeit sowie einem möglichen ursächlichen Zusammenhang zwischen seinem Denken und politischen Handeln. In der Diskussion über das Thema »Heidegger und die Politik« fand bislang leider die aufschlußreiche Studie des Heidegger-Schülers Hermann Mörchen über »Macht und Herrschaft im Denken von Heidegger und Adorno« (1980) zu wenig Beachtung.

6. Die Wiederveröffentlichung von Heideggers lange vergriffener Rektoratsrede »Die Selbstbehauptung der deutschen Universität«, ergänzt durch seine 1945 niedergeschriebenen Aufzeichnungen »Das Rektorat 1933/34. Tatsachen und Gedanken«, durch seinen Sohn und Nachlaßverwalter Hermann Heidegger im Jahre 1983, und die Recherchen des Freiburger Historikers Hugo Ott über die Rektoratszeit in mehreren Aufsätzen seit 1983, der neues Quellenmaterial aufgetan hat, ließen erneut aufhorchen. Otts Enthüllungen gaben den Anlaß zu dem Sammelband der Freiburger Universitätsblätter »Martin Heidegger. Ein Philosoph und die Politik« (1986), in dem Zeitzeugen und Zeitkritiker zu Wort kommen. Im Herbst 1987 folgte ein weiterer Sammelband über »Heidegger und die praktische Philosophie«, dessen Titel nach Aussage der Herausgeber Annemarie Gethmann-Siefert und Otto Pöggeler »für

ein schwer entwirrbares Knäuel von Gedanken, Handlungen und Geschehnissen im philosophischen Bereich« (S. 7 f.) steht. 7. Die bisher letzte Phase wurde durch das Buch von Farias eingeleitet, mit dem das Bewältigungsfieber seine Spitze erreichte und das eine Reihe von Folgepublikationen in Frankreich und Deutschland provozierte. Besonders beachtenswert erscheinen mir die Studien von Philipp Lacoue-Labarthe, Jacques Derrida und – das vor wenigen Wochen erschienene Buch von François Fédier. Die Veröffentlichung der deutschen Fassung des Buchs von Farias im Fischer Verlag, Frankfurt a. M., steht unmittelbar bevor, wobei allerdings mit erheblichen Umarbeitungen zu rechnen ist. Auch Hugo Ott hat für Ende dieses Jahres die Zusammenfassung seiner bisherigen Quellenstudien in Buchform angekündigt.

Eine letztlich überzeugende und abgesicherte Deutung der politischen Einstellung Heideggers vor, während und nach seinem Rektorat 1933/34 erscheint mir derzeit aufgrund der sehr schmalen Textbasis nicht möglich. Der Charakter der herangezogenen Quellen – Tagebücher, Briefe von dritten Personen, die damals gar nicht in Freiburg waren, für bestimmte Zwecke geschriebene Gutachten und Erinnerungsfragmente aus einem großen zeitlichen Abstand – tut ein übriges, um eine saubere wissenschaftliche Deutung zu erschweren. Es bleibt zu hoffen, daß die Veröffentlichung weiterer originär Heideggerscher Dokumente aus dieser Zeit, insbesondere seiner Korrespondenz, neue Aufschlüsse liefern. Wünschenswert scheint mir des weiteren mehr historischer Sinn, den ich bei der Mehrzahl der Publikationen zum »Fall Heidegger« vermisse. Es kann beispielsweise nicht angehen, Heideggers Verhalten 1933/34 von unserer heutigen detaillierten Kenntnis der Ideologie und der Greueltaten des Nationalsozialismus aus zu bewerten, vielmehr muß es darum gehen, Heideggers Handeln aus der Situation seiner Zeit zu beurteilen. Wenig Berücksichtigung fanden bisher auch – vermutlich wegen mangelnder Werkkenntnis

– Heideggers teils offene, teils verdeckte Spitzen gegen den Nationalsozialismus in seinen Freiburger Vorlesungen 1933–1945, von denen mittlerweile 14 (von 20) innerhalb der Gesamtausgabe vorliegen (GA 39–45, 48, 51–55).

Auch wenn ich hier nicht meine eigene – vorläufige – Stellungnahme zu diesem Thema wiedergeben kann, möchte ich doch abschließend auf einen Punkt hinweisen, der in fast allen Diskussionen über Heidegger und die Politik eine zentrale Stelle einnimmt und immer wieder zu scharfen Kontroversen geführt hat und führt: Der Deutung von Heideggers beharrlichem Schweigen zum Thema »Nationalsozialismus« nach 1945, trotz mehrfacher Aufforderungen zu einer Äußerung. Während die einen darin einen unverzeihlichen Fehler und das Nichteingestehenwollen seiner Schuld sehen, was ein entlarvendes Licht auf Heideggers Verständnis von Verantwortung werfe, legen es die anderen als Ausdruck seiner tiefen Erschütterung aus, die ihm gewissermaßen die Sprache verschlagen habe oder sehen darin – wie Derrida in seinem in diesem Band abgedruckten Beitrag – eine bewußte Weigerung, um die Probleme, die mit dem Phänomen »Nationalsozialismus« verbunden sind, nicht mit einem Wort zu erledigen und gewissermaßen ad acta zu legen. Mögen solche Spekulationen aus heuristischen Gründen legitim erscheinen, den Anforderungen einer saubereren hermeneutischen Auslegung können sie nicht genügen. Auch eingedenk dessen, daß Heidegger selbst das Schweigen als eine Form des Sprechens ausgelegt hat, scheint mir, daß in diesem Fall aus seinem Schweigen weder seine moralische Verurteilung noch seine Rehabilitierung schlüssig abgeleitet werden kann. Die Festlegung auf eine bestimmte Interpretationsrichtung beraubt in jedem Fall das Schweigen seines vielleicht bewußt intendierten provokativen Charakters. Allerdings bin ich mit Gadamer, Derrida und vielen anderen davon überzeugt: Ganz gleich wie man auch Heideggers politisches Verhalten in der NS-Zeit und eine mögliche ursächliche Verknüpfung mit seinem Denken bewertet, es entbindet uns nicht davon, Heideggers Schriften gründlich zu studieren, sowohl den Fragen, in die sie uns einüben wollen, nachzudenken, als auch auf die Fragen, die sie offenlassen, eine Antwort zu suchen und kritisch dazu Stellung zu nehmen.

Schriften über Heidegger und die Politik
(Auswahl, nach Erstdruck geordnet)

Die Selbstbehauptung der deutschen Universität. Breslau: Korn 1933. (2. Aufl. 1934; nach Heideggers Niederlegung des Rektorats von den Nationalsozialisten aus dem Handel gezogen).

Löwith, Karl: Les implications politique de la philosophie de l'existence chez Heidegger. In: Les Temps Modernes, 2. Jg., Nr. 14, Paris 1946, 343–360. (Geschrieben im japanischen Exil 1939). (Vgl. auch: Der europäische Nihilismus (1940). In: Sämtliche Schriften 2: Weltgeschichte und Heilgeschehen. Stuttgart: Metzler 1983, 473–540, insb. 514–528; vgl. auch: Der okkasionelle Dezisionismus von Carl Schmitt (erw. Ausgabe 1960). In: Sämtliche Schriften 8: Heidegger – Denker in dürftiger Zeit. Stuttgart: Metzler 1984, 32–71, insb. 61–69).

Waelhens, Alfons de: La philosophie de Heidegger et le nazisme. In: Les Temps Modernes, 4. Jg., 1947/48, 115–127.

Weil, Eric: Le cas Heidegger. In: Les Temps Modernes, 4. Jg., 1947/48, 128–138.

Löwith, Karl: Réponse a A. de Waelhens. In: Les Temps Modernes, 4. Jg., 1947/48, 370–373.

Waelhens, Alfonse de: Réponse a cette réponse. In: Les Temps Modernes, 4. Jg., 1947/48, 374–377.

Habermas, Jürgen: Mit Heidegger gegen Heidegger denken. Zur Veröffentlichung von Vorlesungen aus dem Jahre 1935. In: FAZ, 25.7.1953. (Wiederabdruck in: ders.: Philosophisch-politische Profile. Erweiterte Ausgabe. Frankfurt a. M.: Suhrkamp 1981, 65–72).

Korn, Karl: Warum schweigt Heidegger? Antwort auf den Versuch einer Polemik. In: FAZ, 14.8.1953.

Lewalter, Christian E.: Wie liest man 1953 Sätze von 1935? Zu einem politischen Streit um Heideggers Metaphysik. In: Die Zeit, 13.8.1953.

Vietta, Egon: Heideggers Sätze von 1935. (Leserbrief). In: Die Zeit, 20.8.1953.

Heidegger, Martin: Leserbrief. In: Die Zeit, 24.9.1953.

Lukacs, Georg: Die Zerstörung der Vernunft. Berlin 1954. (auch in: Werke 9, Neuwied: Luchterhand 1962, insb. 165–195).

Krockow, Christian Graf von: Die Entscheidung. Eine Untersuchung über Carl Schmitt, Ernst Jünger und Martin Heidegger. Stuttgart: Enke 1958.

Habermas, Jürgen: Die große Wirkung. Eine chronistische Anmerkung zu Martin Heideggers 70. Geburtstag. In: FAZ, 26.9.1959. (Wiederabdruck in: ders.: Philosophisch-politische Profile. Erw. Ausgabe. Frankfurt a. M.: Suhrkamp 1981, 72–81).

Hühnerfeld, Paul: In Sachen Heidegger. Versuch über ein deutsches Genie. Hamburg: Hoffmann und Campe 1959.

Schneeberger, Guido: Ergänzungen zu einer Heidegger-Bibliographie. Bern (Selbstverlag) 1960.

Faye, Jean Pierre: Heidegger et la »révolution«. In: Médiations, 3, 1961, 151–159.

Faye, Jean Pierre: Attaques nazies contre Heidegger. In: Médiations, 5, 1962, 137–154.

Schneeberger, Guido: Nachlese zu Martin Heidegger. Bern (Selbstverlag) 1962. (Sammlung von 217 Dokumenten aus den Jahren 1929–1961, von denen aber lediglich 15 von Heidegger selbst stammen).

Adorno, Theodor W.: Jargon der Eigentlichkeit. Zur deutschen Ideologie. Frankfurt a. M.: Suhrkamp 1964.

Schwan, Alexander: Politische Philosophie im Denken Martin Heideggers. Köln/Opladen: Westdeutscher Verlag 1965.

Mitternacht einer Weltmacht. In: Der Spiegel, 20. Jg., Nr. 7, 7.2.1966, 110–113.

Heidegger, Martin: Leserbrief. In: Der Spiegel, 20. Jg., Nr. 11, 7.3.1966, 12.

Minder, Robert: Heidegger und Hebel oder die Sprache von Meßkirch. In: ders.: ›Hölderlin unter den Deutschen‹ und andere Aufsätze zur Literatur. Frankfurt a. M.: Insel 1966. 2. Aufl. Frankfurt a. M.: Suhrkamp 1968, 86–153.

Fédier, François: Trois attaques contre Heidegger. In: Critique, Nr. 234, Nov. 1966. (zu Schneeberger, Hühnerfeld und Adorno).

A propos de Heidegger. In: Critique, Nr. 237, Febr. 1967, 284–297. (Entgegnungen auf Fédiers Artikel von Robert Minder, Jean Pierre Faye, Aime Patri).

Fédier, François: A propos de Heidegger: une lecture dénoncée. In: Critique, Nr. 242, Juli 1967, 672–686. (Entgegnung auf die Einwände von Minder, Faye, Patri).

Allemann, Beda: Martin Heidegger und die Politik. In: Merkur, 21. Jg., H. 10, 1967, 962–976. (Wiederabdruck in: Heidegger. Perspektiven zur Deutung seines Werkes. Hrsg. von Otto Pöggeler. Köln: Kiepenheuer & Witsch 1969, 246–260. 2. Aufl. Königstein: Athenäum 1984, 246–260).

136

Bondy, François: Zum Thema »Martin Heidegger und die Politik«. In: Merkur, 22. Jg., H. 2, 1968, 189–192.

Fédier, François u. François Bondy: A propos de Heidegger. In: Critique, Nr. 251, 1968, 433–437.

Hempel, Hans-Peter: Politische Philosophie im Denken Heideggers. In: ZfpF, Bd. 22, 1968, 432–440. (zum Buch von A. Schwan).

Palmier, Jean-Michel: Les Ecrits politiques de Heidegger. Paris: Editions de l'Herne 1968.

Faye, Jean-Pierre: Totalitäre Sprachen. Kritik der narrativen Vernunft. Kritik der narrativen Ökonomie. 2 Bde. Aus dem Franz. von Irmela Arnsperger. Frankfurt a. M./Berlin/Wien: Ullstein 1977. (Original Paris: Hermann 1972).

Moehling, Karl August: Martin Heidegger and the Nazy Party: An Examination. Phil. Diss. Northern Illinois University 1972. (MicroFish, nicht gedruckt).

Adorno, Theodor W.: Philosophische Terminologie. 2 Bde. Frankfurt a. M.: Suhrkamp 1973, Bd. 1, 148–160. (Frankfurter Vorlesungen aus den Jahren 1962/63).

Pöggeler, Otto: Philosophie und Politik bei Heidegger. Freiburg/München: Alber 1972. 2. erw. Aufl. 1974.

Schwan, Alexander: Martin Heidegger, Politik und Praktische Philosophie. Zur Problematik neuerer Heidegger-Literatur. In: Philos. Jahrbuch, 81. Jg., 1974, 148–171.

Bourdieu, Pierre: Die politische Ontologie Martin Heideggers. Aus dem Franz. von Bernd Schwibs. Frankfurt a. M.: Syndikat 1976. (Franz. Original 1975).

Spiegel-Interview: »Nur noch ein Gott kann uns retten«. In: Der Spiegel, 30. Jg., Nr. 23, 31. Mai 1976. (Interview aus dem Jahre 1966).

Hochkeppel, Willy: Martin Heideggers langer Marsch durch die ›verkehrte Welt‹. In: Merkur, 30. Jg., 1976, 911–921.

Franzen, Winfried: Martin Heidegger. Stuttgart 1976, 78–85. (5. Kap.: Heidegger und der Nationalsozialismus).

Willms, Bernard: Politik als Geniestreich? Bemerkungen zu Heideggers Politikverständnis. In: FAZ, 14.5.1977. (Wiederabdruck in: Martin Heidegger. Fragen an sein Werk. Ein Symposion. Stuttgart: Reclam 1977, 16–20).

Picht, Georg: Die Macht des Denkens. In: Erinnerung an Martin Heidegger. Hrsg. von Günther Neske. Pfullingen: Neske 1977, 197–205.

Ulmer, Carl: Leserbrief (Ergänzung zur Schelling-Vorlesung). In: Der Spiegel, 2.5.1977.

Bodensiek, Heinrich u. Richard Breyer: Leserbriefe (über Hitlers Hände). In: Der Spiegel, 2.5.1977 und 16.5.1977.

Jaspers, Karl: Philosophische Autobiographie. Erweiterte Neuausgabe. München: Piper 1977, 92–111.

Jaspers, Karl: Notizen zu Martin Heidegger. Hrsg. von Hans Saner. München: Piper 1978.

Köchler, Hans: Skepsis und Gesellschaftskritik im Denken Martin Heideggers. Meisenheim: Hain 1978.

Schürmann, Reiner: Political Thinking in Heidegger. In: Social Research, 45, 1978, 190 ff.

Mörchen, Hermann: Macht und Herrschaft im Denken von Heidegger und Adorno. Stuttgart: Klett-Cotta 1980.

Tellenbach, Gerd: Aus erinnerter Zeitgeschichte. Freiburg: Verlag der Wagnerschen Universitätsbuchhandlung 1981, 40 ff. u. 110 f.

Moehling, Karl A.: Heidegger and the Nazis. In: Heidegger. The Man and the Thinker. Ed. by Thomas Sheehan. Chicago 1981, 31 ff.

Blitz, M.: Heidegger's Being and Time and the possibility of Political Philosophy. Ithaca 1981.

Schoeppe, Wilhelm: Leserbrief (zum Gutachten über Baumgartner). In: FAZ, 28.5.1983.

Hochkeppel, Willy: Heidegger, die Nazis und kein Ende. In: Die Zeit, 6.5.1983.

Schwan, Alexander: Die Verführbarkeit des deutschen Geistes. Zur verhängnisvollen Rektoratsrede Martin Heideggers am 27. Mai 1933. In: Rheinischer Merkur/Christ in Welt, 27.5.1983.

Pöggeler, Otto: Der Denkweg Martin Heideggers. 2., um ein Nachwort erw. Aufl. Pfullingen: Neske 1983, insb. 340 ff.

Petzet, Heinrich W.: Auf einen Stern zugehen. Begegnungen und Gespräche mit Martin Heidegger 1929–1976. Frankfurt a. M.: Societäts-Verlag 1983.

Die Selbstbehauptung der deutschen Universität. Das Rektorat 1933/34. Hrsg. von Hermann Heidegger. Frankfurt a. M.: Klostermann 1983. (Wiederabdruck der Rektoratsrede von 1933, ergänzt durch die 1945 geschriebenen Reflexionen Heideggers zur Rektoratszeit).

Ott, Hugo: Die Übernahme des Rektorats der Universität Freiburg durch Martin Heidegger im April 1933. In: Zeitschrift des Breisgau-Geschichtsvereins (»Schau-ins-Land«), 102, 1983, 121–136.

Ott, Hugo: Die Zeit des Rektorats von Martin Heidegger (23. April 1933 bis 23. April 1934). In: Zeitschrift des Breisgau-Geschichtsvereins (»Schau-ins-Land«), 103, 1984, 107–130.

Ott, Hugo: Der Philosoph als Führer. In: FAZ, 20.7.1984.

Blanchot, Maurice: Die Intellektuellen im Kreuzfeuer. In: Akzente, 31, 1984, 403 ff.

Ott, Hugo: Martin Heidegger als Rektor der Universität Freiburg i. Br.

1933/34. In: Zeitschrift für die Geschichte des Oberrheins, Bd. 132, 1984, 343–358.

Ott, Hugo: Der Philosoph im politischen Zwielicht. Martin Heidegger und der Nationalsozialismus. In: Neue Züricher Zeitung, 3./4.11.1984.

Ott, Hugo: »Es dürfte eher Entlassung in Frage kommen ...«. Der Freiburger Rektor Martin Heidegger 1933/34 und das Verfahren gegen Hermann Staudinger. Ein Bericht über neue Aktenfunde. In: Badische Zeitung, Nr. 283, 8.12.1984.

Ott, Hugo: Martin Heidegger und die Universität Freiburg nach 1945. Ein Beispiel für die Auseinandersetzung mit der politischen Vergangenheit. In: Historisches Jahrbuch, 105. Jg., 1985, 95–128.

Pöggeler, Otto: Den Führer führen? Heidegger und kein Ende. In: Philosophische Rundschau, 32. Jg., 1985, 26–67.

Habermas, Jürgen: Der philosophische Diskurs der Moderne. Zwölf Vorlesungen. Frankfurt a. M.: Suhrkamp 1985, 158–190.

Arendt, Hannah / Karl Jaspers: Briefwechsel. 1926–1969. Hrsg. von Lotte Köhler und Hans Saner. München/Zürich: Piper 1985.

Löwith, Karl: Mein Leben in Deutschland vor und nach 1933. Ein Bericht. Mit einem Vorwort von Reinhart Koselleck und einer Nachbemerkung von Ada Löwith. Stuttgart: Metzler 1986, insb. 27–45, 56–59, 147–150.

Schwan, Alexander: Artikel »Heidegger«. In: Staatslexikon. Bd. 2. 7., völlig neubearb. Aufl. Freiburg: Herder 1986, 1225–1229.

Martin Heidegger. Ein Philosoph und die Politik. Freiburger Universitätsblätter, H. 92, Freiburg: Rombach, Juni 1986, 8–90. Enthält:
– Ein Gespräch mit Max Müller (S. 13–31);
– Alexander Hollerbach: Im Schatten des Jahres 1933: Erik Wolf und Martin Heidegger (S. 33–47);
– Bernd Martin: Heidegger und die Reform der deutschen Universität 1933 (S. 49–69);
– Walter Biemel: Erinnerung an zwei Jahre in Freiburg 1942–1944 (S. 71–73);
– Ute Guzzoni: Bemerkungen zu Heidegger 1933 (S. 75–80);
– Gerhart Schmidt: Heideggers philosophische Politik (S. 83–90).

Farias, Victor: Heidegger et le nazisme. Lagrasse: Editions Verdier 1987. (Überarb. deutsche Ausgabe erscheint im Herbst 1988 im Verlag S. Fischer, Frankfurt a. M.). (Besprechungen u. a. in: Le Monde, 14.10.1987; Liberation, 16.10.1987; FAZ, 28.10.1987; Die Zeit, 6.11.1987).

Derrida, Jacques: Interview. In: Le Nouvel Observateur, 6.11.1987. (Deutsch in: taz, 13.2.1988).

Farias, Victor: Antwort auf Jacques Derrida. In: El Pais, 19.11.1987. (Deutsch in: taz, 13.2.1988).

Augstein, Rudolf: »Aber bitte nicht philosophieren!«. In: Der Spiegel, 41. Jg., Nr. 48, 23.11.1987, 212–221.

Ott, Hugo: Wege und Abwege. Zu Victor Farias' kritischer Heidegger-Studie. In: Neue Züricher Zeitung, 27.11.1987.

Tietjen, Hartmut: Stellungnahme zu: Victor Farias, Heidegger et le nazisme. Presseerklärung der Martin Heidegger-Gesellschaft 1987.

Marten, Rainer: Ein rassistisches Konzept von Humanität. Überlegungen zu Viktor Farias' Heidegger-Buch und zum richtigen Umgang mit Heidegger. In: Badische Zeitungen, 19./20. 12. 1987.

Busche, Jürgen: »Also gut. Heidegger war ein Nazi«. In: Pflasterstrand, Nr. 279/280, Frankfurt a. M. 1988, 43–45.

Marcuse, Herbert: Briefe vom 28.8.1947 und 13.5.1948 an Martin Heidegger. In: Pflasterstrand, Nr. 279/280, Frankfurt a. M. 1988, 46–48. (Erstveröffentlichung in Pflasterstrand 1985).

Heidegger und die praktische Philosophie. Hrsg. von Annemarie Gethmann-Siefert und Otto Pöggeler. Frankfurt a. M.: Suhrkamp 1988. Enthält u. a.:
– Otto Pöggeler: Heideggers politisches Selbstverständnis (S. 17–63);
– Hugo Ott: Martin Heidegger und der Nationalsozialismus (S. 64–77);
– Winfried Franzen: Die Sehnsucht nach Härte und Schwere. Über ein zum NS-Engagement disponierendes Motiv in Heideggers Vorlesung »Die Grundbegriffe der Metaphysik« von 1929/30 (S. 78–92);
– Alexander Schwan: Zeitkritik und Politik in Heideggers Spätphilosophie (S. 93–107);
– Ernst Nolte: Philosophie und Nationalsozialismus (S. 338–356);
– Ernst Vollrath: Hannah Arendt und Martin Heidegger (S. 357–372);
– Adriaan Peperzak: Einige Thesen zur Heidegger-Kritik von Emmanuel Lévinas (S. 373–389).

Lacoue-Labarthe, Philippe: La fiction du politique. Breteuil: Collection du Trois 1988.

Derrida, Jacques: De l'esprit. Paris 1988.

Fédier, François: Heidegger – Anatomie d'un Scandale. Paris: Laffont 1988.

Boncenne, Pierre/Jean Blain/Alain Jaubert: L'affaire Heidegger. Peut-on encore croire les philosophes? In: Lire, Nr. 153, Juin 1988, 41–54.

Hoffmann-Axthelm, Dieter: Farias und der Nazi – eine jakobinische Form der Konfliktvermeidung. In: Die Neue Gesellschaft. Frankfurter Hefte, 35. Jg., Nr. 6, 1988, 506–512.

Ott, Hugo: Martin Heidegger. Unterwegs zu seiner Biographie. Frankfurt a. M.: Athenäum 1988. (Erscheint im November).

140

Emil Kettering

Notizen zur Person: geb. 1957 in Thaleischweiler/Pfalz, 1977–1986 Studium der Philosophie, Germanistik und Pädagogik an der Johannes Gutenberg-Universität in Mainz, 1986 Promotion bei Prof. Dr. Richard Wisser, Preis der Johannes Gutenberg-Universität 1986, daselbst seit 1.4.1986 wissenschaftlicher Mitarbeiter am Philosophischen Seminar am Lehrstuhl von Prof. Dr. Josef Reiter.

Veröffentlichungen zu Heidegger: NÄHE. Das Denken Martin Heideggers, Pfullingen 1987, (japan. Tokyo 1988); NÄHE im Denken Martin Heideggers, in: Richard Wisser (Hg.): Martin Heidegger – im Denken Unterwegs. Symposion im 10. Todesjahr, Freiburg/München 1987, 111–130.

STELLUNGNAHMEN

Hugo Ott

WEGE UND ABWEGE
ZU VICTOR FARIAS'
KRITISCHER HEIDEGGER-STUDIE

In Frankreich ist ein Himmel eingestürzt – *le ciel des philosophes*. Außerordentlich glänzend inszeniert von den Vertretern der *nouvelle philosophie*, ist das von Christian Jambet eingeleitete Heidegger-Buch des Chilenen Victor Farias kürzlich auf den Markt gekommen, die französiche Geisteswelt erschütternd. Von einer Staatsaffäre gar ist die Rede. Die Uhren Frankreichs gehen anders. Wir wissen es. So verwundert die Verspätung keineswegs, mit der im deutschsprachigen Raum längst bekannte Forschungsergebnisse (einschließlich vieler Details) jetzt erst in Frankreich zur Kenntnis genommen werden, mit der Folge freilich, daß die geordnete Welt der führenden philosophischen Schulen durcheinandergewirbelt wird.

Nationalsozialistische Verstrickung

Dieser Vorgang, in den Medien aller Art mit einem gewissen Amusement zu verfolgen, kann erklärt werden: Martin Heidegger, ob seiner Verstrickung in das Dritte Reich 1945 existentiell nahezu vernichtet und 1946/47 durch die französische Besatzungsmacht seines Lehramts an der Freiburger Universität enthoben (aus der Sicht der französischen Militärregierung endgültig, ohne Revisionsmöglichkeit), ist zur selben Zeit (ab Herbst 1945) von französischen Kulturoffizieren und diversen Abgesandten französischer Verlage und philosophischer Richtungen aufgesucht und regelrecht mit seinem Denken nach Frankreich transferiert worden. Phönixgleich entstieg er der Asche, verwandelt in den Kronzeugen der Existentialphilosophie Jean-Paul Sartres und der Meister postmodernen Denkens.

Die politische Vergangenheit Heideggers wurde kaschiert, mini-
miert bis zur Unerheblichkeit, verbrämt sogar mit dem schmük-
kenden Epitheton widerständischer Haltung, die Heidegger nach
der kurzen Episode seines Rektorats 1933/34 eingenommen habe.
Hat etwa nicht Jean Beaufret, Mitglied der Résistance, Heidegger
rezipieren können? Der Humanismus-Brief Ende 1946 für Beaufret war mehr als Heideggers Dank dafür, daß Beaufret ihn quasi
in die »geistige« Résistance aufgenommen hatte – sanktioniert von
seinem Freund, dem Dichter René Char (le capitaine Alexandre in
der Résistance). Wer wider Heidegger löckte, erhielt von diesen
Franzosen das Brandzeichen des Mittelmäßigen, der in der Ver-
schwörung des Mittelmaßes agierte.
Es ließe sich viel sagen über die Methode der Apologie Heideggers. Sie ist meisterhaft und trägt strategische Züge. Das fängt an
mit Alfred (Frédéric) de Towarnickis »Visite à Martin Heidegger«, 1945 im ersten Band von Sartres »Les Temps Modernes«
erschienen – Gegenvorstellungen z. B. von Karl Löwith in der
nämlichen Zeitschrift gingen nahezu unter –, und mündet nach
manchen Zwischenstationen noch 1983 in die flugs veranstaltete
Übersetzung des zum 50. Jahrestag von Hitlers Machtergreifung
erstmals publizierten Rechenschaftsberichtes des Freiburger Philosophen – postum also wie das berühmte »Spiegel«-Gespräch
(1966 bis in die feinsten Verästelungen festgelegt), das in der Woche nach Heideggers Tod erschien (1976).
Gegen dieses geschönte, ja falsche Bild erhobene Argumente fielen
ins Leere. Mit rascher Hand wurden auch seriöse Studien ins
»feindliche« und »feindselige« Lager verwiesen, dem Genre der
Anti-Heidegger-Bücher à la Hühnerfeld zugerechnet. Jean Beaufrets Linie, vom getreuen François Fédier fortgesetzt, behielt in
Frankreich die Oberhand: neuere Erkenntnisse, doch wohl objek-
tiv gewonnen und Heideggers Rechenschaftsbericht von 1983 ad
absurdum führend, wurden schlicht übersehen: sie waren gegen-
standslos. Es galt, was Beaufret in einem Interview festgelegt hatte: es sei mildtätig, sich damit nicht weiter zu befassen. Wie sonst
erklärte es sich, daß noch die Novembernummer 1986 von »ma-

145

gazine littéraire«, ein letzter, freilich dünner Aufguß all der über Jahrzehnte gesteuerten Heidegger-Apologie, möglich war.

Ein Heidegger-»Schüler«

Und dieses feste Haus, in dem sich der französische Geist eingerichtet hatte, scheint jetzt unbewohnbar geworden zu sein. Wer es verwüstet hat, kommt gar im Gewand des Heidegger-Schülers daher, einstmals Teilnehmer des Heraklit-Seminars, das Eugen Fink gemeinsam mit Martin Heidegger im Wintersemester 1966/ 67 in Freiburg abgehalten hat. Das dürfte aber auch schon das einzige Element der »Schülerschaft« abgeben, da Farias 1967 in Freiburg bei Gerhart Schmidt (aus der Schule Eugen Finks) mit einem Thema über Franz Brentano promoviert wurde und sich im Œuvre wenig findet, was an Heidegger erinnert. Es sei denn, man nimmt das ernst, was Farias jetzt bei zahlreichen Statements in den unterschiedlichen Medien verlauten läßt, Heidegger habe ihm einstens das Ansinnen einer Übersetzung von »Sein und Zeit« in das Spanische ausgetrieben, da das Romanische eine inferiore Sprache für sein Denken sei. Sollte der philosophische Adept Farias seinerzeit ein Trauma erlitten haben, das manche Ansätze in seinem Heidegger-Buch erklärt? Jedenfalls machte er sich alsbald auf Heideggers Spur, in die Fußstapfen Guido Schneebergers tretend, und dies auf streng inquisitorische Weise.

Das Buchmanuskript dürfte schon 1985 abgeschlossen worden sein, da die neuere Literatur – und es hat sich auf diesem Feld ja einiges getan – nicht wahrgenommen wurde. Es müssten viele Titel genannt werden, etwa Karl Löwith: »Mein Leben in Deutschland« (1986). Das Farias-Buch ist also nicht auf dem neuesten Stand: für Frankreich freilich noch neu genug. So manche Pannen hätten vermieden werden können, z. B. weiß Farias nichts über Zustandekommen, Verlauf und Gewicht des »Spiegel«-Gesprächs, über das wir durch den 1986 erschienenen Briefwechsel Erhart Kästner – Martin Heidegger minuziös unterrichtet sind. Vielmehr mokiert er sich darüber, daß er nicht die Rohfassung

(nach seiner Meinung die interessantere und eigentlich authentische) mit der publizierten Version vergleichen durfte.

Vorweg sei darauf abgestellt, welche bisher unerschlossenen
Quellen für die Frage »Heidegger und der Nationalsozialismus«
Farias auswerten konnte: das archivalische Material aus den staatli-
chen Archiven der DDR (für einen Bürger der Bundesrepublik
faktisch nicht zugänglich, wohl aber für Ausländer), z. B. die Akten des Preußischen Kulturministeriums bzw. des Reichsministe-
riums für Wissenschaft, Kunst und Volksbildung (Merseburg
bzw. Potsdam). So kann jetzt konkretisiert werden, was genau
Heideggers »politischer Auftrag« war, der mit dem zweiten Berliner Ruf im Herbst 1933 verbunden war; nämlich der Plan, eine
Reichsakademie zu schaffen unter der Präsidentschaft Heideggers.
Bisher wußten wir nur, daß er eine »Preußische Dozentenakade-
mie« leiten sollte, wir wußten auch, daß die NS-internen Gegner
Heideggers Jaensch (Heideggers langjähriger philosophischer Kollege in Marburg) und Krieck sich vehement diesen Plänen wider-
setzten und das Amt Rosenberg einschalteten. Doch das sind bereits Detailfragen.

Aufhorchen ließ, Farias habe das Zentrum des Heideggerschen
Denkwegs aufgedeckt, den großen Zirkel gefunden: Anfang und
Ende. Über allem schwebt der Geist des Abraham a Sancta Clara,
jenes Johann Ulrich Megerle aus Kreenheinstetten (ein weniges
nur von Messkirch entfernt), Augustinerbarfüßer, wortgewaltiger
Prediger in Wien zur Zeit der Türkenkriege. Dieser sei ein besonders engagierter Antisemit und Fremdenhasser (gegen die Türken)
gewesen in Wort und Schrift. Martin Heidegger habe sich früh
mit seinem berühmten Landsmann identifiziert, ablesbar an dem
Beitrag des Theologiestudenten Heidegger (Erstlingsarbeit) über
die Einweihung des Abraham-a-Sancta-Clara-Denkmals in
Kreenheinstetten 1910; veröffentlicht in der »Allgemeinen Rundschau« des Armin Kausen (nicht Armin Krausen – Farias geht in
seinem Buch souverän mit den Namen um) zu München. Diese
Wochenschrift für ein gehobenes katholisches Publikum, auf dem
rechten Zentrum stehend, also das gemäße Organ des 21jährigen

147

Messkirchers! Und Farias assoziiert, was das Zeug hält – übrigens ein methodisches Spezifikum, das sich durch das ganze Buch zieht. So erscheint 1910 auch schon Adolf Hitler in der Szenerie, weil Martin Heidegger im erwähnten Beitrag den Wiener Bürgermeister Karl Lueger erwähnte, dem auch der junge Adolf Hitler Respekt gezollt hatte.

Es fragt sich nur, warum nicht auch Martin Luther, ehemaliger Augustinermönch, mit dem sich Heidegger nachmals intensiv befaßt hat, zum Kronzeugen von Heideggers frühem Antisemitismus aufgerufen wird. Man bedenke die lutherischen Schriften gegen die Juden aus dem Jahre 1543 oder seine Schriften gegen die Türken. Diese Zeugenreihe ließe sich fortsetzen.

Die »Basis«

Für Farias indes ist der Kreenheinstettener die Basis schlechthin, Heidegger im eigentlichen zu begreifen: determiniert in früher Jugend durch die Faktoren Antisemitismus, völkisches Gemeinschaftsdenken, Antidemokratie, Antiliberalismus, Xenophobie. Möglicherweise halten Literaturwissenschaftler (Farias gehört ein wenig mindestens zu dieser Zunft) sich an eine solche Methode – für einen Historiker jedenfalls ist sie inakzeptabel. Wie in diesem Zusammenhang assoziativ gearbeitet wird, mag ein Detail verdeutlichen, das mir sehr wichtig erscheint: Farias verwendet bei der Schilderung von Heideggers Gymnasial- und Konviktszeit in Konstanz (1903–1906) eine Passage aus Günther Dehns (weiland Professor für praktische Theologie an der evangelischen Fakultät in Bonn) Lebenserinnerungen.

Dehn hatte 1900 in Konstanz das Abitur gemacht, aus bildungsbürgerlicher Schicht stammend – der Vater wurde 1895 als hoher Reichspostbeamter von Köslin (Pommern) nach Konstanz versetzt. Dehn charakterisiert – sehr subjektiv – die Alumnen des Konstanzer Konvikts, meist kleiner Leute Kind, für den Beruf des katholischen Geistlichen bestimmt, und beschäftigt sich mit der Bezeichnung »Kapauner«, wie die Konviktoristen im Volksmund hießen. Er kann sich keinen Reim darauf machen (wiewohl die Sache klar ist: Kapaun, der kastrierte Masthahn): »Ich dachte, daß sie irgendwie mit Kapuziner zusammenhinge.« Farias manipuliert den Text, unterschlägt »Kapaun« und »Kapauner« und läßt übersetzen: »Sans savoir d'où venait cette expression, nous les appelions ›les capucins‹.« Warum? Weil er einige Zeilen weiter Abraham a Sancta Clara, jetzt in der Version des Kapuzinerpredigers in Schillers »Wallenstein«, vorführt: also den Zögling Heidegger (Kapuziner) voll identifiziert mit dem (Kapuziner) Abraham.

Sobald es also ans Deuten geht, wird es bei Farias problematisch. Regelrecht abenteuerlich ist – um auf eine spätere Ebene zu kommen – der Versuch, Martin Heidegger mit dem SA-Chef Ernst Röhm zusammenzubringen, dessen politische Überzeugung laut Farias von Heidegger voll übernommen worden sei. Zum Beweis dafür wird die vertraute Nähe Heideggers zu einem Dr. Stäbel, in Personalunion seit dem Herbst 1933 Führer der Deutschen Studentenschaft und Reichsführer des NSDStB, beigezogen. Dieser aber sei von Ernst Röhm zum Reichsführer ernannt worden. Zugegeben: es ist einigermaßen schwierig, die komplizierte Organisationsstruktur der deutschen Studentenschaft zu Beginn des Dritten Reiches zu verstehen. Wenn aber eine weitreichende Schlußfolgerung gewonnen werden soll, müssen die Prämissen stimmen. Der oberste SA-Führer Röhm hatte mit der Ernennung des (Doppel-)Studentenführers Stäbel nicht das geringste zu schaffen: diese wurde einmal vom Reichsinnenminister, zum andern vom Stellvertreter Hitlers, Rudolf Hess, vollzogen. Der Führer des Reichs-SA-Hochschulamtes, von Röhm ernannt, war ein Dr. Bennecke. Es ist aus meinen Untersuchungen bekannt, daß der Rektor Heidegger gegen Schluß der Rektoratszeit sich mit den SA-Studenten eher im Streit befand. Es ist demnach ein reines Konstrukt, wenn Farias den 30. Juni 1934 (Röhm-Putsch) als die große politische Kehre Heideggers darstellt, da mit der Zerschlagung der SA auch das revolutionäre Denken Heideggers ausgeronnen sei.

149

Farias' Verdienst liegt in der Sammlung neuer Quellen und in ihrer positivistischen Aufbereitung. Viele Fakten. Er gelangt jedoch rasch an seine Grenzen, wo die Interpretation ansetzt, und vor allem, wo der Zusammenhang von politischer Praxis und dem Denken Heideggers erhellt werden müßte. Aber gerade das sollte man von einem Philosophen erwarten. Ansatzweise ist der Versuch unternommen. Doch überzeugen diese Ansätze nicht, z. B. das Bemühen, die Schlageter-Rede vom Mai 1933 mit »Sein und Zeit« zu korrelieren.

Das Buch ist weitgehend chronologisch aufgebaut, will wohl auch ein biographisches Gerüst bieten. Aber: gerade die Entwicklung des frühen Heidegger, seine Stationen Freiburg, Marburg, Freiburg, sind nicht tief genug gegründet. Da fehlt noch zuviel, z. B. die Nachbarschaft Edmund Husserl – Martin Heidegger. Um so schwerer fällt die Fixierung auf den »Ideologen« Abraham a Sancta Clara ins Gewicht. Farias bildet im Schlußteil sogar eine Trilogie aus dem Wiener Barockprediger und den Konzentrationslagern Sachsenhausen bzw. Auschwitz – mit schneller Hand, gewonnen aus einer falsch verstandenen sprichwörtlichen Redensart, die Heidegger 1964 bei einem Vortrag in Messkirch aus dem Sprachschatz des Kreenheinstetteners schöpfte: Krieg und Frieden seien nicht weiter auseinander als Frankfurt und Sachsenhausen, will heißen: können jeweils schnell umschlagen. Für Farias ist dieses der alten Reichsstadt Frankfurt unmittelbar gegenüberliegende Sachsenhausen natürlich das berüchtigte Konzentrationslager. Und schon werden Abraham und Heidegger dingfest gemacht und nun in die Genozidschuld Hitlers verwoben. Indes: das KZ Sachsenhausen lag im Bezirk Potsdam, Kreis Oranienburg, unweit der Berliner Wirkungsstätte von Victor Farias.

Hugo Ott

Quelle: Neue Züricher Zeitung, 27.11.1987. Wiederabdruck mit freundlicher Genehmigung des Autors.

Notizen zur Person: geb. 1931, Studium in Freiburg und München, 1969 Professor an der Pädagogischen Hochschule in Freiburg, seit 1971 Lehrstuhl für Wirtschafts- und Sozialgeschichte an der Universität in Freiburg, 1975 Fürstabt Martin Gerbert Preis, 1982 Gastprofessur an der Universität Gainesville/Florida (USA).

Veröffentlichungen zu Heidegger u. a.: Martin Heidegger als Rektor der Universität Freiburg i. Br. 1933/34, in: Zeitschrift für die Geschichte des Oberrheins, Bd. 132, 1984, 343–358; Martin Heidegger und die Universität Freiburg nach 1945. Ein Beispiel für die Auseinandersetzung mit der politischen Vergangenheit, in: Historisches Jahrbuch, 105. Jg., 1985, 95–128; Martin Heidegger und der Nationalsozialismus, in: Heidegger und die praktische Philosophie, hrsg. von A. Gethmann-Siefert und O. Pöggeler, Frankfurt a. M. 1988, 64–77.

Hans-Georg Gadamer

OBERFLÄCHLICHKEIT UND UNKENNTNIS
Zur Veröffentlichung von Victor Farias

Das Aufsehen, das Victor Farias' Buch über Heidegger und die Nazis in Frankreich erregt hat, setzt in Erstaunen. So wenig weiß man also dort über das dritte Reich, obwohl man den großen Denker vielfach und mit Respekt liest. Die Verehrer Heideggers mögen dazu beigetragen haben, wenn sie zur Verteidigung Heideggers die Sache so herunterspielten, er habe nach einem Jahre von enttäuschenden Erfahrungen als Freiburger Nazi-Rektor mit dem Nationalsozialismus ›gebrochen‹. Was man sich dabei denken mag – öffentliche Erklärung, Protest, Austritt aus der Partei oder wie immer in einem Rechtsstaat derartiges vor sich gehen würde? Im deutschen Sprachraum ist das allermeiste, das Farias vorlegt, seit langem bekannt. Seine eifrigen Archivstudien führen einem mehr das bürokratische Procedere der Jahre nach Hitlers Machtergreifung vor Augen, als daß man irgend welche neue Gesichtspunkte gewönne. Hierzulande sollte niemand Überraschung heucheln, daß Heidegger nicht aus der Partei ›ausgetreten‹ sei (was nun manche Leute aufgrund des Buches von Farias wie eine Neuigkeit herumerzählen).

Auch der jungen Generation in Deutschland wird es freilich nicht leicht, sich vorzustellen, wie es damals bei uns zuging, die Welle von Konformismus, der Druck, die ideologische Indoktrination, unberechenbare Sanktionen usw. Es kann einem passieren, heute gefragt zu werden: warum habt Ihr nicht geschrien? Vor allem unterschätzt man wohl die allgemein menschliche Neigung zum Konformismus, der immer neue Mittel und Wege zum Selbstbetrug findet. Die wichtigste war: »ob das der Führer weiß?« Damit suchte man die Dinge vor sich herunterzuspielen, um nicht ganz abseits stehen zu müssen. Noch im Frühjahr 1934 war es in den akademischen Kreisen, gerade auch bei meinen jüdischen Freunden, die allgemeine Erwartung, daß beispielsweise der Antisemitismus ein freilich übles Wahlkampfmittel gewesen sei, das der »Trommler« (so nannte man damals Hitler) rüde genug genutzt hatte. Als im Mai 1934 die von Jung verfaßte Papen-Rede in Marburg gehalten wurde, sah man darin die hoffnungsvolle Erwartung, das Ende der Revolution und die Rückkehr zum Rechtsstaat.

Oder man erklärte aus Bewunderung für den großen Denker seine politische Verirrung habe nichts mit seiner Philosophie zu tun. Daß man sich damit beruhigen konnte! Man merkte gar nicht, wie beleidigend eine solche Verteidigung eines so bedeutenden Denkers war. Und wie wollte man das damit vereinigen, daß derselbe Mann schon in den fünfziger Jahren über die industrielle Revolution und über die Technik Dinge gesehen und gesagt hat, die heute durch ihre Voraussicht wahrhaft erstaunen?

Jedenfalls kann man von uns, die seit fünfzig Jahren über das nachdachten, was uns damals bestürzte und jahrelang von Heidegger trennte, keine Überraschung erwarten, wenn man hört, daß er 1933 – und schon Jahre vorher und wie lange noch danach? – an Hitler »glaubte«. Er war doch kein bloßer Opportunist. Wenn man sein politisches Engagement einen politischen Standpunkt nennen will, so wäre es besser, dies eine politische Illusion zu nennen, die mit der politischen Wirklichkeit zusehends weniger zu tun hatte. Wenn er später, gegen alle Realitäten, seinen damaligen Traum von einer »Volksreligion« weiter träumte, so schloß das seine tiefe Enttäuschung über den Lauf der Dinge selber ein. Aber seinen Traum hütete er weiter und beschwieg ihn. Damals, 1933 und 1934 glaubte er, diesem Traum zu folgen und seinen eigensten philosophischen Auftrag zu erfüllen, wenn er die Universität von Grund auf zu revolutionieren suchte. Dafür tat er damals alles, was uns damals entsetzte. Für ihn galt es, den politischen Einfluß der Kirche und die Beharrung des akademischen Bonzentums zu brechen. Auch Ernst Jüngers Vision »Der Arbeiter« stellte er neben seine eigenen Ideen, vom Sein her die Tradition der Metaphysik zu überwinden. Später verstieg er sich bekanntlich bis zu der radikalen Rede vom Ende der Philosophie. Das war seine Revolution.

Da er in diesen Jahren von der von keiner Staatsgesinnung zusammengehaltenen Weimarer Republik nichts erwartete und in seinem eigenen politischen Engagement nur Enttäuschungen erlebte, hütete er sich fortan, sich mit dem politischen Geschehen irgendwie zu identifizieren. So sah er selbst nach dem Ende des tausendjährigen Reichs seine Vision von der Seinsvergessenheit im Zeitalter der Technik genugsam bestätigt. Was sollte er widerrufen? Und ob er in der deutschen Universität mit dreißigtausend Studierenden überhaupt etwas wiedererkannte?

Nun mag man sich fragen: Fühlte er sich denn gar nicht verantwortlich für die fürchterlichen Folgen der Hitlerschen Machtergreifung, die neue Barbarei, die Nürnberger Gesetze, den Terror, die Blutopfer der ganzen Menschheit in zwei Weltkriegen – und zuletzt die unauslöschliche Schande der Vernichtungslager? – Die Antwort ist eindeutig: Nein. Das war die verkommene Revolution und nicht die große Erneuerung aus der geistigen und sittlichen Kraft des Volkes, von der er geträumt hat und die er als die Vorbereitung zu einer neuen Menschheitsreligion ersehnte.

Nun fragt man mich, ob man nach diesen Enthüllungen (die für uns keine solche waren) »auch jetzt noch« sich mit der Philosophie dieses Mannes, wie bisher, überhaupt einlassen könne. »Auch heute noch?« Wer so fragt, hat viel nachzuholen. Was man in Deutschland und in Frankreich und überall in der Welt wie eine große geistige Erneuerung aufnahm, war Heideggers lebenslange Auseinandersetzung mit den Griechen, mit Hegel und schließlich mit Nietzsche. War das auf einmal falsch? Oder sind wir damit längst fertig? Oder meint man vielleicht, daß man überhaupt nicht mehr denken sollte, sondern ein fertiges ideologisch-politisches Rezept verfolgen oder ein sozialwissenschaftlich erarbeitetes Regelwerk anwenden sollte? Daß Heideggers Universitätsrevolution gescheitert war und seiner Verwicklung in die Kulturpolitik des dritten Reiches eine traurige Geschichte war, der wir von der

Ferne mit Beklommenheit zuschauten, hat wohl manchen daran denken lassen, was Plato in Syrakus widerfuhr. Nach Heideggers Rücktritt vom Rektorat hat einer von Heideggers Freiburger Freunden, als er ihn in der Straßenbahn traf, ihn begrüßt: Zurück von Syrakus?

Es ist zu bedauern, daß das Buch von Farias, trotz der aufgewandten Quellenstudien, auch seinen Informationen nach ganz äußerlich und längst überholt ist und daß er dort, wo er Philosophisches berührt, von grotesker Oberflächlichkeit ist und von Unkenntnis geradezu strotzt.

So leicht ist am Denken nicht vorbeizukommen. Wer sich damals, durch Heideggers politisches Abenteuer irre geworden, jahrelang von ihm fernhielt und die sich immer mehr verdüsternde Zukunft des eigenen Landes bis zum Ende mit durchlebte, konnte gleichwohl nicht daran denken, zu verleugnen, was er als philosophischen Anstoß von früh an und immer wieder von Heidegger empfangen hatte. Wie Heidegger damals in den zwanziger Jahren keine blinde Gefolgschaft um sich geschart hatte, mußte man nun erst recht seine eigenen Wege des Denkens suchen. Da mag manches, was man getan hat, auch bei Heidegger einige Billigung gefunden haben, so meine hermeneutische Philosophie oder mein kleines Buch über Paul Celan »Wer bin ich und wer bist Du?«, das demnächst auf Französisch erscheinen wird. Aber gewiß ist Heidegger sich selbst in solchem Grade treu geblieben, daß er bei unsereinem ein wirkliches Weitergehen auf den von ihm gewiesenen Denkwegen vermißte. Möglich, daß er sich in Frankreich besser verstanden glaubte. Doch hatte Heidegger selber in Deutschland die von ihm ausgehende Faszination in Gestalt bloßer Imitation lange genug erfahren, als daß er nicht unsereinen doch gelten ließ.

Wer jetzt glaubt, man brauche sich nicht mehr auf Heidegger einzulassen, der hat überhaupt noch nicht ermessen, wie schwer es für einen jeden war und immer geblieben ist, sich mit ihm einzulassen und sich nicht lächerlich zu machen, wenn man sich überlegen gebärdete.

Hans-Georg Gadamer

Quelle: Gekürzter französischer Text in: Nouvel Observateur, Dezember 1988. Der deutsche Text wurde dankenswerterweise von Prof. Gadamer zur Verfügung gestellt. Deutsche Erstveröffentlichung. Die Überschrift stammt von den Herausgebern.

Notizen zur Person: geb. 1900 in Marburg, Studium der Germanistik, Kunstgeschichte, Philosophie und Klassischen Philologie, 1922 Promotion bei Paul Natorp, 1929 Habilitation bei Heidegger in Marburg, seit 1939 ordentlicher Professor der Philosophie in Leipzig, 1947–49 in Frankfurt a. M., seit 1949 in Heidelberg als Nachfolger von Karl Jaspers, lebt in Heidelberg.

Veröffentlichungen zu Heidegger u. a.: Heideggers Wege. Studien zum Spätwerk, Tübingen 1983; Philosophische Lehrjahre. Eine Rückschau, Frankfurt a. M. 1977, insb. 210–221; darüber hinaus finden sich in zahlreichen Schriften Gadamers Bezüge zum Denken Heideggers.

Hauptwerke: Platons dialektische Ethik, Leipzig 1931, 2. erw. Aufl. Hamburg 1968; Wahrheit und Methode. Grundzüge einer philosophischen Hermeneutik, Tübingen 1960, 4. erw. Auflage 1975 (auch in: Gesammelte Werke, Bd. 1 und 2, Tübingen 1986); Gesammelte Werke, 10 Bde., Tübingen 1985 ff.

Jacques Derrida

HEIDEGGERS SCHWEIGEN

Oft glaubt man in Deutschland – und manchmal auch in Frankreich –, daß die gesamte Erbschaft Heideggers von Beaufret und seinen Freunden angetreten worden sei. Das ist nicht der Fall. Was mich z. B. betrifft, so handelt es sich um jemanden, der nach dem Krieg studiert hat, in den Jahren 1948–1952, der nichts mit Beaufret im Sinne hatte, und der sich für Heidegger nur aus der Sicht von Sartre und Merleau-Ponty interessiert hat, der dann Heidegger selbst zu lesen begann und anfing, sich von einem Heidegger- und Husserlverständnis eines Sartre und Merleau-Ponty zu emanzipieren, noch immer ohne Beaufret.

Doch möchte ich auch nicht, daß man verkennt – und ich fühle mich um so freier dies zu sagen, als ich selbst sehr kritisch gegenüber Beaufrets Heidegger-Interpretation gewesen bin, – daß nämlich Beaufret zumindest das Werk Heideggers wortgetreu studiert hat und nicht auf eine rasche Aneignung aus war, im Stil von Sartre und Merleau-Ponty, daß er darauf eine Aufmerksamkeit verwandte, die nicht einfach negativ war.

Dann, in den vergangenen 25 Jahren, haben sich Heidegger-Lesarten herausgebildet, bei Philippe Lacoue-Labarthe, bei Jean-Luc Nancy und auch bei mir selbst, die weder unter dem Einfluß von Merleau-Ponty, noch von Sartre, noch von Beaufret standen. Es unterliegt für denjenigen, der zu lesen versteht, keinem Zweifel, daß diese Lesarten auf verschiedene Weise auch ein Interesse an der politischen Dimension des Textes bekunden und von früher Besorgnis zeugen, ohne sich auf außerphilosophische Dokumente zu beschränken, die wir natürlich schon seit 1960–1962 zur Verfügung hatten.

Es ging uns vielmehr um den Versuch, zu verstehen, auf welche

Weise das so schwierige Werk Heideggers zusammenpassen konnte mit dem, was wir von dem politischen Engagement Heideggers wußten. Das ist in der Tat keine leichte Sache. Ich glaube, wir haben einige Fortschritte in dieser Richtung gemacht, aber eine riesige Arbeit bleibt noch zu tun.

Doch wenn ich sehe, daß plötzlich so viele Leute in Frankreich sich für den Nationalsozialismus von Heidegger interessieren, ein lautes Geschrei erheben, die Philosophen anklagen, ihnen nichts gesagt zu haben, Verurteilungen aussprechen, nicht nur über Heidegger, der tot ist, sondern auch über Lebende in Frankreich, dann habe ich oft Lust, ihnen eine ganz einfache Frage zu stellen: Haben Sie »Sein und Zeit« gelesen?

Wer, wie einige von uns, begonnen hat, dieses Buch z. B. zu lesen, sich mit dem Text auseinanderzusetzen, auf eine fragende, nicht orthodoxe, kritische Weise, der weiß sehr wohl, daß dieses Buch – wie andere – noch darauf wartet, wirklich gelesen zu werden. Es gibt noch immer in dem Text Heideggers ungeheure Vorräte für weitere Interpretationen, folglich ist man im Recht, wenn man denjenigen, die sehr rasch vom philosophischen Werk Heideggers auf sein politisches Verhalten schließen wollen, abverlangt, daß sie wenigstens anfangen mögen zu lesen.

Ich glaube, daß diejenigen in Frankreich, die sehr schnell seit der ersten Woche nach dem Erscheinen des Buches von Farias gesagt haben: ›Mit Heidegger ist es vorbei. Man braucht ihn nicht mehr zu lesen‹, sie hätten beinahe gesagt: ›Laßt uns ihn verbrennen!‹, daß diejenigen nicht nur einen Beweis ihrer politischen Verantwortungslosigkeit geliefert haben, natürlich verbunden mit dem guten Gewissen ihres Antifaschismus, sondern auch einen Beweis ihrer soziologischen Unerfahrenheit. Denn es ist offenkundig, daß Heidegger wachsendem Interesse begegnet. Und es liegt an uns, dafür zu sorgen, daß dieses Interesse keinen Schaden stiftet. Es liegt an uns, darauf zu achten, daß bei einer möglichst gründlichen und verantwortungsbewußten Lektüre des gesamten Werks von Heidegger, der Rektoratsrede, der politischen Texte, aber auch aller anderen Texte, wir nicht auf unsere politischen Verantwortung verzichten, die wir behalten müssen und die wir versuchen wollen auf solche Weise zu definieren, daß dabei die von Heidegger gestellten Fragen berücksichtigt werden.

Alle Welt ist sich darüber einig, denke ich, viele von uns sind sich darüber einig, selbst wenn man Heideggers Engagement von 1933 und etliche Konsequenzen, die sich in den folgenden Jahren auf komplizierte und zweideutige Weise fortgeschleppt haben, verstehen, erklären und entschuldigen könnte, was dann unentschuldbar bliebe, so das Wort von Philippe Lacoue-Labarthe, was mit den Worten von Blanchot, glaube ich, eine Verwundung des Denkens bliebe, das ist das Schweigen nach dem Krieg über Auschwitz und vieles mehr.

Nun, ich halte mich an die Regel von vorhin, auch ich spüre diese Verwundung und ich vermag darüber so zu denken, wie Philippe Lacoue-Labarthe, wie Blanchot und einige andere, aber ich frage mich: Was wäre wohl geschehen, wenn Heidegger etwas gesagt hätte, und was hätte er sagen können? Was ich hier ausspreche ist sehr gewagt, und ich wage es als Hypothese, indem ich sie darum bitte, mich bei diesem Wagnis zu begleiten.

Angenommen, Heidegger hätte zu 1933 nicht nur gesagt: Ich habe eine große Dummheit begangen, sondern: Auschwitz ist der absolute Schrecken, es ist das, was ich von Grund auf verurteile. Ein Satz, wie er uns allen geläufig ist. Was wäre dann gewesen? Er hätte wahrscheinlich ohne weiteres die Absolution erhalten. Man hätte die Akten über Heidegger, über die Beziehung zwischen seinem Denken und den Ereignissen des sogenannten Nationalsozialismus, geschlossen. Und mit einem Satz, der auf einen mühelosen Konsens zielte, hätte Heidegger die Angelegenheit beendet gehabt, und wir stünden heute nicht im Begriff uns fragen zu müssen, was die Erfahrung von Heideggers Denken enthalten könnte an Affinitäten, an Synchronien des Denkens, an Gemeinsamkeiten der Verwurzelung und dergleichen, mit dem noch immer ungedachten Phänomen, das für uns der Nationalsozialismus darstellt.

Ich glaube, wenn er sich zu einer Äußerung hätte verleiten lassen, sagen wir im Sinne einer unmittelbaren moralischen Reaktion, oder zur Bekundung seines Schreckens oder seines Nicht-Verzeihens, also einer Äußerung, die nicht selbst aus seiner Arbeit des Denkens hervorgegangen wäre, auf der Höhe dessen, was er schon alles gedacht hatte, nun, wir würden uns dann wohl leichter aus der Pflicht entlassen fühlen, die Arbeit zu tun, die wir heute tun müssen. Denn wir haben diese Arbeit zu tun, ich meine dieses Erbe, das schreckliche, vielleicht unentschuldbare Schweigen Heideggers. Der Mangel an Sätzen, die wir heute imstande sind über seine Beziehung zum Nationalsozialismus auszusprechen, dieser Mangel hinterläßt uns ein Erbe. Er hinterläßt uns das Gebot, das zu denken, was er selbst nicht gedacht hat.

Ich glaube, es ist von Philippe Lacoue-Labarthe gesagt worden, daß Heidegger den Nationalsozialismus nicht theoretisch bewältigte. Wenigstens hat er nicht mit einem Satz vorgetäuscht, was leicht gefallen wäre, das verstanden zu haben, was geschehen ist und es zu verurteilen. Vielleicht hat sich Heidegger gesagt, ich könnte eine Verurteilung des Nationalsozialismus nur aussprechen, wenn mir dies möglich wäre in einer Sprache, nicht nur auf der Höhe dessen, was ich schon gesagt habe, sondern auf der Höhe dessen, was hier geschehen ist. Dazu war er nicht fähig. Und vielleicht ist sein Schweigen eine redliche Form einzugestehen, daß er dazu nicht fähig war.

Das ist eine sehr gewagte Hypothese – ich habe ja gesagt, daß ich heute abend aus dem Stegreif rede. Ohne Heideggers furchtbares Schweigen würden wir das Gebot nicht verspüren, das sich an unser Verantwortungsbewußtsein richtet, die Notwendigkeit, Heidegger so zu lesen, wie er sich selbst nicht gelesen hat. Wenigstens hat er dies nicht beansprucht. Oder vielleicht hat er es beansprucht und sich deswegen, wie ich vermute, in Schweigen gehüllt. Vielleicht hat er beansprucht, daß er bereits auf seine Weise gesagt hat, ohne sich dabei zu bequemen Sätzen verleiten zu lassen, was sich im Nationalsozialismus korrumpieren mußte.

Wer auch immer in seinen Texten etwas finden will, auf Grund dessen man nicht nur die innere Wahrheit dieser mächtigen Bewegung verurteilen kann, sondern auch ihren Niedergang und ihr Verderben. Nun denn, wer es tun will, der könnte dies in seinen Texten finden. Mehr vermochte er darüber nicht zu sagen. Es liegt nun an uns, mehr zu sagen, als: Auschwitz ist der absolute Schrekken, einer der absoluten Schrecken in der Geschichte der Menschheit. Wenn wir mehr sagen können, sollten wir es tun und dieses Gebot ist – wie ich glaube – eingeschrieben in das schrecklichste und vielleicht auch wertvollste einer Chance im Erbe Heideggers.

Ich glaube, und darin stimme ich mit dem überein, was Philippe Lacoue-Labarthe gesagt hat, daß uns die Lektüre Heideggers, keine orthodoxe und philologische Lektüre, sondern eine gewissermaßen aktive Lektüre dazu verhelfen kann, uns dem zu nähern, was wir verurteilen und um zu wissen, was wir verurteilen.

Jacques Derrida

Quelle: Auszüge aus seinen Redebeiträgen zum Kolloquium »Heidegger – Portée philosophique et politique de sa pensée« zusammen mit Hans-Georg Gadamer und Philippe Lacoue-Labarthe in Heidelberg am 5. Februar 1988, Diskussionsleitung Reiner Wiehl. Übersetzt von Philip Rippe, in Auszügen gesendet im 2. Programm des Hessischen Rundfunks im März 1988. Erstveröffentlichung. Die Überschrift stammt von den Herausgebern.

Notizen zur Person: geb. 1930, 1964 bis 1984 Philosophieprofessor an der Ecole Normale Superieure, 1983–1984 Gründungsdirektor des Collège International de Philosophie, seit 1984 Directeur de recherche an der Ecole des Hautes Etudes en Sciences Sociales.

Veröffentlichungen zu Heidegger u. a.: Randgänge der Philosophie, Frankfurt a. M./Berlin/Wien 1976 (franz. Original Paris 1972); De l'esprit, Paris 1988; darüber hinaus finden sich in zahlreichen Schriften Hinweise auf Heideggers Werk.

Hauptwerke: Grammatologie, Frankfurt a. M. 1974 (franz. Original Paris 1967); Die Stimme und das Phänomen, Frankfurt a. M. 1979 (franz. Original Paris 1967); Die Schrift und die Differenz, Frankfurt a. M. 1972 (franz. Original Paris 1967).

Emmanuel Lévinas

BEWUNDERUNG
UND ENTTÄUSCHUNG

*Als Sie nach Freiburg kamen, um Husserls Vorlesungen zu hören, ent-
deckten Sie einen Philosophen, den Sie vorher nicht gekannt haben, der
aber über die Ausarbeitung Ihres Denkens eine zentrale Bedeutung bekommen sollte: Martin Heidegger.*

In der Tat habe ich *Sein und Zeit* entdeckt, das rund um mich
herum gelesen wurde. Ich entwickelte für dieses Buch sehr bald
eine große Bewunderung. Es ist eines der schönsten Bücher in der
Geschichte der Philosophie – ich sage das nach einigen Jahren des
Nachdenkens. Eines der schönsten neben vier oder fünf anderen
...

Welche sind das?

Zum Beispiel der *Phaidros* von Platon, die *Kritik der reinen Vernunft*
von Kant, die *Phänomenologie des Geistes* von Hegel; auch *Zeit und
Freiheit* von Bergson. Meine Bewunderung für Heidegger ist vor
allem eine Bewunderung für *Sein und Zeit*. Ich versuche immer
wieder, mich in die Atmosphäre dieser Vorlesungen hineinzuver-
setzen, damals, als 1933 noch undenkbar war.
Man spricht üblicherweise vom Wort Sein *(être)*, als wäre es ein
Substantiv, obwohl es das Verb schlechthin ist. Auf französisch
sagt man l'être *(das* Sein) oder un être *(ein* Seiendes). Mit Heidegger ist die »Verbalität« des Wortes Sein wiedererweckt worden,
das, was in ihm Ereignis, was in ihm das »Geschehen« des Seins
ist. So als würden die Dinge und alles, was ist »eine Seinsweise
führen«, »einen Beruf des Seins ausüben«. An diese verbale
Klangfülle hat Heidegger uns gewöhnt. Diese Umerziehung unseres Hörens, auch wenn sie heutzutage banal erscheint, ist unver-

geßlich! Die Philosophie wäre folglich – selbst wenn sie dem nicht Rechnung getragen hat – ein Versuch der Antwort auf die Frage nach der Bedeutung von Sein als Verb gewesen. Während Husserl für die Philosophie noch ein transzendentales Programm vorschlug – oder vorzuschlagen schien –, definierte Heidegger die Philosophie im Verhältnis zu den anderen Weisen der Erkenntnis klar als »Fundamentalontologie«.

Was bedeutet in diesem Kontext Ontologie?

Sie ist eben das Verstehen des Verbs »sein«. Demnach würde sich die Ontologie von allen Disziplinen unterscheiden, die das, *was* ist, nämlich die Wesen *(êtres)*, das heißt die »Seienden«, ihre Natur, ihre Beziehungen untersuchen – und die dabei vergessen, daß sie bereits den Sinn des Wortes Sein verstanden haben, wenn sie vom Seienden sprechen, ohne ihn jedoch eindeutig formuliert zu haben. Diese Disziplinen kümmern sich nicht um eine derartige explizite Formulierung.

»Sein und Zeit« ist 1927 erschienen; war es eine absolute Neuigkeit zu dieser Zeit, die Aufgabe der Philosophie in dieser Weise darzustellen?

Das ist auf jeden Fall der Eindruck, der mir davon geblieben ist. Sicherlich kommt es in der Geschichte der Philosophie vor, daß man hinterher Tendenzen auffindet, die rückblickend die großen Neuerungen von heute anzukündigen scheinen; aber diese bestehen zumindest darin, etwas zu thematisieren, das bis dahin nicht aufgeworfen worden ist. Eine Thematisierung, die Genie verlangt und eine neue Sprache *(langage)* mit sich bringt.

Die Arbeit, die ich über die »Theorie der Intuition« bei Husserl gemacht habe, war daher in dem Maße durch *Sein und Zeit* beeinflußt, als ich versuchte, Husserl als jemanden darzustellen, der das ontologische Problem von Sein gesehen hatte, und zwar eher in der Frage nach der *Verfaßtheit* des Seienden als nach seiner *Washeit*. Wie ich damals sagte, widmet sich die phänomenologische Analyse, indem sie die Konstitution des Realen für das Bewußtsein untersucht, nicht so sehr der Erforschung der transzendentalen Bedingungen im idealistischen Sinne des Wortes, als sie die Frage nach der Bedeutung des Seins des »Seienden« in den verschiedenen Bereichen der Erkenntnis aufwirft.

Bei den Analysen der Angst, der Sorge, des Seins zum Tode in *Sein und Zeit* erleben wir eine souverän ausgeführte phänomenologische Übung mit. Diese Übung ist äußerst brillant und überzeugend. Sie zielt darauf ab, das Sein oder das Existieren des Menschen – nicht seine Natur – zu beschreiben. Sicherlich ist das, was man den Existentialismus genannt hat, von *Sein und Zeit* bestimmt worden. Heidegger mochte es nicht, wenn man seinem Buch diese existentialistische Bedeutung gab; die menschliche Existenz interessierte ihn als »Ort« der Fundamentalontologie; aber die Analyse der Existenz, so wie sie in diesem Buch durchgeführt worden ist, hat die später als »existentialistisch« bezeichneten Analysen geprägt und bestimmt.

Was hat Sie bei Heideggers phänomenologischer Methode besonders berührt?

Die Intentionalität, die das Sein (*l'exister*) selbst belebt, genauso wie eine ganze Reihe von »Seelenzuständen«, die vor der Heideggerschen Phänomenologie als »blind«, als einfache Inhalte galten; die Stellen über die Affektivität, über die *Befindlichkeit* und, zum Beispiel, über die Angst: Einer banalen Untersuchung erscheint die Angst als eine affektive Bewegung ohne Ursache oder genauer, »ohne Objekt«; nun ist in der Heideggerschen Analyse gerade die Tatsache, daß sie kein Objekt hat, von Bedeutung. Die Angst scheint der authentische und angemessene Zugang zum Nichts zu sein, das den Philosophen als abgeleiteter Begriff, als Ergebnis einer Negation erscheinen konnte, und vielleicht, wie bei Bergson, als illusorisch. Für Heidegger »erreicht« man das Nichts nicht über eine Reihe theoretischer Schritte, sondern es gibt zu ihm einen unmittelbaren und irreduziblen Zugang über die Angst. Die Existenz selbst wird – wie durch die Wirkung einer Intentionalität – durch einen Sinn, dem vorrangigen ontologischen Sinn des Nichts, belebt. Es entstammt nicht dem, was man *über* das Schicksal des Menschen, *über* dessen Ursachen oder *über* seine Ziele wissen kann; in der Angst bedeutet die Existenz als Ereignis der Existenz selbst das Nichts, als hätte das Verb Existieren ein direktes Objekt.

Sein und Zeit ist das eigentliche Modell der Ontologie geblieben. Die Heideggerschen Begriffe Endlichkeit, Dasein, Sein zum Tode usw. bleiben grundlegend. Selbst wenn man sich von der systematischen Strenge dieses Denkens freimacht, bleibt man durch den Stil selbst der Analysen von *Sein und Zeit* sowie durch die »Kardinalpunkte«, auf die sich die »Existenzialanalytik« bezieht, geprägt. Ich weiß, daß die Huldigung, die ich *Sein und Zeit* erweise, den enthusiastischen Anhängern dieses großen Philosophen blaß erscheinen wird. Aber ich denke, daß durch *Sein und Zeit* auch das spätere Werk Heideggers gültig bleibt, das keinen vergleichbaren Eindruck bei mir hinterlassen hat. Nicht, wie sie sich sicher vorstellen können, weil es unbedeutend wäre; aber es ist sehr viel weniger überzeugend. Ich sage das nicht wegen des politischen Engagements von Heidegger, das er einige Jahre nach *Sein und Zeit* eingegangen ist, obwohl ich dieses Engagement nie vergessen habe und Heidegger sich in meinen Augen von der Schuld an seiner Beteiligung am Nationalsozialismus nie befreit hat.

Inwiefern enttäuscht Sie der zweite Teil des Heideggerschen Werkes?
Vielleicht aufgrund des Verschwindens der eigentlichen Phänomenologie darin; aufgrund der Vorrangigkeit, die in seinen Analysen die Exegese der Poesie Hölderlins und die Etymologie zu beanspruchen beginnen. Natürlich weiß ich, daß in seinem Denken die Etymologie nicht zufällig ist; für ihn enthält die Sprache eine Weisheit, die explizit gemacht werden muß. Aber diese Denkweise scheint mir sehr viel weniger kontrollierbar zu sein als die von *Sein und Zeit* – ein Buch, in dem tatsächlich bereits Etymologien vorkommen, aber sie sind hier nebengeordnet und dienen nur dazu, das zu vervollständigen, was das außerordentlich Starke in der eigentlichen Analyse und in der Phänomenologie der Existenz ausmacht.

Hat für Sie die Sprache nicht diese ursprüngliche Wichtigkeit?

In der Tat, für mich zählt das *Gesagte* nicht so viel wie das *Sagen* selbst. Das Sagen ist für mich weniger aufgrund eines Inhalts an Informationen als aufgrund der Tatsache, daß es sich an einen Gesprächspartner richtet, von Bedeutung. Aber darauf werden wir zurückkommen. Trotz dieser Einschränkungen denke ich, daß jemand, der im 20. Jahrhundert den Versuch unternimmt zu philosophieren, nicht umhin kann, die Philosophie Heideggers zu durchqueren, und sei es nur, um sich von ihr zu entfernen. Dieses Denken ist ein großes Ereignis unseres Jahrhunderts. Philosophieren, ohne Heidegger zu kennen, würde etwas von der »Naivität« im Husserlschen Sinn enthalten: Für Husserl gibt es sehr achtenswerte und sichere Erkenntnisse, die wissenschaftlichen Erkenntnisse, die aber in dem Maße »naiv« sind, als sie das Problem des Status der Objektivität des Objekts außer acht lassen, indem sie von ihm völlig in Anspruch genommen sind.

Alles andere gleichgesetzt, würden Sie dann von Heidegger das sagen, was Sartre über den Marxismus gesagt hat: daß er den unüberschreitbaren Horizont unserer Zeit darstellt?

Es gibt viele Dinge, die ich auch Marx nicht verzeihen kann ... Was Heidegger betrifft, so kann man die Fundamentalontologie und ihre Problematik in der Tat nicht ignorieren.

Dennoch gibt es heute eine heideggerianische Scholastik...

... die die unerwarteten Wendungen seines Denkweges für die allerletzten Bezugspunkte des Denkens hält.
Ich muß noch einen anderen wesentlichen Beitrag von Heideggers Denken hervorheben: eine neue Art und Weise, die Geschichte der Philosophie zu lesen. Die Philosophen der Vergangenheit waren schon durch Hegel aus ihrem Archaismus befreit worden. Aber sie traten in das »absolute Denken« als Momente oder als Etappen ein, die man zu durchqueren hatte; sie wurden *aufgehoben*, das heißt rundweg vernichtet und zugleich konserviert. Bei Heidegger

gibt es eine neue, direkte Art, im Dialog mit den Philosophen zu stehen und die großen Klassiker durchaus in bezug auf aktuelle Erkenntnisse in Anspruch zu nehmen. Selbstverständlich bietet sich der Philosoph der Vergangenheit nicht von vornherein dem Dialog an; man muß eine erhebliche Interpretationsarbeit leisten, um ihn zu aktualisieren. Aber bei dieser Hermeneutik wird nicht mit Altem hantiert; man führt das Ungedachte zum Gedachten und zum Sagen zurück.

Emmanuel Lévinas

Quelle: Emmanuel Lévinas: Ethik und Unendliches. Gespräche mit Philippe Nemo. Graz/Wien: Böhlau 1986, 26–33. Abdruck mit freundlicher Genehmigung von Prof. Lévinas. Die Überschrift stammt von den Herausgebern.

Notizen zur Person: geb. 1905 in Kaunas/Litauen, 1923–29 Studium der Philosophie in Straßburg, 1928–29 in Freiburg bei Husserl und Heidegger, 1930 als Franzose eingebürgert, seit 1962 Professor für Philosophie, 1964 in Poitiers, 1967 in Paris-Nanterre, dann 1973 an der Sorbonne, 1983 Verleihung des Karl Jaspers-Preises, lebt in Paris.

Veröffentlichungen zu Heidegger u. a.: De l'existence à l'existant, Paris 1947 (dt. teilweise in: Die Spur des Anderen); En découvrant l'existence avec Husserl et Heidegger, Paris 1949, 2. erw. Aufl. 1967 (dt. teilweise in: Die Spur des Anderen); Die Spur des Anderen. Untersuchungen zur Phänomenologie der Sozialphilosophie, Freiburg/München 1983; darüber hinaus finden sich Hinweise auf Heidegger in sehr vielen Schriften von Lévinas (vgl. die Personenregister).

Hauptwerke: Totalité et Infini. Essai sur l'extériorité, Den Haag 1961 (dt. Totalität und Unendlichkeit, Freiburg/München 1987); Autrement qu'être ou au-delà de l'essence, Den Haag 1974; De Dieu qui vient à l'idée, Paris 1982 (dt. Wenn Gott ins Denken einfällt, Freiburg/München 1985);

Anmerkungen: Lévinas ist Jude und hat im Zweiten Weltkrieg ein Gelübde abgelegt, deutschen Boden nicht mehr zu betreten. Bruch mit Heidegger wegen seines anfänglichen Engagements für den Nationalsozialismus, weshalb Lévinas nach eigener Aussage das Spätwerk Heideggers nicht mehr in dem Maße rezipiert hat wie das Frühwerk.

ERINNERUNGEN

Karl Löwith

LETZTES WIEDERSEHEN
MIT HEIDEGGER

Als ich 1933 das letzte Mal für zwei Tage in Freiburg war, besuchte ich Heideggers Vorlesung. Er analysierte gerade verschiedene Weisen des Schweigens, auf die er sich selber vortrefflich verstand. Er lud mich zum Abendessen in sein Haus ein; seine Frau war nicht anwesend. Unser Gespräch vermied alle heiklen Punkte und beschränkte sich auf die Frage, ob ich Marburg aufgeben und eine Chance in Istanbul wahrnehmen sollte. Er bot mir an, in seinem Haus zu übernachten und schien sich etwas zu wundern, als ich sein Anerbieten nicht annahm und stattdessen zu einem ehemaligen Studienfreund ging, der Dozent der medizinischen Fakultät war. – Tags darauf besuchte ich Husserl. Heidegger hatte sich völlig von ihm geschieden und war seit dem Umsturz nicht mehr bei seinem »väterlichen Freunde« (das war die stereotype Anrede seiner Briefe gewesen) erschienen. Husserl war milde und gefaßt in seine Arbeit vertieft, aber im Innern getroffen durch das Verhalten seines Schülers, der ihm die Nachfolge auf den Freiburger Lehrstuhl verdankte und nun Rektor der Universität war.

Als ich 1936 in Rom war, hielt Heidegger dort im italienisch-deutschen Kulturinstitut einen Vortrag über Hölderlin. Er ging nachher mit mir in unsere Wohnung und war dort sichtlich betroffen von der Dürftigkeit unserer Einrichtung. Vor allem vermißte er meine Bibliothek, die noch in Deutschland war. Am Abend begleitete ich ihn zu seinem Absteigequartier in der »Hertziana«, wo mich seine Frau mit steif-freundlicher Zurückhaltung begrüßte. Es war ihr wohl peinlich sich zu erinnern, wie oft ich früher in ihrem Hause zu Gast gewesen war. Zum Abendessen hatte uns der Direktor des Instituts ins »Osso buco« eingeladen, und man vermied politische Themen.

Tags darauf unternahmen meine Frau und ich mit Heidegger, seiner Frau und seinen zwei Söhnen, die ich als Kinder oft behütet hatte, einen Ausflug nach Frascati und Tusculum. Der Tag war strahlend, und ich freute mich über dieses letzte Zusammensein trotz unvermeidlicher Hemmungen. Heidegger hatte selbst bei dieser Gelegenheit das Parteiabzeichen nicht von seinem Rock entfernt. Er trug es während seines ganzen römischen Aufenthalts, und es war ihm offenbar nicht in den Sinn gekommen, daß das Hakenkreuz nicht am Platz war, wenn er mit mir einen Tag verbrachte. Wir unterhielten uns über Italien, Freiburg und Marburg und auch über philosophische Dinge. Er war freundlich und aufmerksam, vermied aber gleich seiner Frau jede Anspielung auf die deutschen Verhältnisse und seine Stellung zu ihnen. Auf dem Rückweg wollte ich ihn zu einer freien Äußerung darüber veranlassen. Ich brachte das Gespräch auf die Kontroverse in der *Neuen Zürcher Zeitung* und erklärte ihm, daß ich sowohl mit Barths politischem Angriff wie mit Staigers Verteidigung nicht übereinstimmte (vgl. in diesem Band S. 265 ff.; Anm. der Hrsg.), weil ich der Meinung sei, daß eine Parteinahme für den Nationalsozialismus im Wesen seiner Philosophie läge. Heidegger stimmte mir ohne Vorbehalt zu und führte mir aus, daß sein Begriff von der »Geschichtlichkeit« die Grundlage für seinen politischen »Einsatz« sei. Er ließ auch keinen Zweifel über seinen Glauben an Hitler; nur zwei Dinge habe er unterschätzt: die Lebenskraft der christlichen Kirchen und die Hindernisse für den Anschluß von Österreich. Er war nach wie vor überzeugt, daß der Nationalsozialismus der für Deutschland vorgezeichnete Weg sei; man müsse nur lange genug »durchhalten«. Bedenklich schien ihm bloß das maßlose Organisieren auf Kosten der lebendigen Kräfte. Der destruktive Radikalismus der ganzen Bewegung und der spießbürgerliche Charakter all ihrer »Kraft-durch-Freude«-Einrichtungen fiel ihm nicht auf, weil er selbst ein radikaler Kleinbürger war. – Auf meine Bemerkung, daß ich zwar Vieles an seiner Haltung verstünde, aber eines nicht, nämlich, daß er sich an ein und denselben Tisch (in der »Akademie für deutsches Recht«) setzen könne mit einem Individuum wie J. Streicher, schwieg er zunächst. Schließlich erfolgte widerwillig jene bekannte Rechtfertigung (K. Barth hat sie in seiner *Theologischen Existenz heute* vortrefflich zusammengestellt), die darauf hinauslief, daß alles »noch viel schlimmer« geworden wäre, wenn sich nicht wenigstens einige von den Wissenden dafür eingesetzt hätten. Und mit bitterem Ressentiment gegen die »Gebildeten« beschloß er seine Erklärung: »Wenn sich diese Herren nicht zu fein vorgekommen wären, um sich einzusetzen, dann wäre es anders gekommen, aber ich stand ja ganz allein«. Auf meine Erwiderung, daß man nicht gerade »fein« sein müsse, um eine Zusammenarbeit mit Streicher abzulehnen, antwortete er: über Streicher brauche man kein Wort zu verlieren, der *Stürmer* sei doch nichts anderes als Pornographie. Warum sich Hitler nicht von diesem Kerl befreie, das verstünde er nicht, er habe wohl Angst vor ihm. – Diese Antwort war typisch, denn nichts fällt den Deutschen leichter als in der Idee radikal zu sein und in allem Faktischen indifferent. Sie bringen es fertig, *alle einzelnen Fakta* zu ignorieren, um an ihrem *Begriff vom Ganzen* umso entschiedener festhalten zu können und die »Sache« von der »Person« zu trennen.[1] In Wirklichkeit war aber das Programm jener »Pornographie« im November 1938 restlos erfüllt und eine deutsche Realität, und niemand kann leugnen, daß Streicher und Hitler gerade in diesem Punkt eins sind.

Auf die Übersendung meines Buchs über Burckhardt erhielt ich ebensowenig wie auf das ein Jahr zuvor erschienene Nietzschebuch je eine Zeile des Dankes oder gar eine sachliche Äußerung. Von Japan aus schrieb ich noch zweimal an Heidegger, das erste Mal wegen einer ihn selbst betreffenden Übersetzung von *Sein und Zeit* ins Japanische, das zweite Mal wegen einiger seltener Schriften, die ich ihm in Freiburg geschenkt hatte und nun vorübergehend benötigte. Auf beide Briefe antwortete er nur noch durch Schweigen. So endete meine Beziehung zu dem Mann, der mich 1928 als den ersten und einzigen seiner Schüler in Marburg habilitiert hatte.

1938 starb Husserl in Freiburg. Heidegger bezeugte die »Verehrung und Freundschaft«, mit der er 1927 Husserl sein Werk gewidmet hatte, dadurch, daß er kein Wort des Gedenkens oder der Teilnahme verschwendet oder gewagt hat, weder öffentlich noch privat, weder mündlich noch schriftlich. Desgleichen hat sich B. (Oskar Becker; Anm. der Hrsg.), der seine ganze philosophische »Existenz« – von der Habilitation bis zur Berufung nach Bonn – Husserl verdankte, der Verlegenheit durch Nichtreaktion entzogen, aus dem »schlichten« Grund, weil sein Lehrer ein entlassener Jude war und er ein beamteter Arier. Dieser Heroismus war seit Hitler zum üblichen Verhalten der Deutschen geworden, die ihre Position einem deutschen Juden verdankten. Wahrscheinlich haben aber Heidegger und B. selbst ihr Verhalten nur als »ehrlich« und »folgerichtig« empfunden, denn was sollten sie auch in ihrer Verlegenheit anderes tun?

Anmerkungen

1 In analoger Weise hat sich Heidegger auch im wissenschaftlichen Ausschuß des Nietzschearchivs mit einem Nietzsche-»Forscher« wie R. Oehler zusammengesetzt – wahrscheinlich auch, um »noch Schlimmeres« zu verhüten, während er in Wirklichkeit damit das Schlechte mit seinem guten Namen deckt. Zur allgemeinen Charakteristik des Verhaltens der Deutschen zu Tatsachen und Begriffen siehe Hegel, *Schriften zur Politik und Rechtsphilosophie*, ed. Lasson, 1913, S. 6: »In ewigem Widerspruch zwischen dem was sie fordern, und dem was nicht nach ihrer Forderung geschieht, erscheinen sie nicht bloß tadelsüchtig, sondern, wenn sie bloß von ihren Begriffen sprechen, unwahr und unredlich, weil sie in ihre Begriffe von dem Recht und den Pflichten die Notwendigkeit setzen, aber nichts nach dieser Notwendigkeit geschieht und sie selbst so sehr hieran gewöhnt sind, teils daß ihre Worte den Taten immer widersprechen, teils daß sie aus den Begebenheiten ganz etwas anderes zu machen suchen, als sie wirklich sind und die Erklärung derselben nach gewissen Begriffen zu drehen. [...] Eben um ihre Begriffe willen erscheinen die Deutschen so unredlich, nichts zu gestehen wie es ist, noch es für nicht mehr und weniger zu geben, als in der Kraft der Sache wirklich liegt.«

Karl Löwith

Quelle: Karl Löwith: Mein Leben in Deutschland vor und nach 1933. Ein Bericht, hrsg. von Reinhart Koselleck, Stuttgart 1986, 56 f. Abdruck mit freundlicher Genehmigung des Metzler Verlags. Der Titel wurde von den Herausgebern leicht abgeändert.

Notizen zur Person: geb. 1897, Studium der Philosophie in Freiburg bei Husserl und Heidegger, dem er nach seiner Promotion im Jahre 1923 nach Marburg folgte, wo er sich 1928 mit der Arbeit »Das Individuum in der Rolle des Mitmenschen« bei Heidegger habilitierte, 1934–1951 als Jude Emigration nach Italien, Japan und USA, Prof. an der New School for Social Research in New York, 1952, auf Betreiben von H.-G. Gadamer Rückkehr auf eine Professur für Philosophie in Heidelberg, wo er bis zu seiner Emeritierung lehrte, gestorben 1973.

Veröffentlichungen zu Heidegger u. a.: Das Individuum in der Rolle des Mitmenschen, 1928 (auch in: Sämtliche Schriften 1); Les implications politiques de la philosophie de l'existence chez Heidegger, in: Les temps modernes, 2. Jg., No. 14, Paris 1946, 343–360 (vgl. Der europäische Nihilismus (1940), in: Sämtliche Schriften 2, 475–540, insb. 514–528); Heidegger – Denker in dürftiger Zeit, Frankfurt a. M. 1953, 3. erw. Aufl. Göttingen 1965; (auch in: Sämtliche Schriften 8, Stuttgart 1984 – dort sind weitere Aufsätze zu Heidegger gesammelt); Mein Leben in Deutschland vor und nach 1933. Ein Bericht, Stuttgart 1986, insb. 27–45 u. 56–59.

Hauptwerke: Nietzsches Philosophie der ewigen Wiederkehr des Gleichen, Berlin 1935; Von Hegel zu Nietzsche, Zürich 1941; Weltgeschichte und Heilsgeschehen, Stuttgart 1952; Sämtliche Schriften, 9 Bde., Stuttgart 1981 ff.

Anmerkungen: Vermeintlich letztes Zusammentreffen Löwiths mit Heidegger 1936 in Rom, dann antwortete Heidegger nicht mehr auf Löwiths Briefe, nach dem Krieg lange Zeit Bruch zwischen Löwith und seinem Lehrer, z. B. bei den Treffen der Altmarburger ging Löwith, wenn Heidegger kam und umgekehrt. Zum 80. Geburtstag Heideggers im Jahre 1969 nahm Löwith am Kolloquium mit Heidegger in Heidelberg teil, hielt einen Vortrag und versöhnte sich mit diesem.
Für Heideggers Einschätzung von Löwiths Buch »Heidegger – Denker in dürftiger Zeit« vgl. Heinrich W. Petzet: Auf einen Stern zugehen. Begegnungen mit Martin Heidegger 1929–1976, Frankfurt a. M. 1983, 98 f. (in diesem Band S. 117 f.)

Georg Picht

DIE MACHT DES DENKENS

Als ich mit 18 Jahren als Student zum ersten Mal Heideggers Vorlesung besuchte, empfand ich das, was dort geschah, fast physisch als einen Angriff gegen alles, was ich liebte und verehrte. Schon nach der zweiten Woche begriff ich: Wenn das, was dieser Mann sagt, wahr ist, dann ist die Kultur, der ich angehöre, unwahr und die Wissenschaft, die man mir beibringt, hat keinen Boden. Meine instinktive und heftige Gegenwehr lag im Kampf mit einem ebenso starken Gefühl, daß ich hier nicht ausweichen dürfe. Ich hatte Angst. Wenn er den Hörsaal betrat, traf mich die Macht des Denkens als eine sinnlich fühlbare Gewalt; ich machte mir an seiner Erscheinung klar, was das griechische Wort »deinos« bedeutet. Vor dem Hintergrund von Heideggers Wissenschaftskritik erlebte ich Hitlers Machtübernahme spontan als die Katastrophe einer Gestalt des europäischen Denkens, die ihre eigenen Grundlagen längst verraten hatte. Die moralische Kapitulation der deutschen Universität vor den neuen Machthabern erschien mir als die empirische Bestätigung seiner Erkenntnis. Durch das Milieu, in dem ich aufgewachsen war, durch meine Liebe zu den jüdischen Freunden meiner Eltern, durch meine leidenschaftliche Bewunderung für Brüning, durch eine unkirchliche Form christlichen Glaubens und durch persönliche Umstände war ich gegen die Versuchungen der »nationalen Erhebung« gefeit. Das ist nicht mein Verdienst. Aber unter dem Einfluß von Heidegger erschienen mir die politischen und geistlichen Gegenpositionen gegen den Nationalsozialismus als schwach und unglaubwürdig. Heideggers Kritik an jener Wissenschaft, die nach 1945 restauriert wurde, hat für mich auch jetzt noch eine zwingende Evidenz. Das Jahr 1933 ist uns so fern gerückt wie das Mittelalter. Es erscheint uns heute als das erste Jahr eines Regimes, über das unser Urteil feststeht. Diese Perspektive, die erst der Rückblick gestattet, wird auch der Anfangszeit oktroyiert. Man vergißt, daß damals noch niemand wissen konnte, welche Ära begonnen hatte. Vieles von dem, was geschah, war grauenerregend. Mir klingt noch heute in den Ohren, wie ich zum ersten Mal an einem Sonntagmorgen in der Hauptstraße von Freiburg einen SA-Sturm singen hörte: »Und wenn das Judenblut vom Messer spritzt, dann geht's noch mal so gut.« Aber was der Nationalsozialismus wirklich war und wurde, zeichnete sich erst nach dem Röhm-Putsch ab und lag erst 1938 offen zutage. Im Herbst 1933 ging ich mit zwei Mitgliedern von Heideggers Seminar durch die Kaiserstraße – rechts ein baumlanger SS-Mann, links ein SA-Mann, ich als Zivilist in der Mitte. Natürlich diskutierte man über Politik. Ich sagte etwas über eine der jüngsten Greueltaten. Daraufhin rief der SS-Mann so laut, daß sich auf der anderen Straßenseite die Leute umdrehten: »Über eines sind wir uns doch selbstverständlich alle klar: Jetzt, in der ersten Phase der Revolution, werden wir von einer Verbrecherbande regiert.« Das war nicht uncharakteristisch für die Stimmung gerade jenes Teiles der Studentenschaft, die unter Heideggers Einfluß von der Idee besessen war, die wahre Revolution müsse von der Universität ausgehen. Wie Heidegger selbst sich diese Revolution vorstellte, wurde mir bei einer denkwürdigen Gelegenheit deutlich. Es war angeordnet worden, daß zum Zweck der politischen Erziehung jeden Monat ein Vortrag gehalten werden sollte, der für sämtliche Studenten obligatorisch war. Kein Raum in der Universität war groß genug; es wurde der Paulus-Saal gemietet. Zum ersten dieser Vorträge lud Heidegger, der damals Rektor war, den Schwager meiner Mutter, Viktor von Weizsäcker, ein. Alle waren ratlos, denn daß Weizsäcker kein Nazi war, wußte jeder. Aber Heideggers Wort war Gesetz. Der Student, den er als Leiter der philosophischen Fachschaft eingesetzt hatte, fühlte sich bemüßigt, die Veranstaltung mit einer programmatischen Rede über die nationalsozialistische Revolution zu eröffnen. Nach wenigen Minuten scharrte Heidegger mit den Füßen und rief mit seiner scharfen, in der Erregung überschnappenden Stimme: »Dieses Geschwätz hört jetzt auf!« Total vernichtet verschwand der Student vom Podium. Er mußte sein Amt niederlegen. Viktor von Weizsäcker aber hielt einen makellosen Vortrag über seine medizinische Philosophie, in dem vom Nationalsozialismus mit keinem Wort, wohl aber von Sigmund Freud die Rede war. In dem Gespräch mit Heidegger, an dem ich als Weizsäckers Begleiter teilnahm, wurde völlig klar, wie nah sich das Denken von Weizsäcker mit dem berührte, was sich Heidegger unter »Revolution« vorstellte. Ich fragte meinen Onkel nachher, ob er mir erklären könnte, wieso Heidegger sich mit dem Nationalsozialismus identifiziere. Er antwortete: »Ich bin ziemlich sicher, daß das ein Mißverständnis ist – so etwas gibt es in der Geschichte der Philosophie noch öfter. Aber Eines hat der Heidegger vor Allen voraus: er merkt, daß hier etwas vor sich geht, von dem die Anderen keine Ahnung haben.« Schadewaldt, der Heidegger nahestand, und den ich in völliger Ratlosigkeit fragte, was ich von dieser nationalsozialistischen Revolution eigentlich denken sollte, gab mir die Antwort: »Es ist nicht immer klug, über alles zu reden. Aber merken Sie sich das Eine: Wer brüllt, hat Angst.« Es war nicht leicht, mit zwanzig Jahren dies alles zu verarbeiten. Niemand macht sich heute eine Vorstellung davon, welche Verwirrung die bedeutendsten Geister damals ergriffen hatte. Im März 1933 erschien bei meinem Großvater kein Geringerer als Eugen Rosenstock-Huessy, der Verfasser des großen Buches über die europäischen Revolutionen. Er bat, ein Nachtragskapitel über die nationalsozialistische Revolution vorlesen zu dürfen. Ich kann mich an Einzelheiten nicht erinnern, wohl aber an den Schrecken, in den mich die These versetzte, die nationalsozialistische Revolution sei der Versuch der Deutschen, den Traum Hölderlins zu verwirklichen. Als ich im Sommer in Kiel studierte, eröffnete Felix Jacoby, ein großer Gelehrter und untadliger Charakter, seine Horaz-Vorlesung mit folgenden Worten: »Als Jude befinde ich mich in einer schwierigen Lage. Aber als Historiker habe ich gelernt, geschichtliche Ereignisse nicht unter privater Perspektive zu betrachten. Ich habe seit 1927 Adolf Hitler gewählt und preise mich glücklich, im Jahr der nationalen Erhebung über den Dichter des Augustus lesen zu dürfen. Denn Augustus ist die einzige Gestalt der Weltgeschichte, die man mit Adolf Hitler vergleichen kann.« Er ging später in die Emigration nach Oxford. Ein Freund, der ihn nach dem Krieg dort besuchte, erzählte mir, sein deutscher Nationalismus sei völlig ungebrochen. Inmitten dieser Konfusion der Geister war Heideggers unbeirrbare Konsequenz, die er trotz seines politischen Irrtums auch den Machthabern gegenüber bewies, zwar für einen jungen Menschen schwer zu ertragen, aber höchst eindrucksvoll. Unvergeßlich ist mir die erste Vorlesungsstunde, nachdem er das Rektorat niedergelegt hatte. Unter Verzicht auf jedes überflüssige Wort und jede Geste kam in asketischer Nüchternheit die Sache der Philosophie zur Sprache – strenger und karger als zuvor. Ich empfand: So sieht geistiger Widerstand gegen den Nationalsozialismus aus, wenn er nicht wehleidig ist.

Heidegger konnte 1944 in einer Vorlesung sagen, von der Geschichte der Metaphysik her betrachtet seien Kommunismus, Amerikanismus und Nationalsozialismus identisch. Das charakterisiert seine politische Haltung in der zweiten Hälfte des Krieges. Ich war nicht erstaunt, als ich von einem jüngeren Mann aufgesucht wurde, der mir sagte: »Fragen Sie mich nicht nach meinen Informationsquellen. Sie begeben sich in große persönliche Gefahr, wenn man Sie so oft mit Herrn Professor Heidegger zusammensieht.« Ich bedankte mich und fügte hinzu, er solle sich nicht wundern, wenn das so bliebe. Heidegger war einer der wenigen Menschen, mit denen ich damals über Politik offen sprechen konnte. Als ich 1942 meine Stelle als Lehrer an der Schule Birklehof kündigte, weil diese von der SS übernommen werden sollte, sorgte er mit Hilfe des Archäologen Schuchhardt dafür, daß ich als Assistent am Seminar für Klassische Philologie angestellt wurde, obwohl ich nicht in die Partei eintreten wollte. Dem verdanke ich vermutlich mein Leben.

Heideggers Schüler wurde ich erst, als ich mich 1940 nach einigen in Berlin verbrachten Jahren zu seinem Seminar anmeldete, dem meine Frau schon seit langem angehörte. Er lud mich ein, ihn nachmittags zu besuchen, und hier lernte ich einen Heidegger kennen, von dem ich vorher nichts gewußt hatte: den gütigen und geduldigen Lehrer, der bereit war, alles zu erklären, was man ihn fragte, der für jede Unsicherheit Verständnis hatte, und mit dem man sprechen konnte wie ein Lehrling mit einem Handwerksmeister spricht. Auf die Frage was ich lesen solle, um Philosophie zu lernen, antwortete er: »Lesen Sie die ›Logik‹ von Lotze.« Ich kaufte mir brav das Buch, aber je länger ich mich durch es hindurchquälte, desto unverständlicher wurde mir, was ich daraus über Philosophie lernen sollte. Schließlich fragte ich Heidegger und erhielt nur die Auskunft: »Ich wollte, daß Ihnen klar wird, durch was ich mich alles habe durcharbeiten müssen.« In Heideggers Marburger Vorlesung über Logik von 1925/1926 kann man jetzt nachlesen, was die Auseinandersetzung mit Lotze für die Entstehung seiner Philosophie bedeutet hat. Ein Semester später interpretierte er im Seminar das erste Kapitel des IV. Buches der »Metaphysik« des Aristoteles. Es ging um die »analogia entis«. Ich schrieb ihm einen ausführlichen Brief, in dem ich mit erheblichem philologischen Aufwand eine abweichende und, wie ich heute weiß, falsche Interpretation zu begründen versuchte. Er erwies mir die ungewöhnliche Ehre, zu Beginn der nächsten Stunde ausführlich auf meinen Brief einzugehen und mich mit großer Behutsamkeit zu widerlegen. Seitdem hat er mich nicht mehr wie einen Studenten, sondern wie einen jungen Kollegen behandelt. Er bat mich, durch mehrere Semester hindurch mit Mitgliedern seines Seminars regelmäßig Platon zu lesen. Da mein Elternhaus in der Nähe seines Hauses lag, und er gerne nach dem Seminar die Stunde Weges zu Fuß ging, wurde es zur Gewohnheit, daß meine Frau und ich ihn begleiteten. So haben wir vier Jahre hindurch über Philosophie und alles andere, was einen denkenden Menschen in jenen Kriegszeiten bewegte, teils lockere, teils sehr konzentrierte Gespräche geführt. Er vertraute mir wegen der Bombengefahr einen großen Stapel von Manuskripten an und erlaubte mir, sie zu studieren.

Heideggers Vorlesung war ein meisterhaft inszenierter und auch rhetorisch hoch stilisierter Auftritt. Im Seminar nahm man daran teil, wie er selbst arbeitete. Die jetzt veröffentlichten Marburger Vorlesungen geben etwas von dieser Atmosphäre wieder. Man lernte unermeßlich viel. Aber die Inkongruenz zwischen dem Bereich, in dem er sich bewegte, und der Fassungskraft dieses kleinen Haufens von Studenten grenzte ans Absurde. Heidegger selbst nahm das Seminar heilig ernst. Er war immer vom Pathos des Bewußtseins umgeben: von hier und heute geht eine neue Epoche der Weltgeschichte aus, und Ihr könnt sagen, Ihr seid dabeigewesen. Je größer der zeitliche Abstand wird, desto mehr neige ich dem Gedanken zu, daß er recht gehabt haben könnte. Sein Seminar-Stil war, wie man heute sagen würde, »autoritär«. Das konnte, wenn er müde war, ins Schulmeisterliche umschlagen. Er wurde ungeduldig, ja böse, wenn nicht genau die geforderte Antwort kam. Wer sagte, was er nicht ausweisen und klar begründen konnte, erlitt eine Abfuhr. Jenes undurchdachte Dahinreden, das man heute »Diskussion« nennt, hielt er für leeres Geschwätz. Aber dieser durch alte katholische Tradition geprägte Lehrstil vermittelte eine Zucht des Denkens, für die ich in den Geisteswissenschaften sonst kein Beispiel kenne. Heidegger ist nicht unschuldig daran, daß sich bei einem Teil seiner Schüler ein Dogmatismus und eine Buchstabengläubigkeit entwickelten, die in direktem Widerspruch zu dem stehen, was hier gedacht werden soll; denn er erzeugte bei seinen Schülern Angst. Ihm selbst war die falsche Abhängigkeit unerträglich. Als eine Studentin ein mit seiner Phraseologie gespicktes Protokoll vorlas, unterbrach er sie nach wenigen Sätzen: »Hier wird nicht geheideggert! Wir gehen zur Sache über.« Das habe ich mir zu Herzen genommen. Die Offenheit des philosophischen Gespräches, die er mir gestattete, ist dadurch möglich geworden, daß ich versuchte, in meiner eigenen Sprache nichts anderes als das zu sagen, was ich verstanden zu haben glaubte.

Wie soll man den Menschen Heidegger beschreiben? Er lebte in einer Gewitterlandschaft. Als wir in Hinterzarten bei heftigem

Sturm einen Spaziergang machten, wurde zehn Meter vor uns ein Baum entwurzelt. Das traf mich, als ob ich mit Augen vor mir sähe, was in seinem Inneren vorging. Das Bewußtsein, mit dem Auftrag des Denkens gleichsam geschlagen zu sein, seine monumentale Klarheit und eine große Strategie des Geistes standen unvermittelt neben einer Wehrlosigkeit, einer Verletzbarkeit und Weichheit, die plötzlich in die abgründige List und das stets wache Mißtrauen des Bauern umschlagen konnte. Wunden, die ihm das Leben zugefügt hatte, schlossen sich nie. Wenn er sich gelegentlich Studenten, Kollegen oder sogar Freunden gegenüber in einer Weise verhielt, die nicht zu verteidigen war, erklärte ich mir das als Defensivreaktion eines Menschen, der sich unablässig von außen wie von innen bedroht wußte. Bedroht war er vor allem durch das, was er selbst zu denken hatte. Die Seinsgeschichte konnte jählings ins Private, das Private in das zu Denkende durchschlagen. Daß ihn seine Klarheit, Selbstzucht und Souveränität dann doch nicht verließen, und daß er mit unbeirrbarer Treue seinen Weg ging, hat mich tief beeindruckt und geprägt. Daß er mich mit gütigem Verständnis ermutigt hat, ihm gegenüber die Selbständigkeit zu wahren, danke ich ihm noch heute.

Kurz nach dem Krieg machten wir einen Spaziergang im Wald oberhalb seines Hauses. Ich faßte mir ein Herz und versuchte ihm zu erklären, weshalb mich seine Deutung von Platons Höhlengleichnis nicht überzeugte. Das war ein zentraler Punkt, denn daran hing seine ganze Interpretation der europäischen Metaphysik. Nie wieder bin ich einem Menschen begegnet, der so zuhören konnte. Nach einer Reihe von treffenden, genauen, mit verhaltener Leidenschaft gestellten Fragen, denen ich nicht auswich, blieb er stehen und sagte: »Eines muß ich Ihnen zugeben: die Struktur des platonischen Denkens ist mir vollkommen dunkel.« Eine lange Pause des Schweigens: »Jetzt sollten wir wohl umkehren.« Auf dem Rückweg war nur noch von alltäglichen Dingen die Rede, aber ich fühlte mich mündig gesprochen. Als ich ihn kurz danach wieder besuchte, bedrängte er mich, ich müsse mich so schnell wie möglich habilitieren; wenn die Universitäten wieder aufgemacht würden, wisse er schon, wie aus allen Schlupfwinkeln die Vertreter der Schulen von gestern wieder auftauchen und die maßgeblichen Lehrstühle besetzen würden. »Wer etwas Neues denkt, wird dann nicht mehr reingelassen.« Ich hatte meinen Weg noch nicht gefunden und gab zur Antwort, ich befände mich in einer philosophischen Aporie und fühlte mich in diesem Zustand nicht legitimiert, in philosophicis die Stimme zu erheben. Er blickte mich von der Seite her mit einem Ausdruck an, als ob plötzlich alle Vorhänge weggezogen wären und sagte: »An diesem Punkt befinde ich mich schon seit bald zwanzig Jahren.«

In meinem eigenen Nachdenken bin ich von der Frage ausgegangen, mit der Heidegger »Sein und Zeit« abschließt: »Offenbart sich die *Zeit* selbst als Horizont des *Seins?*« Das letzte philosophische Gespräch, das ich im Jahre 1952 mit ihm führte, gelangte an den Punkt, wo er mir sagte: »Das Wort ›Horizont‹ habe ich mir inzwischen verboten.« Als ich wissen wollte, warum, erlebte ich zum ersten Mal, daß er nicht fähig war, auszusprechen, was er dachte. Es wäre ungehörig gewesen, ihn mit Fragen zu bedrängen, die er selbst sich nicht mehr zu stellen brauchte. Die Stille, in die er inzwischen eingetreten war, wirkte auf mich als unantastbar; ein Rückzug ins Konventionelle entsprach unserer Beziehung nicht. Deswegen habe ich ihn nicht mehr besucht. Wir wechselten noch gelegentlich Grüße und hatten zufällige Begegnungen ohne Belang. Das Letzte, was ich von ihm empfing, war im Jahr 1972 ein tief bewegender Brief zum Tode meiner Mutter.

Im Dezember 1944 klingelte es nach Einbruch der Dunkelheit an unserer Tür. Draußen stand Heidegger mit seiner Schwiegertochter und seiner Assistentin. Sie waren auf der Flucht aus dem verbombten und vom Einmarsch der Alliierten bedrohten Freiburg nach Meßkirch. Es gab keine Verkehrsmittel. Sie baten um Nachtquartier. Wir verbrachten einen stillen gelösten Abend. Auf Heideggers Wunsch spielte meine Frau die nachgelassene Sonate in B-Dur von Schubert. Als die Musik verklungen war, sah er mich an: »Das können wir mit der Philosophie nicht.« In unserem Gästebuch steht der Eintrag: »Anderes denn ein Verenden ist das

Untergehen. Jeder Untergang bleibt geborgen in den Aufgang.«

Georg Picht

Quelle: Erinnerung an Martin Heidegger, hrsg. von Günther Neske, Pfullingen 1977, 197–205.

Notizen zur Person: geb. 1913 in Straßburg, Studium der Altphilologie
und Philosophie, seit 1958 Leiter der Forschungsstätte der Evangelischen
Studiengemeinschaft in Heidelberg, seit 1965 Professor für Religionsphilosophie an der Theologischen Fakultät der Universität Heidelberg, gestorben 1982.

Hauptwerke: Wahrheit – Vernunft – Verantwortung. Philosophische Studien, Stuttgart 1969; Hier und Jetzt. Philosophieren nach Auschwitz und
Hiroshima, 2 Bde., Stuttgart 1980 u. 1981; Vorlesungen und Schriften, 10
Bde., 1985 ff.

Hans L. Gottschalk

HEIDEGGERS REKTORATSZEIT

Wien, 8. 1. 1978

Sehr geehrter Herr Neske, das sehr interessante von Ihnen herausgegebenen Buch »Erinnerungen an Martin Heidegger« regt mich zu diesem Brief an, in dem ich versuchen will, einige Ergänzungen zu den von Ihnen gesammelten Aufsätzen mitzuteilen. Ich darf mich zunächst vorstellen und damit auch mein Vorhaben erklären.

Ich bin der einzige Sohn (geb. 1904) des Freiburger Philosophen Jonas Cohn (Namensänderung 1922; Gottschalk ist der Familienname meiner Großmutter väterlicherseits, nebenbei auch der Name der Mutter von Frau Jaspers, der Kousine meines Vaters); mein Vater war von 1909 bis 1939, dem Zeitpunkt seiner Übersiedlung nach England, Lehrer und Kollege von Heidegger. Ich habe ihn daher, der in unserem Hause in Günterstal verkehrte, ebenso wie seine Frau, recht gut gekannt. Heinrich Rickert ist mein Patenonkel, mit seiner Familie standen wir bis zu ihrer Übersiedlung nach Heidelberg sehr gut. Ferner kannte ich natürlich auch Husserls, die an meinem Studium lebhaften Anteil nahmen, da ihr 1915 vor Douomont gefallener Sohn Wolfgang auch Orientalist und, wie ich, Schüler von Enno Littmann war. Heute sind die Gräber von Husserls und ihrem Sohn Gerhard und die meiner Eltern in derselben Ecke des so stimmungsvollen Friedhofs in Günterstal. Ich war 1938–1948 Curator der Mingana Collection of Oriental Manusscripts und Fellow der Selly Oak Colleges in Birmingham/England, 1948–1974 o. Professor der Arabistik und Islamkunde an der Universität in Wien und bin seit diesem Zeitpunkt emeritiert.

Nun zu Ihrem Erinnerungsbuch. Ihre Auswahl der Mitarbeiter ist ausgezeichnet. Falls sie noch leben, vermisse ich vielleicht Wilhelm Szilasi, als hon. Professor Nachfolger Heideggers ab 1945, vor 1933 mit H. eng befreundet, und Günther Stern, den Sohn des Hamburger Psychologen William Stern, der bei Husserl oder Heidegger promovierte, 1933 in die USA emigrierte, wie auch seine Eltern. Schade ist, daß Karl Löwith und Hannah Arendt nicht mehr zu Wort kommen können, die ein interessantes Gegengewicht zu Herbert Marcuse bilden würden. Hierfür kann man jetzt ja Karl Jaspers' »Philosophische Autobiographie« ansehen mit ihrem Kapitel über Heidegger.

Zu den Mitarbeitern: Hans Georg Gadamer, den ich nicht persönlich kenne, galt in Freiburg als Schüler Richard Kroners, von dem ich seinen Namen auch zuerst gehört habe. Hermann Heimpel, in den 20er Jahren Privatdozent in Freiburg, ein Schüler Heinrich Finkes, und seine reizende Frau verkehrten im Haus meiner Eltern und sind mir daher gut bekannt; ich traf Heimpel in den 50er Jahren in Wien wieder, wo er einen Vortrag hielt. Ebenso kannte ich Wolfgang Schadewaldt und seine Frau recht gut. Er war in meiner Berliner Studienzeit Senior des Instituts für Altertumswissenschaft in Berlin und galt schon damals als der kommende Mann. Seine Stellung 1933 war undurchsichtig; Eduard Fränkel, der berühmte Latinist und sein engster Kollege in Freiburg, der später in Oxford lehrte, war jedenfalls empört. Falls Sie noch weitere Erinnerungen an Heidegger aus der Zeit nach 1933 sammeln wollen, würde ich vorschlagen, den Indogermanisten Johannes Lohmann anzufragen, der H. in allen Jahren nahestand; er kam 1933 nach Freiburg, war bis zu seiner Emeritierung Ende der 60er Jahre Ordinarius und lebt auch seither in Freiburg.

Ich habe Heidegger nur zweimal öffentlich reden gehört: anläßlich seiner Antrittsvorlesung in der Aula der Freiburger Universität und etwas später bei einer Vorlesung über Platons Höhlengleichnis im Hörsaal 5. In beiden Fällen war ich von seinem Vortrag tief beeindruckt, nur daß mir als Altphilologen und Schüler Werner Jaegers seine Interpretation eines griechischen Textes reichlich primitiv erschien. Mein Vater war bei seiner Antrittsvorlesung übrigens auch anwesend und ging danach mit dem Zoologen und Nobelpreisträger Hans Speemann nach Hause; die beiden bewunderten den Vortrag, wenn sie auch mit dem Inhalt nicht einverstanden waren. In seiner Art zu reden erinnerte er mich wie auch in seiner Erscheinung an den Theologen Karl Barth; sicher kein Zufall, beide waren typische Alemannen. – Ende 1928 besuchte ich Heinrich Rickert in Heidelberg und dabei kam das Gespräch auf Heidegger. Rickert: Er hat mich vor einiger Zeit besucht und mir versichert: er betrachte sich nach wie vor einzig als meinen Schüler. Rickert schien darüber sehr erfreut und wiederholte diesen Satz mehrmals. – Heidegger war im 1. Weltkrieg zwar eingezogen, aber nicht im Feld und wurde daher weder befördert noch dekoriert; er war – soweit ich mich erinnere – Schipper und bei der Postüberwachungsstelle in Freiburg, wo sich zahlreiche »geistige« Persönlichkeiten zusammenfanden, wie der Kunsthistoriker Friedländer, der – später braune – Dichter Burte und andere, während Richard Kroner und Julius Ebbinghaus als Offiziere im Felde standen. Es mag sein, daß diese Tatsache H. später verärgerte. Seine Wirkung auf die Studenten hat es nicht gemindert. Über die Zeit nach dem 1. Weltkrieg schreibt Jaspers »öffentlich noch kaum bekannt und doch schon Ursprung einer Fama um ihn«. Durch das Erscheinen von »Sein und Zeit« wurde Heidegger zu dem Philosophen seiner Generation schlechthin, er erhielt 1930 eine Berufung nach Berlin, die er ablehnte, litt also sicher nicht an Minderwertigkeitskomplexen, wie so mancher, der 1933 sich als Nazi auftat. Er gehörte auch nicht zu dem nationalistischen und reaktionären Flügel der Freiburger Philosophischen Fakultät, wie Ludwig Curtius oder Ludwig Deubner. Und seine enge Freundschaft mit Szilasis, besonders auch seiner Frau, Husserls und seinen zahlreichen nichtarischen Schüler zeigt, daß er auch nicht als Antisemit oder Rassist galt.

Nun zu 1933/34. Zum Rektor war mit überwiegender Mehrheit der bisherige Rektor, der Anatom von Möllendorff wiedergewählt worden; für Heidegger stimmte nur eine kleine Minorität von – ich glaube – 17 Professoren. Um so erstaunter war man, als sich Heidegger bereitfand, auf Anordnung der Regierung das Rektorat zu übernehmen. Herr von Möllendorff quittierte dies damit, daß er wenige Monate später einer Berufung nach Zürich Folge leistete, wohl ein einmaliger Vorgang, daß ein Freiburger Ordinarius dies tat. Als Rektor verhielt sich Heidegger dann völlig korrekt, forderte z. B. meinen Vater auf, weiterhin zu lesen, als mein Vater ihm nach dem 1. April 1933 anbot, die Vorlesungen einzustellen, da er keine Schwierigkeiten haben, noch mit dem »Hitlergruß« grüßen wolle. Ferner hat Heidegger versucht, vermeidbare antisemitische Ausschreitungen der Studenten zu verhindern. Als die Studenten zu ihm kamen und um seine Erlaubnis baten, einen Erlaß anzubringen, »Jüdische Professoren sollen auf Hebräisch veröffentlichen«, lehnte er die Genehmigung mit der Bemerkung ab, »ein jeder blamiert sich so gut er kann«. Auch hat er weder meinem Vater noch mir die Benützung der Universitätsbibliothek verboten oder erschwert. Ich traf ihn im Juni 1938 kurz vor meiner Übersiedlung nach England im Katalograum, er begrüßte mich sehr freundlich und sagte für alle hörbar: »es wird nicht immer so bleiben«. Daß sein Verhältnis zu Husserl durch die Annahme des Rektorats getrübt war, war allgemein bekannt und verständlich. Hatte ihn doch Husserl 1928 zu seinem Nachfolger gemacht und ihn stets als »seinen« Schüler erachtet. Und die Familie Husserl war durch die »Nichtarier-Gesetze« besonders hart betroffen, wo doch ein Sohn im 1. Weltkrieg gefallen, der zweite Gerhard, o. Professor für Römisches Recht in Kiel, schwer verwundet und die Tochter Elli den ganzen Krieg über Krankenschwester gewesen war. Wir »Judenchristen« waren ja natürlich sehr empfindlich, wenn bisherige Freunde sich nach 1933 als Nazis entpuppten und taktlose Äußerungen von sich gaben.

Heideggers Verhalten 1933 erregte aber nicht nur etwa bei Kollegen Empörung und Entsetzen. Ich kenne Äußerungen des Erzbischofs Konrad Gröber, der ihn als Jungen so gefördert hatte, die an Schärfe nichts zu wünschen übrig lassen und die ich nicht wiederholen will, solange Frau Heidegger lebt, da er einen Ausspruch von ihr über ihren Mann zitierte. Und von nicht geringerer Schärfe war das Urteil des Theologen Engelbert Krebs. Aber selbst die Nazibonzen waren mit seiner Wahl als Rektor wenig zufrieden, so nützlich er sich als Aushängeschild bei der »Revolution der dritten Kapellmeister« verwenden ließ – hier sei an Wilhelm Furtwängler oder den Physiker Philipp Lenard erinnert. Aber Heidegger erwies sich als für die Verwaltungsgeschäfte eines Rektors ungeeignet und wurde daher 1934 gegen den deutschnationalen Strafrechtler Kern ausgewechselt. Das war keine politische Demonstration Heideggers, sondern ein von der Universität mit schadenfrohem Lächeln gern akzeptiertes Ende einer unwürdigen Epoche. Auch nachher hat Heidegger nicht zu dem bekannten Freiburger Widerstandskreis um Gerhard Ritter und Constantin von Dietze, oder dem katholischen um Engelbert Krebs und Dr. Gertrud Luckner gehört. Daher wurde er auch 1945 nicht wieder eingesetzt oder übernommen, sondern Szilasi trat an seine Stelle. Als ich 1949 das erste Mal wieder nach Freiburg kam, fragte ich den damaligen Staatspräsidenten von Südbaden Leo Wohlleb, den Musikwissenschaftler Willibald Gurlitt und andere nach Heidegger und seinem Verhalten in den Jahren 1938–1945; keiner wußte etwas von einer klaren Stellungnahme gegen das 1000jährige Reich, seine Machthaber oder seine Schandtaten. Ich fand und finde das auch heute bedauerlich, wie der Marburger Theologe Bultmann; denn man hätte es erwartet. Daher habe ich auch ein Zusammentreffen anläßlich seines Wiener Vortrages 1958 vermieden, um nicht peinliche Erinnerungen aufzurühren. Unverständlich ist mir auch der Satz in seiner Vita »1951 wurde er emeritiert«; denn er war nach 1945 nicht mehr im Amt, also konnte er auch nach dem üblichen Sprach- und Rechtsgebrauch nicht »emeritiert« werden. Man hat ihm den Satz »Arbeitsdienst ist (für Studenten) wichtiger als Wissenschaftsdienst« nicht verziehen, wohl mit Recht, wie Wohlleb meinte.

Damit will ich schließen. Inzwischen sind 45 Jahre seit den Vorgängen von 1933 vergangen und die Zahl der Freiburger, die sich daran erinnern oder erinnern wollen, wird immer kleiner. Das Verhalten der Universitäten war damals wenig ihrer Tradition würdig, und das haben damals und später viele empfunden. So schrieb mir mein Lehrer Gotthelf Bergsträsser, der große Münchener Orientalist, auf einer offenen Postkarte: »Ich schäme mich.« Und andere dachten ebenso, wie Paul Kahle, der später nach England mit seiner Familie emigrierte, Enno Littmann in Tübingen, aber in Freiburg auch Hans Speemann, Engelbert Krebs, um nur wenige zu nennen. Um so mehr haben alle Heideggers Stellung bedauert. Und mancher, der damals sich mitreißen ließ, hat später sein Verhalten bedauert.

Vielleicht haben Sie, sehr geehrter Herr Neske, diese meine Bemerkungen interessiert und Ihnen gezeigt, wie sehr mich Ihr Buch beschäftigt hat.

Ihr Ihnen sehr ergebener

Hans L. Gottschalk

Hans L. Gottschalk

Quelle: Brief vom 8. Januar 1978 an den Verleger Günther Neske anläßlich des von ihm herausgegebenen Bandes »Erinnerung an Martin Heidegger«, Pfullingen 1977. Erstveröffentlichung. Die Überschrift stammt von den Herausgebern.

Notizen zur Person: geb. 1904 als einziger Sohn des Philosophen Jonas Cohn (Namensänderung 1922), 1938–1948 Curator der Mingana Collection of Oriental Manusscripts und Fellow der Selly Oak Colleges in Birmingham/England, 1948–74 ordentlicher Professor der Arabistik und Islamkunde an der Universität in Wien.

Max Müller

MARTIN HEIDEGGER –
EIN PHILOSOPH UND DIE POLITIK
EIN GESPRÄCH

Am 1. Mai 1985 stellte sich der Philosoph Max Müller den Fragen von Bernd Martin und Gottfried Schramm, zweier Historiker der Freiburger Universität. Müller promovierte 1930, 24jährig, mit einer Arbeit »Über Grundbegriffe philosophischer Wertlehre« bei Martin Honecker, Korreferent war Heidegger. 1937 folgte in Freiburg die Habilitationsschrift »Wahrheit und Wirklichkeit. Systematische Untersuchungen zum Realitätsproblem in der thomistischen Ontologie«. Nach Kriegsende wirkte er zunächst als Dozent und von 1946 bis 1960 als Professor in Freiburg i. Br., 1960 bis 1971 versah er ein Ordinariat in München. Nach der Emeritierung nahm er seinen Wohnsitz wieder in Freiburg, wo ihm die Theologische Fakultät die Würde eines Honorarprofessors verlieh.

SCHRAMM: In den letzten Monaten sind neue Zeugnisse über den berühmtesten Freiburger Philosophen des 20. Jahrhunderts ans Licht gekommen. Diese halten uns an, einen Abschnitt seines politischen Lebens ernst zu nehmen, von dem manche gemeint haben, man könne ihn mit dem verharmlosenden Ausdruck eines »Platonischen Irrtums«, als eine auf die Jahre 1933 und 1934 beschränkte Blicktrübung beiseitelegen. Offenbar hat man es sich dabei zu einfach gemacht. Wir sind froh, daß Sie bereit sind, sich unseren Fragen zu stellen: als ein Augenzeuge, der Heidegger in den kritischen Jahren aus nächster Nähe beobachtet hat.

MARTIN: Zu Beginn empfiehlt es sich, einige Stationen ins Gedächtnis zurückzurufen, die einen Orientierungsrahmen für unser Gespräch liefern können. Martin Heidegger, 1889 im oberschwäbischen Meßkirch geboren, wurde 1922 Extraordinarius, später Ordinarius für Philosophie in Marburg und blieb dort bis 1928. Dann folgte er dem Ruf auf das Ordinariat in Freiburg, das durch

Die Emeritierung von Edmund Husserl[1] freigeworden war. Nicht erst seit der Publikation von »Sein und Zeit«, also seit 1927, galt Heidegger als der kommende Mann, der aufgehende Stern der deutschen Philosophie. Am 21. April 1933 wurde er, ohne daß dabei die Partei direkt eingegriffen hätte, zum Rektor der Albert-Ludwigs-Universität gewählt. Der NSDAP trat er am 1. Mai 1933 bei. Am 27. Mai 1933 hielt er anläßlich der feierlichen Übernahme des Rektoramtes eine Rede[2], die ihm mehr Kritik eintragen sollte als jede andere seiner Äußerungen. Nach eigenen Aussagen war es ein freundliches Gespräch im Hochschulministerium in Karlsruhe, das ihn im Februar, am Ende des Wintersemesters 1933/34, veranlaßte, sein Rektorat niederzulegen. Nach den Aktenfunden unseres Kollegen Hugo Ott[3] überwarf er sich aber mit dem Regime keineswegs deshalb, weil er die NS-Radikalität ablehnte, sondern weil er vielmehr auf seine eigene, eigenwillige Weise radikal war, die den Nationalsozialisten schon bald nicht mehr in den Kram paßte. Offiziell gab er sein Rektoramt am 23. April 1934 ab. Somit hat er genau ein Jahr lang an der Spitze unserer Universität gestanden. Es geht uns in unserem Gespräch nun darum, das politische, geistige und menschliche Umfeld dieses denkwürdigen Rektorats ein wenig aufzuhellen.

SCHRAMM: Erlauben Sie noch eine Präzisierung unserer Fragerichtung: Wir wollen gerne wissen, wo ein Mann, der sich das ganze Leben lang als Philosoph, nicht als Politiker, aber eben doch eine gewisse Wegstrecke lang als politischer Wegweiser verstanden hat, seinen politischen Ort hatte – vor 1933, am Anfang der nationalsozialistischen Herrschaft, als er eine wichtige Verantwortung übernahm, und weiterhin in den anschließenden Jahren bis 1945, solange er noch öffentlich als Freiburger Universitätslehrer wirken konnte.

MARTIN: Wann haben Sie Martin Heidegger kennengelernt, wie war Ihr erster Eindruck?

MÜLLER: Ich hatte meine Studien in Berlin begonnen. Dort »betrieb« ich primär Geschichte und hatte auf diesem Felde Lehrer, die mich tief beeindruckten und denen ich mein Leben lang verbunden geblieben bin. Das waren Friedrich Meinecke und Hans Rothfels.[4] Dann ging ich nach München und kehrte, nach einem Jahr Paris, dorthin zurück. Philosophie bezog ich in meine Studien ein, weil ich meinte, als Historiker müsse man eine philosophische Grundlage haben. Als ich, um meine Studien abzuschließen, nach Freiburg übersiedelte, kannte ich von Heidegger noch nichts als seinen großen Ruf. Von »Sein und Zeit« ging eine magische Ausstrahlung aus. Ich hatte das Werk zwar noch nicht gelesen, sagte mir aber: Bei diesem Mann will ich einmal im Seminar sitzen. Heidegger begann seine Freiburger Tätigkeit mit einem Proseminar über »Kants Grundlegung zur Metaphysik der Sitten«. Ich erinnere mich noch lebhaft, wie ich unten im Erdgeschoß der Universität herauszufinden suchte, wo Heidegger das Proseminar abhielt, für das im Philosophischen Seminar mit seinen 20 bis 25 Plätzen nicht genug Raum war. Ein kleiner Mann hinter mir fragte: »Was suchen Sie denn?« Ich sagte: »Ich suche den Hörsaal Heideggers.« Da erwiderte er: »Ich such' den auch. Ich bin Heidegger.« Schließlich fanden wir auf dem Plan, was wir brauchten, und gingen zusammen hinauf. Eine Fülle von angesehenen philosophischen Schülern Heideggers saßen in der Runde. Aber in der ersten Stunde wollte er nicht die ihm Bekannten fragen. Statt dessen frug er gerade mich sehr viel und sprach mich am Ende an: »Sie müssen auch in meine Aristoteles-Übung.« Ich sagte: »Herr Professor Heidegger, ich stehe kurz vor dem Staatsexamen, zwei solche philosophische Übungen sind für mich zuviel.« Da erwiderte er: »Ach, das ist sicher ein Vorwand. Sie können vielleicht nicht genug Griechisch?« Ich darauf: »Das ist das einzige, was ich mir zutraue: genug Griechisch.« Da bestand er darauf: »Sie kommen mit ins Oberseminar.« Dieses Oberseminar war eine große Sache. Nicht nur Studenten, auch Kollegen saßen darin: Oskar Becker[5], ein Philosoph der Mathematik, der später Ordinarius in Bonn wurde, Julius Ebbinghaus[6], der dann in Marburg wirkte, Gustav Siewerth[7], Simon Moser[8], später Ordinarius in Karlsruhe, Bröcker[9] und dessen zukünftige Frau Käte Oltmanns[10], schließlich Eugen Fink[11]. Es war also schon eine tolle Sache, wo sehr viel verlangt wurde. So kam ich, so rasch wie nur denkbar, in ein näheres Verhältnis zu Heidegger. An Politik hat niemand von seinen Schülern damals gedacht. In diesen Übungen kam kein politisches Wort vor.

MARTIN: Wann war das?

MÜLLER: Im Winter 1928 auf 1929. Es war das letzte Semester, in dem Husserl eine Vorlesung mit Übung hielt: Sie ging über die »Phänomenologie der Einfühlung«. Der Zufall wollte es, daß Heideggers Verhältnis zu Husserl schon bei unserem ersten Zusammentreffen zur Sprache kam. Ich sagte nämlich: »Und im übrigen verstehe ich auch von Phänomenologie nichts, und Sie haben angekündigt ›Phänomenologische Übungen zu Aristoteles‹. Ich weiß nicht, was das sein soll.« »Ach was«, antwortete Heidegger, »papperlapapp! Das ist eine Geste für meinen Lehrer Husserl. Inhaltlich brauchen Sie von Husserl gar nichts zu kennen. Denn meine Art der Interpretation hat mit ihm überhaupt nichts zu tun.« Ich besuchte gleichzeitig dann auch Husserls »Phänomenologie der Einfühlung«. In der Tat, weder in ihrer Art noch in ihren Thesen hatten die beiden Philosophen etwas miteinander gemein.

SCHRAMM: Heideggers Seminare und Vorlesungen, sagten Sie, waren ganz unpolitisch. Trotzdem wird man doch annehmen dürfen, daß Heidegger, ausgesprochen oder unausgesprochen, wie jeder von uns eine politische Vorstellungswelt besaß. Können Sie uns Faktoren benennen, die diese Vorstellungswelt mitgeprägt haben?

MÜLLER: Heidegger pflegte mit seinen Studenten einen ganz anderen Stil als die übrigen Professoren. Man machte zusammen Ausflüge, Wanderungen zu Fuß und auf Skiern. Da kam natürlich das Verhältnis zu Volkstum, zur Natur, aber auch zur Jugendbewegung zum Ausdruck. Das Wort »völkisch« stand ihm sehr nahe. Dabei dachte er nicht an irgendeine Partei. Seine Hochschätzung des Volkes war auch verknüpft mit bestimmten wissenschaftlichen Vorurteilen, z. B. mit der absoluten Ablehnung von Soziologie und Psychologie als großstädtisch-dekadenten Denkweisen. Er sagte: »Wir müssen stark sein, um derartige Dinge nun hintanzuhalten. Die Soziologie macht aus der Geschichte ein ahistorisches System, und die Psychologie begreift überhaupt nicht, daß Geschichte nur verstehbar ist von den Ansprüchen, die sie an uns stellt und nicht von unseren Vorstellungen her.« Gegen die »bürgerliche« Philosophie polemisierte er, weil sie Wertphilosophie sei. Gern sagte er: »Das ist die letzte Dekadenz des Bürgertums. Wer kann sich für Werte einsetzen und begeistern? Man begeistert sich für bestimmte Aufgaben. Aufgaben sind Gestaltungsaufgaben, und die Gestaltung ist das Werk. Der Wertphilosophie gegenüber muß eine Werkphilosophie entstehen. Nur Konkretes verpflichtet, Werte verpflichten niemals.«

SCHRAMM: Eine konservative Philosophie war das kaum, denn konservative Philosophien pflegen doch Wertphilosophien zu sein. Sie gehen von verpflichtenden Werten aus. Was Heidegger der bürgerlichen Philosophie vorwirft, hätte er ebenso gut der katholischen Philosophie vorwerfen können.

MÜLLER: Sie müssen bedenken, daß »Wertphilosophie« bei den großen Philosophen der »philosophia perennis«, etwa bei Thomas von Aquin (aber auch bei Hegel), keine Rolle spielt. Hier geht es allein um das Gute, das angestrebt und gewollt werden muß. Im Gegensatz zu Max Scheler[12] kennt z. B. Thomas von Aquin auch den Begriff des Gefühls nicht. Daß man etwas mit dem Gefühl als Wert erfassen könne, war für Heidegger von vornherein eine Verirrung. Wie man auch die Vorgeschichte seiner Einstellung rekonstruiert: seine Haltung war in die damalige Philosophie schwer einzuordnen. Er stand, als er habilitiert wurde, ganz nah bei Rickert[13]. Rickert war bei seiner Habilitation Korreferent gewesen. Es war der katholische Philosoph Artur Schneider[14], der die Habilitation beantragte. Wichtig war für Heideggers Prägung, daß er aus einem halbbäuerlichen Kleinbürgertum hervorgegangen war. Mit der Universität betrat er ein ganz fremdes Milieu, und das sollte ihn immer in einem Zwiespalt halten. Das damals im Fach Philosophie besonders berühmte Freiburg und das kleine, unscheinbare oberschwäbische Meßkirch andererseits, das ihn immer wieder zurückzog – diese beiden Heimaten haben sich bei ihm zu einer bruchlosen Einheit gefügt. Als radikalen Philosophen hat ihn die institutionalisierte Philosophie der katholischen Kirche schockiert. Er mußte dieses Joch der Kirche sprengen, aber konnte ihre Tradition doch nie verlassen. Wenn die Institution Kirche ihm die Weise des Religiösen vorschreiben wollte, dann hat ihn das in einen inneren Konflikt gebracht, den er niemals ganz überwinden sollte. Er war gegen diese bestimmte Art der kirchlichen Form. Aber andererseits sagte er: »Es ist eine Tradition des Abendlandes, eine Verbindung griechischer und jüdischer Linien, die wir nie verlassen können. Auch wenn diese Tradition zu Ende ist, müssen wir sie noch mitnehmen in eine neue Zeit.« Man kann sagen: Er hat unter der Kirche gelitten. Sie war für ihn eine Fessel, die er nicht ganz abschütteln konnte, oder ein Angelhaken, den er nie ausreißen konnte. Eine Haßliebe...

SCHRAMM: Hat er denn jemals zu einer Institution ein klares, positives und zugleich kritisches Verhältnis gefunden? Gehört zu seiner Philosophie nicht, ebenso wie zu seinem politischen Verhalten, eine im Grunde unklare Einstellung zu Institutionen?

MÜLLER: Ich glaube, daß er die Notwendigkeiten von Institutionen – in vielen Gesprächen kam das heraus – sehr klar gesehen hat. Denn es drehte sich bei ihm immer alles um die Gestalt. Darum die Führergestalt oder die Gestalt Stefan Georges[15] oder die Gestalt des Arbeiters, aber auch Form und Gestalt der Gemeinschaft. Ernst Jünger[16] hat großen Einfluß auf ihn ausgeübt. Verpflichtend waren für ihn nicht abstrakte Werte und Normen, sondern konkrete Gestalten, denen man nachfolgen und die man nachvollziehen kann. Die Gestalt, die ein Volk gewinnen muß, ist das Werk. Und diese Gestalt muß einerseits ihm eigentümlich sein, aber andererseits verschwindet in ihr der Gegensatz Objektivität – Subjektivität. Es ist unsere Gestalt und doch objektive Gestalt.

SCHRAMM: Verstehe ich recht: eine Grundgröße der Moderne, die komplizierte Organisiertheit in Institutionen, hat sich bei ihm gleichsam in zwei Richtungen verflüchtigt: einmal in eine Fixierung auf Leitfiguren, Führerpersönlichkeiten, hinter denen die

Verfaßtheit ihres Anhangs verblaßt, und zum anderen die Mythisierung von etwas so Diesseitigem wie Institutionen und dem, was sie leisten, zu »Gestalten«?

MÜLLER: Von Mythisierung kann man sehr wohl reden. So war Heidegger Hölderlin, der bei ihm eine sehr große Rolle spielt, natürlich eine mythisierte Hölderlingestalt. Er nahm, wie Heidegger ihn sah, bereits die gesamte religiöse Problematik von heute vorweg. Für Hölderlin, wie Heidegger ihn verstand, ist das Christentum groß, aber an seinem Ende. Und Christus hat die Aufgabe, alle Religionen zu vereinigen und damit die Konfessionalität zu überwinden. Nun aber zum Problem der Institutionen: Sehen Sie, Heidegger war immer hier deutlich von allen sogenannten »bürgerlichen« Philosophen unterschieden, einer der ersten, der das Problem der technischen Neuzeit wahrnahm. Ihm ist die Technisierung als Zentralproblem aufgegangen. Eben das hat ihn an Ernst Jünger fasziniert: die sonderbare Einheit von Romantizismus und Technizismus. Hier, meinte Heidegger, liege das Neue. Er sagte etwa so: »Alles andere sind Ausläufer, nichts als Konservative der Vergangenheit.« Mit dem bürgerlichen Zeitalter wollte er sich nicht identifizieren. Er war kein richtiger Bauer oder Kleinbürger von Meßkirch mehr, aber er war auch nie »urban« geworden. Ein Romantizismus hielt ihn an »Blut und Boden« fest, und die Technizität zog ihn zur »neuen Gesellschaft«! Diese begründete für ihn ein ganz anderes Verhältnis zu den Dingen, eben das technische Verhältnis. Gewiß, dieses Verhältnis führte schließlich auf einen unvermeidbaren Irrweg. Heidegger spricht vom »Gestell«, das nicht abzulehnen ist, sondern bis zum Ende durchgeführt werden muß. Dann kommt – das ist wieder missionarischromantisch – die neue Welt. Übrigens verbindet ihn die Überzeugung, ein neuer Mensch werde geboren, nicht nur mit Ernst Jünger, sondern auch mit Ernst Bloch[17] und Marx. In seinem Humanismusbrief[18] hat Heidegger später gezeigt, daß Marx philosophisch doch mehr wert sei als die bürgerlichen Wertphilosophen, denn er geht konkret auf die Geschichte der Arbeit ein. Was Heidegger und Marx trennt, ist, daß am Ende der »Werksgeschichte«

bei Heidegger die große Enttäuschung steht, während sich bei Marx die Utopie der neuen Erde auftut. Im Grunde genommen geht für Heidegger der Mensch im Marxismus den Weg der Entfremdung bis zum Ende. Er hebt sie aber nicht auf, indem er nämlich ein völlig technischer Mensch geworden ist. Die Einheit von Natur und Mensch – Naturalisierung des Menschen, Humanisierung der Natur – führt dazu, daß im Grunde *beide* nicht mehr sie selbst sind.

MARTIN: Was Sie über die philosophischen Grundpositionen Heideggers ausführen, läßt eine starke Kontinuität erkennen. Er selbst hat ja behauptet, daß seine Antrittsvorlesung »Was ist Metaphysik?«[19] den Inhalt der Rektoratsrede in vielem vorweggenommen hat. Das Konzept einer Wiedervereinigung der Wissenschaft wurde demnach in der Rede von 1933 nur weiter ausgeführt. Würden Sie das bestätigen?

MÜLLER: Hier berühren Sie eine in der Heidegger-Forschung umstrittene Kernfrage: ob sein Weg auf die »Kehre« hin von vornherein angelegt war oder ob in seinem Denken ein »Bruch« eingetreten ist. War »Sein und Zeit« vielleicht doch noch anthropologisch gedacht? Er selbst behauptete: »Ich habe nie anthropologisch gedacht, ich habe immer vom Sein und der Welt auf den Menschen hin gedacht. Ich bin vom Weltschicksal, von der Geschichte und ihrem Auftrag auf den Menschen zugegangen und nicht von einer ›Selbstverwirklichung‹ des Menschen hergekommen.« Wenn er eine solche Einheit behauptete, dann fügte er freilich hinzu, er habe sie damals noch nicht fertiggebracht, noch nicht geleistet. Darum ist der zweite Teil von »Sein und Zeit«, ja sogar der dritte Abschnitt des ersten Teils, nie mehr erschienen: Ihm fehlte für eine Fortsetzung die Sprache. Erst allmählich und in einzelnen kleinen Interpretationen – nicht in einem geschlossenen Werk – konnte er ausführen, was ihm vorschwebte. »Sein und Zeit« war – laut Heidegger – von Anfang an als ein Abschied von der ganzen bisherigen Philosophie gedacht. Den Nationalsozialismus parallelisierte er insofern mit dem eigenen denkerischen Vorhaben als einen grundsätzlichen Abschied von der bisherigen Politik. Das war natürlich utopisch. Die Leute, denen er dieses zutraute, wollten ja etwas ganz anderes als er in seinem Abschied vom bisherigen Denken.

MARTIN: Seit wann hat er denn gesehen, daß er sich die falschen Weggenossen gewählt hatte?

MÜLLER: In bezug auf die Partei hatte er das schon 1934 eingesehen. Aber den Glauben, daß mit dem sogenannten »Führer« eben doch noch etwas zu machen sei, auch wenn seine Gefolgschaft nichts tauge, hat er viel länger beibehalten, als er selbst es sich später eingestand. Er setzte nicht auf die Partei, sondern auf eine Person und auf die Richtung, auf die »Bewegung«. Das eben wird von ihm in seinem Nachwort zur Rektoratsrede[20], das sein Sohn Hermann veröffentlichte, in enttäuschender Weise vernebelt. Hier hat Heidegger die Radikalität seiner Intentionen in der Rückschau nicht mehr wahrhaben wollen. Die größte Enttäuschung war für mich das »Spiegel«-Interview[21]. Bei dieser Gelegenheit hätte er zugeben sollen, daß er damals nicht alte Werte, oder die alte Universität bewahren wollte, sondern daß es ihm darum ging, die Universität »auf den Kopf zu stellen«. Das gerade hatte er seit 1922 seinen Schülern immer wieder gesagt: Die Humboldtsche Universität gehört ins bürgerliche Zeitalter. Sie ist großartig konzipiert, aber heute so nicht mehr möglich.

MARTIN: Dann ergäbe sich eine hochschulpolitische Kontinuität im Denken Heideggers, die sich seit 1922 nachweisen läßt und über 1933 hinaus andauerte?

MÜLLER: Ich vermute sie bei ihm bis 1938. Nachher hat er die Hochschulpolitik sozusagen von sich weggestoßen. Man kann nicht feststellen, ob er bis ans Ende bei seinen hochschulpolitischen Vorstellungen blieb. Denn er hatte sich die Finger so verbrannt, daß er seine Meinung nicht mehr zu erkennen gab.

SCHRAMM: Verbrannt hatte er sich seine Finger ja aber schon 1934 ...

MÜLLER: Ja, aber damals hegte er noch gewisse Hoffnungen.

MARTIN: Können Sie uns etwas von Ihren eigenen Erfahrungen mit dem »politischen Heidegger« berichten?

MÜLLER: Ich habe großartige Dinge mit Heidegger erlebt, aber auch Enttäuschendes. Auf Betreiben Gerhard Ritters[22], zu dem ich ein sehr enges Verhältnis hatte und den ich hoch schätze, wurde ich im Frühjahr 1933 noch zum Leiter der neu gegründeten »Fachschaft« der Philosophischen Fakultät bestellt. Heidegger widersprach: Ich sei politisch dafür nicht geeignet und hat mich dann, als er Rektor war, auch im November 1933 abgesetzt.

SCHRAMM: Welchen Eindruck hatten Sie von den Zielen, die Heidegger während seines Rektorats verwirklichen wollte? Wie verhielten sich seine Pläne zu dem, was den Nationalsozialisten vorschwebte? Wo stimmten sie überein und wo gingen sie nicht zusammen?

MÜLLER: Eine Übereinstimmung könnte man z. B. darin sehen, daß Heidegger eine starke Aversion gegen das damalige Verbindungsstudententum empfand. Für ihn wollten die Verbindungsstudenten mit ihrer Tradition meist eine überholte Klassengesellschaft durcherhalten. Diese »Verbindungen« ließen sich nach Heideggers Überzeugung nicht mit einer radikal neuen Zukunft vereinbaren, die eine Arbeitswelt sei und keine ständische Schichtung vertrüge. Als Rektor suchte er, die Verbindungen umzugestalten. Er hat sogar Abende für sie gegeben, sowohl Corps wie Burschenschaften und katholische CV-Verbindungen hat er besucht ...

SCHRAMM: Einmal hat er sogar über den Wert der Mensur gesprochen[23] ...

MÜLLER: Ja, obwohl er doch sich gegen das Verbindungswesen innerlich stark stellte. Die Mensur machte eine Ausnahme. Da brach seine Vorstellung vom persönlichen Einsatz durch, eine gewisse romantische Hochschätzung von Tapferkeit. Aber wie gesagt: in die technische Welt paßte für ihn dieses deutsche Verbindungsleben nicht mehr hinein.

MARTIN: Darin traf er sich also mit dem Nationalsozialismus?

MÜLLER: In der Tat. Aber auch in der Vorstellung vom »dreifachen Dienst«, die er in der Rektoratsrede entwickelte.

MARTIN: Arbeitsdienst, Wehrdienst, Wissensdienst ...

MÜLLER: Ja. Den Wissensdienst stellte er sich keineswegs als abstrakte Leistung vor. Er sollte konkret in die Gemeinschaft hineingestellt werden, also mit dem Arbeitsdienst und Wehrdienst verklammert sein. Heidegger schwebte ein ganz neuer Typ von Mensch vor: der Konkret-wissend-Handelnde. Gewiß war er kein Gleichheitsapostel. Nicht alle sollten dasselbe tun, aber sie sollten alle an einem gemeinsamen Werk mitarbeiten. Nicht die Überzeugung von einem Wert, sondern die Kooperation (– gerade nicht »Korporation« –) sollte sie zusammenschließen. Das Werk muß eine Leitung haben, wenn es konkret zustande kommen soll. Daher der Sprung zu einer Führerideologie. Aristoteles sagt schon unter Berufung auf Homer: »οὐκ ἀγαϑὸν πολυκοιγανίη, εἷς κοίρανος ἐστὶ ἒς βασιλεύς« auf deutsch sagt das, daß »Vielherrschaft« nichts tauge, sondern *einer* die Entscheidungen treffen und die Verantwortung tragen muß. Dies war auch das, was man die »antidemokratische« Einstellung Heideggers nennen könnte. Sie hat er wohl nie preisgegeben.

SCHRAMM: Wenn wir so etwas heute lesen, dann wird es uns leicht als reiner Nationalsozialismus erscheinen. Aber klang das für die eigentlichen Nationalsozialisten von 1933 nicht als eine Sonderart von jenem akademischen Dünkel, den sie gerade bekämpfen wollten? Der Wissensdienst wird ja an die oberste Stelle gerückt. Die Rektoratsrede dreht sich um die »Selbstbehauptung« der Universität. Dem Nationalsozialismus schwebte aber etwas ganz anderes vor: Die Universität sollte ihre Kräfte für Ziele einsetzen, die ihr von außen vorgegeben wurden. Heidegger hatte da ein, sagen wir, hehreres Bild von Universitäten. Er verglich sie einmal mit anderen Schulen und legte dabei großen Wert darauf, daß man sich an der Universität einem bestimmten Fach widmet, für das man sich freiwillig entschieden hat. Für den »normalen« Nationalsozialismus sah das vermutlich nach akademischer Anmaßung aus.

MÜLLER: So scheint es mir auch. Man muß auch hier Heidegger aus seiner Biographie verstehen. Die Universität war und blieb für ihn bis zu seinem Tode etwas unerhört Großes. Schon ein Studium, ein Doktortitel, eine Habilitation mußten jemandem, der aus dem kleinen Meßkirch kam, als hohes Ziel erscheinen. Dann der Ruf zunächst auf ein Extraordinariat und dann Ordinariat in Marburg und, bald darauf, auf einen ordentlichen Lehrstuhl in Freiburg, noch dazu auf den berühmten Lehrstuhl, den vor ihm Riehl[24], Windelband[25], Rickert[26] und Husserl innegehabt hatten. Kein Wunder, daß er da ins Hüttenbuch von Todtnauberg schrieb: »Es ist erreicht!« An der ganz hohen Einschätzung der Universität hat er immer festgehalten. Ein Beispiel: Als sein Freund, der Direktor im Caritas-Verband Heinrich Auer[27], ein sozial sehr tätiger und verdienter Mann – es wird um 1950 gewesen sein – Ehrensenator unserer Universität wurde, schrieb er ihm zwei wunderschöne Briefe. Darin heißt es ungefähr: »Nimm es nicht leicht, es ist etwas ganz Großes. Du bist bei all jenen Festen als Ehrensenator dabei, an denen die Universität in Erscheinung tritt, und dieses In-Erscheinung-Treten ist immer etwas Großes.«

SCHRAMM: Danach ist die Universität die Institution gewesen, mit der er sich am deutlichsten identifiziert hat?

MÜLLER: Ja, und die er daher auch in einer unerhört einseitigen Weise nach seinem Bilde modeln wollte. Ich würde das nicht persönlichen Ehrgeiz oder Machttrieb nennen, vielmehr war das für ihn in gewisser Weise Lebenserfüllung. Daher mußte er in das Rektorat auch nicht erst hineingestoßen werden oder, wie er es später selber sehen wollte, die Bürde auf sich nehmen, um Schlimmeres zu verhindern. Nein, ihm waren im Grunde alle nicht radikal genug. Er wollte hier, in Freiburg, die Musteruniversität, die neue Universität formen. Nicht bremsen wollte er, sondern vorantreiben. Und dann kam die große Enttäuschung.

MARTIN: Dann hätte sich Heidegger eine doppelte Führerrolle zugeschrieben: als Philosoph und Rektor?

MÜLLER: Ja, diesen beiden Rollen wollte er ein Musterbeispiel von Führung geben. Einen politischen Ehrgeiz auf anderen Ebenen habe ich nie an ihm bemerkt. Dieses Führer-sein-Wollen in einer Weise, die bis ins Letzte unklar blieb, war für mich eine Enttäuschung.

SCHRAMM: Mittlerweile gibt es Anhalte, daß über dem Ehrgeiz, der »Führer« der Universität Freiburg zu werden, der noch höhere Ehrgeiz stand, sich zum Führer der deutschen Universitäten aufzuschwingen. Damit strebte er nach einem Posten, den die Nationalsozialisten in ihrem Organisationsschema keineswegs vorgesehen, geschweige denn ihm zugedacht hatten.

MÜLLER: Eigentlich erstaunlich ist, daß die Nationalsozialisten zwar die Ernennung von Dekanen und Rektoren einführten, aber das Gefüge der Universität weitgehend beibehalten haben. Der älteste Parteigenosse im Freiburger Lehrkörper, Professor A.[28] ...

SCHRAMM: Ein klassischer Philologe ...

MÜLLER: Dieser Mann, wohl doch eine Fehlhabilitation des großen Wilamowitz-Möllendorf[29], brachte es in Freiburg auch im Dritten Reich nicht einmal zu einem Lehrstuhl, obwohl er die ganze Zeit als ältester Pg. der Uni Freiburg den NS-Dozentenbund anführte und eine gefürchtete Figur war. Er konnte verhindern, daß Talente in die Höhe kamen. Aber für sich selber und seinesgleichen erreichte er kaum etwas. Dem berühmten »Rasse-Günther«[30], dem die Würde eines Professors in Freiburg zuteil wurde, dürfte vor allem die Protektion seines Lehrers Eugen Fischer[31] geholfen haben: Dieser war eine große Erscheinung, nachher Direktor des Kaiser-Wilhelm-Institutes für Anthropologie in Berlin-Dahlem. Dagegen konnte unter den Nazis ein Mann wie unser Kollege Tellenbach[32], der nie etwas mit der Partei zu tun gehabt hatte, ein Ordinariat in Münster und dann eins in Freiburg bekommen. Man mag es als eine gewisse Gegenkonzession verstehen, wenn ein hochanständiger, aber politisch dem Nationalsozialismus mehr entgegenkommender Historiker wie Klewitz[33] auch an unsere Universität kam. Aber im Grunde hat sich der Nationalsozialismus personalpolitisch an den Universitäten nur wenig durchgesetzt.

SCHRAMM: Uns interessiert noch, wie sich Heidegger zu Personen verhielt. Wie stand er zu seinen jüdischen Kollegen? Und wie ging er mit Leuten um, die Überzeugungen hatten, die ihm nicht paßten?

MARTIN: In sein Rektorat fiel die Durchführung des Gesetzes zur Wiederherstellung des Berufsbeamtentums[34], also die Zwangspensionierung der jüdischen Kollegen.

SCHRAMM: Hier schritt man in Baden früher als im übrigen Reich zur Tat.

MARTIN: Wie hat das ein Rektor menschlich und persönlich bewältigt, der in seinen Schriften später den Rassismus nationalsozialistischer Prägung verworfen hat, weil er nicht in sein Weltbild paßte? Er schätzte zwar bestimmte »Eliten«, aber keine durch rassische Selektion gewonnenen. Hat sich Heidegger vor die Kollegen, die entlassen werden sollten, persönlich gestellt oder hielt er sich heraus?

MÜLLER: Da kam, wieder einmal, eine ihm eigentümliche Zwiespältigkeit zum Durchbruch. Persönlich ist er wohl niemals gegen einen Juden gehässig geworden. Aber seinen Lehrer Husserl, der ja damals in Freiburg in der Lorettostraße wohnen blieb, hat er nicht mehr besucht. Allerdings hat er auch nichts gegen ihn unternommen. Man darf ihm abnehmen, daß er bei der Neuauflage von »Sein und Zeit« während des Krieges die schöne Widmung an Husserl nicht freiwillig fallen ließ. Der Verlag mußte das fordern, sonst hätte die Ausgabe nicht erscheinen können. Ein gewisser Kontakt zwischen dem Philosophischen Seminar und Husserl blieb erhalten. Aber beide Professoren, mein verehrter Lehrer Honecker[35] ebenso wie Heidegger, zeigten nicht gerade das, was man mit dem Wort »Zivilcourage« benennen könnte. Sie gingen nicht mehr persönlich zu Husserl, sondern schickten Assistenten, z. B. mich, zu ihm hin. Auf diese Weise wurde Husserl laufend unterrichtet darüber, welche Doktorarbeiten gemacht worden waren und was im laufenden Semester geschah. Er sollte sich nicht als völlig isoliert betrachten. Diese regelmäßigen Gänge im Auftrage der beiden Philosophen wurden – wie erwähnt – meist meine Sache. Dabei ergab sich stets ein wunderschönes Gespräch mit Husserl. Ich fragte einiges, und Husserl ließ seiner Rede freien Lauf. Er war ein stark monologischer Typ und hat – im Gegensatz zu seiner Frau –, ganz konzentriert auf seine philosophischen Probleme, die 1933 angebrochene Zeit nicht eigentlich als »schwer« empfunden. Philosophieren durfte er, wie er wollte, und er bezog sein volles Emeritierungsgehalt. Von Verfolgungen blieb er verschont. So hatte er alles, woran ihm lag; und daß er an der Universität nicht mehr lesen konnte, war für ihn nicht so wichtig. Die Deutsche Notgemeinschaft bezahlte ihm nach wie vor einen Assistenten[36]. Gegen Husserl hat Heidegger bei keiner Gelegenheit auch nur ein Wort gesagt. Aber hingegangen ist er seit 1933 niemals, auch bei Husserls Begräbnis fehlte er, wie die meisten Kollegen seiner Fakultät.

SCHRAMM: Das hat ihm, wie er in dem »Spiegel«-Interview bekannte, später leid getan.

MÜLLER: Übrigens fehlte – wie gesagt – nicht nur Heidegger. Aus der Philosophischen Fakultät ging meiner Erinnerung nach als einziger Ordinarius Gerhard Ritter mit. Die anderen Ordinarien im Trauergeleit gehörten zu anderen Fakultäten: etwa Eukken[37] und Großmann-Doerth[38].

MARTIN: Wie verhielt sich Heidegger zu den anderen jüdischen Professoren, etwa zu Hevesy[39], Thannhauser[40] ...?

MÜLLER: Geachtet hat er diese Männer durchaus. Aber er machte, nachdem Thannhauser sein Ordinariat angetreten hatte, in Gesprächen darauf aufmerksam, daß ursprünglich nur zwei jüdische Ärzte in der Internistik tätig waren, dann schließlich aber in diesem Fach nur noch zwei Nicht-Juden anzutreffen waren. Das hat ihn schon etwas geärgert.

MARTIN: Das war vor 1933?

MÜLLER: Ja, vor 1933. Thannhauser ist, nachdem Hitler an die Macht gekommen war, verhältnismäßig schnell gegangen. Heidegger sagte mir, für seinen jüdischen Assistenten Brock[41] habe er einen Brief nach England geschrieben, damit er dort gut aufgenommen würde. Brock hat das, glaube ich, nie dementiert. Aber von dem Moment an, als Heidegger Rektor wurde, hat er keinen jüdischen Schüler, der bei ihm eine Doktorarbeit angefangen hatte, mehr promoviert.

SCHRAMM: Das gilt etwa für Helene Weiß[42] ...

MÜLLER: Ja. Dabei hatte er vor ihr die größte Hochachtung. Sie war übrigens – anders als Alfred Seidenmann[43], der bei Heidegger über Bergson arbeitete – nicht auf eine materielle Sicherstellung angewiesen. Heidegger wollte, daß seine jüdischen Schüler auch nach 1933 noch promovierten, aber nicht mehr bei ihm. Also wandte er einen – natürlich nicht gerade großartigen – Trick an und wandte sich an Honecker. Der hat sich dann bereit erklärt, die jüdischen Promovenden von Heidegger zu übernehmen und zum Doktorat zu führen.

MARTIN: Hat Heidegger sich, über die Ermöglichung der Promotion hinaus, für das weitere Schicksal der Juden aus seinem engeren Kreis interessiert?

MÜLLER: Nun, da wäre von seinem Verhältnis zu Wilhelm Szilasi[44] zu reden: eine enge Freundschaft und doch ein schwieriges Verhältnis. Bis 1933 kam Szilasi jedesmal im Sommersemester hierher, hielt privatim philosophische Übungen und wirkte im Heideggerschen Sinne. 1933 hat ihm Heidegger dann, wie mir Szilasi sagte, erklärt: Bei der jetzigen Situation müssen wir unsere Kontakte abbrechen. Es fielen nie böse Worte. Aber Heidegger ließ das Verhältnis zunächst einfach auseinandergehen, und später war es von beiden Seiten sehr schwierig und undurchsichtig.

SCHRAMM: Wie stand es mit den Nichtjuden, deren politische oder sonstige Einstellung sie damals verwundbar machte? Aufsehen erregt hat in letzter Zeit, daß Heidegger als Rektor seinen Kollegen Staudinger[45] anschwärzte.

MÜLLER: Ursprünglich hatten die beiden als Nachbarn ein gutes Verhältnis zueinander. Ich kam mit Staudinger nach dem Zweiten Weltkrieg oft im Lesezirkel von Ritter zusammen. Staudinger war ein unglaublich gütiger Mensch. Seine erste Frau stand politisch allerdings wohl extrem weit links und soll engagierte Pazifistin gewesen sein. Staudinger selbst aber war keine politische Natur und fügte sich wohl mehr der Richtung, die sie angab. Heidegger hätte hier sehr wohl unterscheiden müssen. Außer ihm hat niemand an der Universität, wo man über die Hintergründe genau

Bescheid wußte, Staudingers zeitweilige politische Auslassungen ernst genommen oder gar verübelt.

MARTIN: Wie können Sie das erklären: Heidegger, der doch kein Militarist war, schwärzt einen Kollegen in Karlsruhe mit dem Argument an, es handle sich um einen Pazifisten?

MÜLLER: Ich weiß nicht, ob Heidegger etwa danach gefragt und darauf gestoßen wurde, d. h., ob die Initiative bei ihm lag oder ob sie von außen kam. Sonderbares bleibt am »Fall Staudinger« immer. Staudinger, der inzwischen eine zweite Ehe eingegangen war, hatte sich vermutlich von der ersten Periode seines Lebens hierin dann bereits weit entfernt. Soviel ich weiß, heiratete er in eine Familie baltischer Herkunft ein, und das beförderte bei ihm wohl auch eine andere politische Blickrichtung.

SCHRAMM: Welche persönlichen Erfahrungen haben Sie denn mit Heidegers politischen Bewertungen gemacht?

MÜLLER: Von 1933 an ging ich, obwohl ich vorher einer seiner »Vorzugsschüler« (mit Eugen Fink z. B. und natürlich mit Walter Bröcker und Käte Oltmanns) war, nicht mehr in seine Seminare, weil einige Typen, die sich dort eingenistet hatten, mich sehr abschreckten. Die sind übrigens später wieder weggeblieben. Schon 1935 hatte sich die Seminaratmosphäre wieder geändert. 1937 denunzierte man mich wegen meiner Tätigkeit in der katholischen studentischen Jugend. Den Anstoß lieferten vielleicht auch die Artikel über politische Themen, die ich für den damaligen Großen Herder zu verfassen hatte. Kein Ordinarius hatte damals mehr den Mut, solche heißen Eisen anzufassen. Da mußte ein Jüngerer her. Schließlich kam der erwähnte Professor A. darauf, daß ich diese Artikel verfaßt hatte und folglich untragbar sei[45a]. Der Prorektor der Universität, Theodor Maunz[46], zu dem ich bestellt wurde, erklärte mir: »Sie sind verloren. Weil man Sie denunziert hat, ist Heidegger befragt worden, wie es um Ihre politische Gesinnung stehe. Der hat ein Gutachten geschrieben, in dem er Sie menschlich, pädagogisch und philosophisch lobt, aber den Satz schreibt, Sie seien diesem Staat gegenüber negativ eingestellt. Gehen Sie hin! Wenn er diesen einen Satz streicht, nachdem die Habilitation, die Probevorlesung und Ihre Teilnahme am Dozentenlager so außerordentlich gut gegangen sind, wird auch alles weitere gutgehen. Wenn der Satz stehen bleibt, allerdings nicht.« So ging ich zu Heidegger. Der sagte etwas verlegen: »Ich kann den Satz nicht streichen. Ich bin ja nur nach Ihrer politischen Einstellung gefragt worden. Wenn ich die Auskunft verweigere, ist das für Sie genau so negativ. Deshalb habe ich die Antwort gegeben, die allein der Wahrheit entspricht. Aber ich habe sie eingepackt in eine Hülle verantwortbarer guter Dinge.« Meine Entgegnung: »Das nützt mir nichts. Der Satz steht da.« Da meinte Heidegger: »Als Katholik müßten Sie wissen, daß man die Wahrheit sagen muß. Infolgedessen kann ich doch den Satz nicht streichen.« Da entgegnete ich: »Mir ist nicht bewußt, daß man immer und überall die Wahrheit sagen muß. Vielmehr muß der, zu dem man spricht, einen Anspruch auf die Wahrheit haben. Es gibt ja keine undifferenzierte Wahrheitspflicht.« Heidegger: »Nein, ich halte mich daran, wonach ich gefragt worden bin. Ich kann jetzt nicht mein ganzes Gutachten zurückziehen und sagen, ich mache überhaupt keines, nachdem bekannt ist, daß ich eins an die Universität zur Weiterleitung geliefert habe. Da ist nichts zu machen. Nehmen Sie mir die Sache nicht übel.« Offenbar wollte er ein schönes Verhältnis zu mir aufrechterhalten. Meine letzten Worte waren: »Es dreht sich nicht ums Übelnehmen, sondern um meine Existenz.« Tatsächlich bekam ich kurz darauf, weitergeleitet vom Dekan Müller-Blattau, ein Schreiben aus Berlin, daß ich »aus weltanschaulich-politischen Gründen« für die Universität untragbar sei[47].

MARTIN: Wann war das?

MÜLLER: Mitte Januar 1939 bekam ich den Bescheid. Ich zog die Konsequenzen und brach meine Kontakte zu Heidegger ab. Wiederaufgenommen wurden sie erst 1945, als Heidegger sich an mich wandte. Trotz allem, was vorgefallen war, ergab sich zum zweiten Mal eine sehr schöne Beziehung. Aber die Erfahrung einer gewissen Ambiguität im Charakter von Heidegger war nicht mehr auszulöschen.

SCHRAMM: Wie war denn die Atmosphäre in Heideggers Vorlesungen und Seminaren, nachdem er sein Rektorat niedergelegt hatte? Also in der Zeit, als er über Hölderlin las oder ...

MÜLLER: ... in der großen Nietzsche-Vorlesung.

SCHRAMM: Kann man sagen, daß diese Veranstaltungen in irgendeiner Weise Auseinandersetzungen mit dem Nationalsozialismus waren? Und wurden sie als solche verstanden? Heidegger hat später behauptet: Wer hören konnte, der habe es damals gehört.

MÜLLER: In die Vorlesungen bin ich damals nicht mehr gegangen. Aber ich verfolgte die Nietzsche-Vorlesung anhand von Nachschriften. Es lag auf der Hand, daß er mit Nietzsche das Gegenteil von dem im Sinne hatte, was Mussolini oder Hitler aus ihm machen wollten. Für Heidegger gab es zwei Endstationen der abendländischen Metaphysik: Nietzsche und Marx. Marx habe zwar den Idealisten Hegel vom Kopf auf die Füße gestellt, wie Marx selbst es ausdrückt, aber das sei, sagte Heidegger, genauso Metaphysik, nur sei es der umgekehrte Platonismus. Der Dualismus Geist-Sinnlichkeit bleibt, aber bei Plato beherrscht der Geist die Sinnlichkeit, während bei Marx die Sinnlichkeit und die Arbeit den Geist in Dienst nehmen, wobei dieser nur ein Epiphänomen ist. Nietzsche ersetzt den Platonismus nicht durch einen Materialismus, sondern durch einen Vitalismus. Damit setzt er der Metaphysik ein großartiges Ende. Nietzsche erkennt alle Schwachstellen des großen, bürgerlichen Zeitalters der Neuzeit und der großen, bürgerlich-idealistischen Philosophie. Er ersetzt sie aber nicht durch ein schlechthin neues Denken, sondern einfach durch Umdrehung. Heidegger betonte immer: »*Diese* Kehre meine ich nicht, denn sie ist einfach eine Verkehrung.«

MARTIN: Was ergeben die Hölderlin-Vorlesungen für unsere Fragestellung?

MÜLLER: Bei Hölderlin ging es Heidegger nicht um den Vaterlandsbegriff, der die Nationalsozialisten an diesem Dichter vor allem interessierte. Hölderlin, den Heidegger durch Norbert von Hellingrath[48] aus der Jugendbewegung her kannte, bedeutete für ihn die positive Beendigung des metaphysischen Zeitalters. Hölderlin habe als einziger die Umrisse der nachmetaphysischen Zeit erkannt. Er, der Freund von Hegel und Schelling, sei viel weiter als jene vorgestoßen. In seiner dichterischen Sprache habe er ausgedrückt, daß es kein System des Geistes mehr geben könne, sondern nur noch eine Geschichte der Zusendung des Neuen.

SCHRAMM: Wer ging denn zu Heidegger ins Seminar oder in die Vorlesung, sagen wir: ab 1934/35 und bis zum Krieg, der die Universität allmählich entvölkerte? Wie unterschied sich das Milieu bei Heidegger von dem, was sonst an der Freiburger Universität üblich war?

MÜLLER: Im Jahre 1933 ging es in den Heideggervorlesungen keineswegs unpolitisch zu. Zum Beispiel erinnere ich mich an einen improvisierten Satz aus der Logikvorlesung: »Die Logik ist natürlich das richtige Denken existierend-konkreter Menschen. Auch in die Logik kann man die Gestalt des Führers hineinbringen.« Aber wohlgemerkt: So etwas hätte Heidegger schon 1934/35 nicht mehr gesagt. Seit dieser Zeit fiel, soweit ich das als Nichtteilnehmer beurteilen kann, in seinen Lehrveranstaltungen kein politisches Wort mehr. Und mit dem zum »deutschen Gruß« erhobenen Arm haben wohl alle Ordinarien dieser Zeit ihre Vorlesungen eröffnet. Nur Unbedeutende, Unbeachtete konnten sich über diese Anweisung hinwegsetzen.

SCHRAMM: Hat sich der Kreis der Menschen, die Heidegger nahestanden, in diesen Jahren verschoben?

MÜLLER: Von einer starken Verschiebung kann man kaum reden. Zu seinem engsten Kreis hatten längst Leute gehört, die, vereinfacht gesprochen, »rechts« standen: wie der große Staats- und Verwaltungsrechtler Ernst Rudolf Huber[49] und – wie schon erwähnt – Ernst Jünger[50]. Die von Jünger entworfene Gestalt des Arbeiters, als romantische *und* zugleich technische Erscheinung begriffen, beeindruckte Heidegger.

MARTIN: Darf ich hier einhaken? Hat Heidegger bei Ernst Jünger nicht, mehr als den Literaten, den schneidigen Frontoffizier, den Pour-le-mérite-Träger bewundert? Kompensierte diese Bewunderung nicht, daß ihm selber das Fronterlebnis im Ersten Weltkrieg eigentlich verwehrt geblieben war? Er meldete sich

1914 als Kriegsfreiwilliger, wurde aber wegen einer Krankheit in die Heimat entlassen. In Freiburg diente er dann drei Jahre bei der Postzensur. 1918, als er ein zweites Mal zum Fronteinsatz, jetzt vor Verdun, vorgesehen war, landete er bei der Wetterwarte[51].

MÜLLER: Ja, dieses persönliche unheroische Schicksal hat im Denken Heideggers wohl zur mythischen Verklärung des Front-erlebnisses beigetragen. Übrigens: wenn er mit aller Kraft an die Front gewollt hätte, hätte es gewiß Mittel und Wege gegeben, das zu erreichen. Mir scheint, er war – nach dem üblichen Schlagwort – keine »soldatische Natur«. Aber, weil es bei Heidegger selten mit einer einfachen Formel getan ist, muß man hinzufügen: er besaß einen beachtlichen physischen Mut. Beim Skifahren lachte er mich einige Male aus, weil ich Bögen und Kurven einlegte, wo er in einer schneidigen Geraden hinunterjagte. Dabei hatte er die-sen Sport nicht von Jugend auf betrieben, sondern wohl erst durch Vermittlung seiner Frau gelernt. Das galt übrigens auch für das Wandern. Denn ein Bub aus Meßkirch, der wandert nicht und fährt nicht Ski. Beides hat Heidegger dann aber doch mit Tüchtig-keit und großer Leidenschaftlichkeit sogar getan.

MARTIN: Wenn man nach Heideggers Mut fragt, dann ergibt sich also ein zwiespältiges Bild?

MÜLLER: Ja, wie so oft bei ihm. Er hatte nicht gerade viel »Zivil-courage«. Wo er nicht direkt »Experte« war, war er leicht zu verunsichern, wenn man ihm widersprach. Mich hat das immer gewundert. Bei solchen Gelegenheiten versuchte er nicht zu argu-mentieren, sondern zog sich scheu zurück, sobald man dezidierte Ansichten äußerte. Daß ihn eine gewisse, bis ins Mienenspiel durchschlagende Unsicherheit auch da zurückhalten konnte, wo er furchtbar gerne mitgeredet hätte, aber seine Unzuständigkeit fühlte, spürte man zum Beispiel im Künstlerischen. So wagte er nicht, sich etwa über die Brandenburgischen Konzerte von Bach zu äußern, die er sich mit Freude anhörte und für etwas ganz Großes hielt. Ob er viel von Musik verstanden hat, daran habe ich dennoch gewisse Zweifel.

SCHRAMM: Er spielte sie sich auf Platten vor?

MÜLLER: Ja. Im Alter hatte er sich eine wunderbare stereophone Anlage einbauen lassen.

MARTIN: Dürfen wir noch einmal auf Heideggers Verhältnis zu seinen Professoren-Kollegen zurückkommen?

MÜLLER: Um die Zwiespältigkeit dieser Zeit aufzuzeigen: der damalige Prorektor Josef Sauer[52] hat in sein Tagebuch sehr scharfe Urteile über seinen Rektorkollegen Heidegger hineingeschrieben, die Herr Ott geradezu als Schlüssel für die Beurteilung benutzt hat. Nun, Sauer war als Mensch von Format eine der imponierendsten und großartigsten Erscheinungen der Theologischen Fakultät. Aber es wäre falsch, ihn zum »guten« Gegenpol des »bösen« Heidegger in der Zeit von dessen »Verirrung« zu machen. Sauer war immer Monarchist, deutschnational, er hat Weimar nie akzeptiert. Als Prorektor hat er das ganze Jahr des Heideggerschen Rektorats mit durchgedient und durchgehalten. Es beleuchtet die Zeit, wenn er jungen Katholiken immer wieder riet: Ihr müßt in die SA, ihr müßt in die SS. Von diesen Argumenten ließ auch ich mich beeindrucken und trat der SA bei. Wir müssen dort präsent sein, sonst läuft die ganze Sache über uns weg und gegen uns. Nationalsozialist war er dabei bestimmt nie. Ein anderer Fall – ich weiß nicht, ob man ihn je näher untersucht hat – war Heideggers Verhältnis zu Möllendorff[53].

SCHRAMM: Dem Mediziner?

MÜLLER: Ja. Er war, als die Nationalsozialisten an die Macht kamen, rechtmäßig gewählter Rektor, aber als Mitglied der SPD für sie untragbar. Er mußte zurücktreten und ist später einem Ruf in die Schweiz gefolgt. Das persönliche Verhältnis Heideggers zu Möllendorff ist meines Wissens darüber nicht zerbrochen.

SCHRAMM: Zu Franz Büchner[54] auch nicht.

MÜLLER: Nein. Auch die Beziehungen zu Erik Wolf[55] litten nie. Zunächst wurde Wolf, der die Dekansgeschäfte bei den Juristen führte, von seiner Fakultät desavouiert, weil er sich gewissermaßen als unreflektierter Heidegger-Schwärmer zu entpuppen schien. Gemeinsam hatte er mit Heidegger, daß die Partei ihm absolut fremd blieb. Wolf ließ sich, ursprünglich ein Anhänger

Georges, auch von romantischen Vorstellungen leiten. Ihn faszinierte, wie Heidegger, die Großartigkeit des Geschehens. Ja, bei ihm kam noch ein gewisser Ästhetizismus hinzu. Aber sein Protestantismus verhalf ihm zu einer radikalen Wende: Er trat auf den Boden der Bekennenden Kirche[56].

MARTIN: Sie haben im Gespräch immer wieder Ansätze zu einer Gesamtwürdigung und -kritik von Heideggers Persönlichkeit versucht. Können Sie die Linien noch genauer ausziehen? »Ambiguität« war einer Ihrer Leitbegriffe.

MÜLLER: Bis 1933 durfte ich mich, das ist wohl nicht zu anmaßend gesagt, mit Fink und anderen (Bröcker, Oltmanns, Siewerth z. B.) zu seinen Freiburger Vorzugsschülern rechnen. Gadamer war ja nicht mehr am Orte. Bei meiner Habilitation, die Heidegger 1930 selbst angeregt hatte, gewann ich den Eindruck, er stehe zu mir. Aber bereits bei dem Verfahren zeigte sich eine gewisse Zwiespältigkeit. Obwohl er über das Kolloquium ein sehr positives Urteil abgab, ist er zu keiner meiner Probevorlesungen gekommen. Mich hat diese Zwiespältigkeit, so deutlich ich sie immer gespürt habe, in einer gewissen Weise nicht gestört. Den harmonischen, geschlossenen Menschen, die sich leicht mit sich selbst identifizieren können, bleiben die größten Leistungen verwehrt. Heidegger trug in der meisten Zeit seines Lebens einen tiefen Zwiespalt in sich aus, auch zu seiner Religion. Man kann das in der Dokumentation von Guido Schneeberger[57] nachlesen, die auch Heideggers geradezu gehässige Äußerungen über die katholische Kirche festhält. Eine Szene aus dem Jahre 1945 hat mir Bernhard Welte[58] erzählt. Damals saß Heidegger im Vorzimmer des Erzbischofs, um bei diesem Hilfe zu erbitten. Die Schwester des Erzbischofs kam herein und sagte: »Ach der Martin isch mal wieder bei uns! Zwölf Jahre isch er nicht gekommen.« Heidegger antwortete betreten: »Marie, ich habe es schwer gebüßt. Mit mir ist es jetzt zu Ende.« Natürlich war es keineswegs mit ihm zu Ende, es ging mit ihm vielmehr sehr groß weiter. Demnach war Heidegger zwölf Jahre lang Bischof Gröber ausgewichen.

MARTIN: Obwohl Gröber ihn ja in etwa entdeckt und gefördert hatte[59].

MÜLLER: Ja, und das letztere in sehr starkem Maße.

MARTIN: Seinen ganzen Werdegang hatte Heidegger eigentlich Gröber zu verdanken.

MÜLLER: Das ist viel zuviel gesagt. Aber er hat Gröber immer als eine Vaterfigur verehrt. Gegen ihn persönlich hätte er nie gehässig auftreten können. Hier lagen die Dinge ähnlich wie gegenüber Husserl. Mut und Unsicherheit haben sich in ihm oft widersprochen. Er hat es immer mit sich selber schwer gehabt. Keiner hätte so tief über bestimmte menschliche Phänomene nachdenken können, dem diese Schwierigkeiten im eigenen Inneren abgegangen wären. Der Meßkircher und der Professor z. B., dann der unabhängige Denker und der religiös Verwurzelte – solche Gegensätze z. B. bezeichnen einige der »Zwiespälte« seiner Natur. Seine Mutter war fast ein wenig zu fromm, und von ihr hat er sich nie ganz lösen können. Das Bild der Mutter stand immer auf seinem Schreibtisch. Ein anderes Beispiel: Auf den Wanderungen, die ich zusammen mit ihm machte, haben wir auch manchmal Kirchen und Kapellen besucht. Zu meinem tiefen Erstaunen nahm er Weihwasser und machte eine Kniebeuge. Ich wies ihn einmal auf dies als Inkonsequenz hin: »Sie haben doch von der Kirche Abstand genommen. Sie glauben doch nicht an die Transsubstantiation. Warum eine Kniebeuge? Für Sie ist Christus doch nicht im Altar.« Heidegger daraufhin: »Bestimmt nicht. Transsubstantiation – das ist ein Mißbrauch aristotelischer Physik durch die Hochscholastik. Aber ich bin doch kein Feld-Wald-und-Wiesen-Pantheist. Geschichtlich muß man denken. Und wo so viel gebetet worden ist, da ist das Göttliche in einer ganz besonderen Weise nahe. Wie Sie nun auch die Gestalt deuten, ich würde meinen, das Göttliche war auch einmal in der Gestalt Christi ungewöhnlich nahe. Heute ist es so wohl nicht mehr. Aber eine solche Kirche jahrhundertealter Verehrung ist ein Ort, wo man Ehrfurcht haben muß.« Das Dogma der Kirche, das »Joch der Kirche«, das lehnte er ab. Aber gleichzeitig sah er, daß die Kirche durch die Jahrhunderte hindurch von einer Nähe des Göttlichen durchwaltet wurde, die nun aus ihr heute entschwindet. Daher dieses sonderbar »Adventistische«. Es wird einmal eine neue Religion geben, denn der Mensch wird nie ohne Religion sein, schließlich ist er ein homo religiosus. Heidegger stand dem auf uns gekommenen Erbe gegenüber in einem gewissen Widerspruch: Das Erbe darf man nicht wegwerfen. Man baut auf ihm auf, aber man geht von ihm zu ganz neuen Ufern. Hier übernahm er die berühmte Dreifachheit der »Aufhebung« von Hegel: Aufheben heißt »tollere« – es gilt nicht mehr. Es kann bedeuten »conservare« – aufbewahren. Und schließlich kann es »elevare« heißen: hinaufheben. Und wenn es hinaufgehoben wird, dann steht es ganz anderswo als vorher. Diese Probleme haben ihn sehr tief, nach einem Schlagwort »existentiell« ergriffen. Er hat keines der Probleme, die er mit solcher Großartigkeit aufgerissen hat, bewältigt. Nun, Philosophieren heißt ja: im Fragen bleiben. Wer mit den Problemen zurande kommt, hat Philosophie eigentlich nicht mehr nötig. Darum seine letzte These, der ich immer widersprochen habe: Man denkt *oder* man glaubt, denn mit dem Glauben ist die Antwort da. Das Denken ist nur dann Denken im Heideggerschen Sinne, wenn es in der Antwortlosigkeit verharrt. Für mich steckt darin dann doch ein gewisser – wenn auch nicht im gewöhnlichen Wortsinn – »Nihilismus«. Dieser führt dazu, daß der so antwortlos Denkende dann auch im Politischen der Verantwortung ausweicht. Das wollte Heidegger nicht und hat es letzten Endes doch getan.

Anmerkungen

1 Husserl, Edmund (1859–1938), von 1916 bis zu seiner Emeritierung 1929 Professor für Philosophie in Freiburg.
2 »Die Selbstbehauptung der deutschen Universität«. Breslau 1933. Neuauflage: Martin Heidegger: Die Selbstbehauptung der deutschen Universität. Das Rektorat 1933/34 (hg. von Hermann Heidegger). Frankfurt 1983.
3 Hugo Ott: Martin Heidegger als Rektor der Universität Freiburg i. Br. 1933/34, I Die Übernahme des Rektorats der Universität Freiburg

i. Br. durch Martin Heidegger im April 1933, II Die Zeit des Rektorats von Martin Heidegger (23. April 1933 bis 23. April 1934). Beide in: Zeitschrift des Breisgau-Geschichtsvereins (»Schau-ins-Land«) Nr. 102, 1983, S. 121–136 und Nr. 103, 1984, S. 107–130.
Ders.: Martin Heidegger als Rektor der Universität Freiburg 1933/34. In: Zeitschrift für die Geschichte des Oberrheins, Nr. 132, 1984, S. 343–357.

4 Meinecke, Friedrich (1862–1954), Historiker, 1906–1914 Professor in Freiburg, 1914–1928 in Berlin. Rothfels, Hans (1891–1976), Historiker, 1926–1934 Professor in Königsberg, 1935 zwangsemeritiert, 1939 Research Fellow Oxford, Emigration in die USA, 1951–1960 Professor in Tübingen.

5 Becker, Oskar (1889–1964), Philosoph, 1922 Privatdozent, 1928 ao. Professor in Freiburg, 1931–1955 in Bonn.

6 Ebbinghaus, Julius (1885–1981), Philosoph, 1921 Privatdozent, 1927–1930 apl. Professor in Freiburg, seit 1940 in Marburg.

7 Siewerth, Gustav (1903–1963), Pädagoge und Philosoph, 1937 Privatdozent in Freiburg, Sektionsleiter in der Görres-Gesellschaft für Pädagogik seit 1958. Promotion 1931 mit dem Thema »Der metaphysische Charakter des Erkennens nach Thomas von Aquin, aufgewiesen am Wesen des sinnlichen Aktes« bei Martin Heidegger.

8 Moser, Simon (* 15. März 1901), Philosoph, Promotion 1929 in Freiburg bei Martin Heidegger mit der Arbeit: »Die ›summulae in libros physicorum‹ des Wilhelm von Ockham. Ein kritischer Vergleich ihrer Grundbegriffe mit der Philosophie des Aristoteles«. Universitätsdozent 1935 in Innsbruck, 1948 Professor in Innsbruck, seit 1952 Professor in Karlsruhe.

9 Bröcker, Walter (* 19. Juli 1902), Philosoph, Promotion 1928 in Marburg mit dem Thema »Kants Kritik der ästhetischen Urteilskraft«; 1934 Habilitation mit einer Arbeit über »Die aristotelische Philosophie als Frage nach der Bewegung« bei Heidegger in Freiburg, 1937–1940 Dozent in Freiburg, 1940 Professor in Rostock, seit 1948 in Kiel.

10 Käte Oltmanns, Jahrgang 1906, promovierte 1935 mit einer Arbeit »Die Philosophie des Meister Eckhart« bei Heidegger.

11 Fink, Eugen (1905–1975), Philosoph und Erziehungswissenschaftler, 1929 Promotion bei Husserl mit dem Thema: »Beiträge zu einer phänomenologischen Analyse der physischen Phänomene, die unter den vieldeutigen Titeln ›Sich denken, als ob‹, ›Sich etwas bloß vorstellen‹, ›Phantasien‹ befaßt werden«, 1930–1937 Assistent von E. Husserl; 1938–1940 Mitbegründer des Husserl-Archivs in Löwen, Kriegsdienst, 1946 Habilitation »Idee der ›transzendentalen Methodenlehre‹« und Dozentur, 1948 bis 1971 Professur in Freiburg.

12 Scheler, Max (1874–1928), Philosoph, Professor in Köln und Frankfurt am Main.

13 Rickert, Heinrich (1863–1936), Philosoph, 1891 Privatdozent, 1894–1916 Professor in Freiburg. Thema von Heideggers Habilitation 1916: »Die Kategorien- und Bedeutungslehre des Duns Scotus«. Tübingen 1916.

14 Schneider, Artur (1876–1945), Philosoph, Privatdozent in Bonn 1902, Professor in München 1909, in Freiburg 1911 und in Straßburg 1913, seit 1921 in Köln.

15 George, Stefan (1868–1933), Schriftsteller, propagierte ein neues Griechentum in »Das neue Reich« (1928), als Prophet des »Dritten Reiches« mißverstanden. Mit Hilfe der von ihm herausgegebenen Zeitschrift »Blätter für die Kunst« schuf er sich eine im deutschen Geistesleben einflußreiche Anhängerschaft (George-Kreis).

16 Jünger, Ernst (* 29. März 1895), Schriftsteller, Frontoffizier im Ersten Weltkrieg; Frühwerke: »In Stahlgewittern« (1920), »Der Kampf als inneres Erlebnis« (1922), »Der Arbeiter« (1932).

17 Bloch, Ernst (1885–1977), Philosoph, 1933–1949 Emigration USA, 1949–1957 Professor in Leipzig, seit 1961 Gastprofessor in Tübingen.

18 Platons Lehre von der Wahrheit. Mit einem Brief über den Humanismus. Bern 1947.

19 Was ist Metaphysik? Bonn 1929.

20 Siehe Anm. Nr. 2 oben.

21 Vom 23. September 1966, postum veröffentlicht in Nr. 23, 1976, S. 193–219.

22 Ritter, Gerhard (1888–1967), Historiker, 1925–1956 Professor in Freiburg.

23 Am 3. Mai 1933, beim ersten gemeinsamen Pauktag der Freiburger Korporationen nach Aussetzung des Mensur-Verbots (Schneeberger – Anm. 51 – S. 27 und S. 29). Die offizielle Aufhebung erfolgte auf Reichsebene erst mit einem Gesetz vom 26. Mai 1933 (§ 210a des StGB). Letzteres nach Wolfgang Kreuzberger: Studenten und Politik 1918–1933. Der Fall Freiburg im Breisgau. Göttingen 1972. S. 91.

24 Riehl, Alois (1844–1924), Philosoph, 1882–1895 Professor in Freiburg.

25 Windelband, Wilhelm (1848–1915), Philosoph, 1877–1882 Professor in Freiburg.

26 Siehe oben Anm. 12.

27 Auer, Heinrich (1884–1951), seit 1911 beim Deutschen Caritasverband in Freiburg tätig, Ehrensenator der Freiburger Universität.

28 Aly, Wolfgang (1881–1962), Klassischer Philologe, 1908 Privatdozent, 1914 a.o. Professor in Freiburg, 1928 Lektor für alte Sprachen, 1934 Lehrauftrag für philologische Hilfswissenschaften, 1936 Lehrauftrag

für griechische und lateinische Philologie. Mehrfache Anträge der Fakultät auf ein planmäßiges Extraordinariat wurden vom Ministerium in Karlsruhe abschlägig beschieden. Entlassung 1945.

29 Wilamowitz-Moellendorf, Ulrich von (1848–1931), Klassischer Philologe, seit 1897 Professor in Berlin.

30 Günther, Hans F. K. (1891–1968), Rassenforscher, 1930 Professor in Jena, 1935 in Berlin, 1940–1945 Professor in Freiburg, suspendiert, keine Wiedereinstellung. Hauptwerk: Die Rassenkunde des deutschen Volkes (1922), 14. Auflage 1930.

31 Fischer, Eugen (1874–1967), Anatom und Anthropologe, 1912 Professor in Würzburg, 1914 in Freiburg, 1927–1942 Direktor des Kaiser-Wilhelm-Instituts für Anthropologie in Berlin.

32 Tellenbach, Gerd (* 17. September 1903), Mediävist, 1942 Professor in Münster, 1944–1962 in Freiburg, Autobiographie: »Aus erinnerter Zeitgeschichte«, Freiburg i. Br. 1981.

33 Klewitz, Hans-Walter (1907–1943), Mediävist, von 1940–1943 Professor für mittelalterliche Geschichte in Freiburg i. Br.

34 11. April 1933, in Baden am 6. April 1933 durch Erlaß des Reichskommisars (und Gauleiters) Wagner.

35 Honecker, Martin (1888–1941), Philosoph und Psychologe, Professor in Freiburg 1924–1941.

36 Eugen Fink, siehe Anm. 11 oben.

37 Eucken, Walter (1891–1950), Volkswirtschaftler, seit 1927 Professor in Freiburg.

38 Großmann–Doerth, Hans (1894–1944), Jurist, seit 1930 Professor in Freiburg.

39 Hevesy, Georg von (1885–1966), Chemiker, 1926–1934 Professor in Freiburg, Emigration nach Skandinavien, 1943 Nobelpreis für Chemie.

40 Thannhauser, Siegfried (1885–1962), Mediziner, seit 1931 Professor in Freiburg, 1934 Zwangsemeritierung, Emigration in die USA (Boston). Thannhauser pflegte im amerikanischen Exil gute Kontakte zu Heinrich Brüning.

41 Brock, Werner (1901–1974), Philosoph, 1930 Habilitation in Göttingen mit dem Thema »Nietzsches Idee der Kultur«, 1931 Umhabilitation in Freiburg auf Antrag Heideggers, Übernahme einer Universitätsdozentur, Entzug der Lehrbefugnis durch Entschließung des Reichsstatthalters Wagner vom 1. Oktober 1933, Emigration nach Cambridge, seit 1946 apl. Professor mit besoldetem Lehrauftrag in Freiburg. Die Übertragung einer etatmäßigen Professur als Akt der Wiedergutmachung scheiterte an einer Reihe von Faktoren, u. a. am schlechten Gesundheitszustand Brocks.

42 Weiß, Helene (* 24. Oktober 1898), promovierte auf Anregung Heideggers 1935 in Basel mit dem Thema »Der Zufall in der Philosophie des Aristoteles«.

43 Seidenmann, Alfred (* 1895), Bergsons Stellung zu Kant. Phil. Diss. Freiburg i. Br. 1935.

44 Szilasi, Wilhelm (1889–1966), Philosoph, 1947 bis 1956 als Honorarprofessor Vertretung des Heidegger-Lehrstuhls, ab 1956 mit der Wahrnehmung eines ordentlichen Lehrstuhls für Philosophie in Freiburg betraut. Lebte vor 1933 einige Jahre als Privatgelehrter in Freiburg.

45 Staudinger, Hermann (1881–1965), Chemiker, seit 1926 Professor in Freiburg, Nobelpreis 1953.

45 a Vollständiger Wortlaut des Habilitationsgutachtens von Professor Aly: »Habilitationsarbeit von Dr. Max Müller.
Da mir der Verf. als eine lautere Persönlichkeit geschildert wird, scheint die Arbeit, die eine Überwindung der naturwissenschaftlichen Wahrheitsbegriffe von den Voraussetzungen des Thomismus aus zum Gegenstand hat, in ihrer Anlage verfehlt zu sein. Denn die Voraussetzungen des Thomismus sind nicht diejenigen unserer Wissenschaft. Wer sie jedoch auch heute noch anerkennt, für den dürfte die Arbeit Probe einer sehr scharfsinnigen und intellektuell beachtenswerten Kraft sein. Da es sich bei der Beurteilung der Arbeit aber um weltanschauliche Urgründe handelt, muß ich ein Urteil über sie ablehnen.
Der Artikel ›Staat‹ des Herderschen Lexikons, der nach meinen Informationen von M. stammt, beweist,. daß die Grundanschauung des Verf. vom Staat politisch untragbar ist. Ich würde daher die Betrauung desselben mit einem Lehrstuhl der philosoph. Fakultät für unmöglich halten. Wie andere, z. B. theologische Fakultäten darüber denken, entzieht sich meinem Wissen. Aly«
(Quelle: Archiv der Philosophischen Fakultäten, Freiburg i. Br., »Habilitation Max Müller«).

46 Maunz, Theodor (* 1. November 1901), Staatsrechtler, 1935–1952 Professor in Freiburg, 1952 in München; 1957–1964 bayerischer Kultusminister, Rücktritt wegen pronationalsozialistischer Haltung.

47 Müller-Blattau, Joseph (1895–1976), Musikwissenschaftler, 1937–1952 Professor in Freiburg. Schreiben des Reichsministers für Wissenschaft, Erziehung und Volksbildung, KP Müller, 85 h, vom 23. November 1938, in dem es u. a. heißt: »Dem Gesuch des Dr. phil. habil. Max Müller in Freiburg um Erteilung einer Dozentur habe ich aus politisch-weltanschaulichen Gründen nicht entsprechen können« (Archiv der Philosophischen Fakultäten Freiburg i. Br., »Habilitation Max Müller«).

48 Hellingrath, Norbert von (1888–1916 vor Verdun gefallen), Literaturhistoriker, begann 1913 die erste, historisch-kritische Gesamtausgabe
   der Werke Hölderlins.
49 Huber, Ernst Rudolf (* 8. Juni 1903), Staatsrechtler, Professor 1933 in
   Kiel, 1937 in Leipzig, 1941 Straßburg, Lehrauftrag 1944 Heidelberg,
   1952 Freiburg, Hon.-Prof. 1956 Freiburg, Professor 1957 Wilhelms-
   haven, 1962 Göttingen, 1968 emeritiert.
50 »Über die Linie«. In: Freundschaftliche Begegnung. Festschrift für
   Ernst Jünger zum 60. Geburtstag. Frankfurt a. M. 1955, S. 9–45.
   Wiederabdruck als separate Schrift unter dem Titel »Zur Seinsfrage«.
   Frankfurt a. M. 1956.
51 Die Angaben über die Militärzeit, die Heidegger offensichtlich selbst
   gemacht hat, entstammen dem Deutschen Führerlexikon 1934/35. Zitiert bei Schneeberger, Guido: Nachlese zu Heidegger. Dokumente zu
   seinem Leben und Denken. Bern 1962, S. 237. Heidegger scheint ein
   ambivalentes Verhältnis zu seiner militärischen Dienstzeit im Ersten
   Weltkrieg gehabt zu haben. In Marburg wurde er 1927/28 insgesamt
   fünfmal vom Universitätscurator aufgefordert, ein Formular über seine Militärzeit auszufüllen, damit seine Privatdozententätigkeit in Freiburg als ruhegehaltsfähige Dienstzeit in Preußen anerkannt werde.
   Heidegger blieb die Antwort schuldig (Staatsarchiv Marburg, Best.-
   Nr. 310, acc. 1978/15, No 2729).
52 Sauer, Joseph (1872–1949), Kirchenhistoriker, 1902 Privatdozent, seit
   1905 Professor in Freiburg, 1932/33 Rektor.
53 Möllendorff, Wilhelm von (1887–1944), Histologe, 1919–1922 a. o.
   Professor und seit 1927 o. Professor in Freiburg. Zum Rektor für das
   akademische Jahr 1933/34 gewählt. Rücktritt am 21. April 1933.
54 Büchner, Franz (* 20. Januar 1895), Pathologe, 1927 Habilitation in
   Freiburg, 1931 apl. Professor in Freiburg, 1934 Professor in Berlin,
   1936 bis zu seiner Emeritierung 1960 in Freiburg. Großes Aufsehen
   erregte ein öffentlicher Vortrag, den Büchner am 18. November 1941
   zu dem Thema »Der Eid des Hippokrates« (gedruckt in: Das christli-
   che Deutschland 1933 bis 1945. Dokumente und Zeugnisse. Katholische Reihe, Heft 4) hielt und in dem er eindeutige Position gegen jede
   Form der Euthanasie, die Vernichtung unwerten Lebens, bezog.
   Büchner wurde 1985 Ehrenbürger der Stadt Freiburg.
55 Wolf, Erik (1902–1977), Rechtsphilosoph, seit 1930 Professor in Freiburg.
56 Siehe Alexander Hollerbach in: Freiburger Universitätsblätter, 25. Jg.,
   H. 92, 1986, 33–47.
57 Siehe oben Anm. 51.

58 Welte, Bernhard (1906–1983), Kath. Theologe, 1938 Promotion und 1946 Habilitation in Freiburg, von 1952 bis 1972 Professor in Freiburg.

59 Gröber, Conrad (1872 in Meßkirch – 1948), von 1932 bis zu seinem Tode Erzbischof von Freiburg. Als Rektor des Konstanzer Konradihauses hatte er den dortigen Schüler Heidegger für die Philosophie gewonnen. Vgl. Hugo Ott: Conrad Gröber (1872–1948). In: Zeitgeschichte in Lebensbildern. Bd. 6: Aus dem deutschen Katholizismus des 19. und 20. Jahrhunderts. Hg. von Jürgen Aretz u. a. Mainz 1984. S. 64–75. Eine kritische Biographie steht über Gröber ebenso aus wie über Heidegger. Zu Gröbers Verhalten im »Dritten Reich« gegenüber seinem Klerus siehe die unveröffentlichte Magisterarbeit von Ursula Richter: Das Verhältnis zwischen Bischof und Klerus in der Herausforderung durch den nationalsozialistischen Staat. Das Beispiel Freiburg im Breisgau. Freiburg 1985. Bruno Schwalbach: Erzbischof Conrad Gröber, Freiburg 1986.

Max Müller

Quelle: Freiburger Universitätsblätter, 25. Jg., H. 92, Juni 1986: Martin Heidegger. Ein Philosoph und die Politik, S. 13–31. Abdruck mit freundlicher Genehmigung des Autors.

Notizen zur Person: geb. 1906 in Bad Offenburg (Baden), Studium der Philosophie und Geschichte in Berlin, München und ab 1928 bei Heidegger in Freiburg i. Br., 1930 Promotion zum Dr. phil., 1937 Habilitation, seit 1946 ordentlicher Professor für Philosophie an der Universität in Freiburg i. Br., seit 1960 an der Universität in München, 1971 Honorar-Professor in Freiburg i. Br., stellvertretender Vorsitzender der Martin Heidegger-Gesellschaft, lebt in Freiburg.

Veröffentlichungen zu Heidegger u. a.: Existenzphilosophie im geistigen Leben der Gegenwart, Heidelberg 1949, 3. erw. Aufl. 1964, 4. erw. Aufl. unter dem Titel »Existenzphilosophie. Von der Metaphysik zur Metahistorik«, hrsg. von Alois Halder, Freiburg/München 1986; darüber hinaus finden sich in vielen seiner Schriften Hinweise zu Heideggers Werk.

Hauptwerke: Sein und Geist. Systematische Untersuchungen über Grundproblem und Aufbau mittelalterlicher Ontologie, 2. erw. Aufl. Freiburg/München 1981 (Erstdruck 1940); Erfahrung und Geschichte. Grundzüge einer Philosophie der Freiheit als transzendentale Erfahrung, Freiburg/München 1971; Philosophische Anthropologie, hrsg. von Wilhelm Vossenkuhl, Freiburg/München 1976; Der Kompromiß, Freiburg/München 1981.

Hans Jonas

HEIDEGGERS ENTSCHLOSSENHEIT
UND ENTSCHLUSS

Jonas: Heidegger war zweifellos der bedeutendste philosophische Denker, den Deutschland damals hatte. Vielleicht kann man sagen der bedeutendste philosophische Denker dieses Jahrhunderts. Wenn man damals in Philosophie etwas lernen wollte, was nicht einfach nur die konventionelle oder traditionelle Universitätsphilosophie war, so gab es zwei Namen. Der eine war der damals schon greise Edmund Husserl in Freiburg, der Begründer der Phänomenologie, die zwar noch sehr eng verbunden war mit der philosophischen Tradition, aber schon in einer gewissen Hinsicht einen neuen Anfang darstellte, und jedenfalls das Geachtetste war, was es damals außerhalb des Neukantianismus in Deutschland gab. Und der Neukantianismus, der besonders seinen Sitz in Marburg hatte, Hermann Cohen, der damals schon nicht mehr lebte, Paul Natorp, auch Nicolai Hartmann, waren zwar achtbare, aber nicht originelle Philosophen. Die Originalität lag bei den Phänomenologen. Da gab es einen jungen Privatdozenten und Assistenten von Husserl, namens Martin Heidegger, in Freiburg. Die Universitätsordnung wollte es bzw. die Ordnung, die Husserl eingeführt hatte, daß junge Philosophiestudenten damals noch nicht sofort in sein Seminar durften, sondern diese wurden in ein Proseminar verwiesen, das sein junger Assistent Martin Heidegger gab. So hatte ich zugleich den doppelten Aufprall sozusagen dieser zwei gewaltigen und sehr eigenwilligen Lehrerpersönlichkeiten, Denkerfiguren, nämlich Edmund Husserl und Martin Heidegger, wovon denn doch Heidegger der ungleich aufregendere war.

Isenschmid: Und warum?

Jonas: Zunächst einmal wird meine Antwort sehr erstaunen.

Ich spreche aber jetzt ganz autobiographisch persönlich. Zunächst einmal wegen seiner viel schwierigeren Verständlichkeit, was eine eigentümliche auf einen jungen und philosophiebeflissenen, einen der nämlich noch im Lehrlingsstadium ist, eine ganz eigentümliche Anziehungskraft hatte, nämlich die damit einhergehende völlig bezwingende Vermutung, daß da etwas dahinter steckte, das zu verstehen es sich lohnte, daß hier etwas vorgeht, daß hier an etwas Neuem gearbeitet wird.

Isenschmid: Ich verstand kein Wort, aber ich wußte, das war Philosophie, hat irgendjemand gesagt.

Jonas: Exakt. Genau das war es, ich verstehe es nicht, aber das muß es sein. Hier kommt man dem Zentrum philosophischen Denkens nahe. Es ist noch verschlossen, aber da ist etwas am Werke, wo es sich – wie soll ich es sagen – um die letzten Anliegen des Denkens überhaupt, der Philosophie handelt. Dazu kommt, daß sich Husserls Denken doch dahingehend verfestigt hatte, daß, was er vorzutragen hatte, eigentlich eine ständige Wiederholung dessen war, was er schon gesagt hatte, was in seinen Büchern stand, was sich sehr lohnte anzueignen. Aber man kann nicht sagen, daß man bei Husserl, wenn man bei ihm in seinem Seminar saß oder in seinen Vorlesungen, noch neue Ausblicke erhielt, sondern man stieg sozusagen ein in eine Schule. Und irgendwie, obwohl man später bei Heidegger auch von Schulbildung sprechen könnte, war das doch nicht das, was ich wollte. Daß eine schon festgelegte Lehre nun auch von mir erlernt wird, das verstand sich schon, aber ich wollte nicht einfach ein Mitglied einer schon gewissermaßen von sich selbst überzeugten, als endgültig wahr überzeugten Schule werden.

Isenschmid: Heidegger brachte die letzten Anliegen der Philosophie zur Sprache, ein altes Thema, aber in einer völlig neuen Sprache und ich denke auch in einer völlig neuen Sichtweise. Welches waren denn die Geheimnisse dieser Heideggerschen Art von den letzten Anliegen der Philosophie zu sprechen?

Jonas: Ja, das läßt sich vielleicht in der Gegenüberstellung zweier Worte, die wirklich Termini Technici wurden, ganz verdichten. Husserl sprach von Analyse des Bewußtseins. Heidegger sprach von Weisen des Daseins. Bewußtsein hie, Dasein dort, das war mehr als nur eine terminologische Unterscheidung. Für Husserl war es das reine Bewußtsein, in dem sich die Welt aufbaut, im wesentlichen in sogenannten »noetischen Akten«, d. h. Akten des Erkennens, des Wissens, angefangen mit der Perzeption, also der Sinneswahrnehmung wie Gegenständlichkeit aufgebaut wird im Bewußtsein, und dann aufsteigend bis zu den geistig abstrakten Formen, in denen die Welt im Bewußtsein organisiert wird. Dieses reine Bewußtsein stand gewissermaßen völlig unabhängig und abstrakt der Welt gegenüber. Die Welt war sein Produkt, ein Produkt des Bewußtseins. Sehr merkwürdig das zu sagen. So als ob es den Leib, die Verflochtenheit in die Welt nicht gebe. So als ob hier das reine Ich sich seine Gegenstandswelt selber erbaut. Das war noch Erbe des deutschen Idealismus, Erbe Kants und der ganzen deutschen Bewußtseinsphilosophie, die nach Kant mit Fichte und Hegel usw. fortging. Nur im Unterschied zum Hegelschen Philosophieren nicht mehr spekulativ, sondern – wie Husserl immer wieder betonte – deskriptiv. Die Phänomenologie ist deskriptiv, sie beschreibt die Phänomene. Aber welche Phänomene? Die Phänomene des Bewußtseins. Heidegger sprach vom Dasein und nicht von dem Dasein, das in Wissensakten sich die Welt vorstellt, sondern vom Dasein, dessen Seinsweise Sorge ist, dem es um etwas geht. Und er definiert Dasein als dasjenige Sein, dem es in seinem Sein um dieses Sein geht. Solche Töne hörte man bei Husserl nicht. Bei Husserl war dieses reine Ich doch sehr wesentlich ein intellektuelles Ich. Das intelligible und intellektuelle Ich des reinen Bewußtseins das – wie schon gesagt – die Welt zum Gegenstand hat, und Gegenstand heißt *gegenüberstehend*. Das Dasein Heideggers war in ganz anderer Weise empfunden: als in die Welt sorgend verflochten. Es geht ihm um etwas, das heißt: es ist. Ja, es ist eigentlich wesentlich unterwegs. Um es vielleicht ganz unphilosophisch zu sagen – Heidegger hat diesen Ausdruck nicht gebraucht – das ist ein »geplagtes Ich« und nicht ein souverän die Welt sich gegenüberstellendes Ich.

ISENSCHMID: Und wie hat sich denn eigentlich Ihr Bild Heideggers, Ihr Bild auch seines Denkens verschoben durch das, was im Krieg und nach dem Krieg von Heidegger erfahrbar war? Hat sich da ein Schatten auf Heidegger und sein Denken gelegt? Was passierte da?

JONAS: Was passierte, war lange vor dem Krieg, nämlich 1933. Da kam Heidegger aus seinem Versteck heraus. Bis dahin hatte er sich nie zu irgendwelchen politischen Affinitäten oder auch nur Sympathien geäußert; ja, eine gewisse Blut- und Boden-Einstellung war immer da. Er betonte sehr sein Schwarzwäldertum, ich meine das Skilaufen und die Skihütte oben in Todtnauberg; das war nicht nur weil er Skilaufen liebte und weil er gerne oben in den Bergen war, sondern das hatte auch irgendetwas von einer weltanschaulichen Bejahung. Man muß der Natur nahe sein usw. Und gewisse Bemerkungen, auch die er schon mal über Franzosen machte, zeigten so einen – wie soll ich sagen – primitiven Nationalismus. So war halt Heidegger, und ich habe das damals nicht mit seiner Philosophie oder seine Philosophie damit in Zusammenhang gebracht, sondern das waren persönliche Eigenheiten von ihm, daß er einen gewissen Kult betrieb, z. B. die Art, wie er sich anzog. Er hatte sich selber eine Art traditionelle, die Landschaft akzentuierende Tracht ausgedacht. Er trug Kniehosen mit langen Strümpfen, dazu eine Weste, ich glaube es war so eine alemannische, halb von ihm erdacht und halb dem Schwarzwaldbauern abgesehene Tracht, die er auch im Vorlesungssaal anhatte. Darüber hatte man nicht viel nachgedacht, denn schließlich hatte man es ja letztenendes nicht mit Eigenheiten Martin Heideggers zu tun, sondern mit seinem Denken und seiner Lehre.

Und er war ein großartiger Lehrer. Er war nicht nur ein ungeheuer origineller Lehrer, sondern – das kann man sagen – er war ein faszinierender Lehrer. Und nie wieder vorher und nachher habe ich erlebt, daß man derartig genau aufschrieb. Die Mitschriften seiner Vorlesungen, ich hatte sie mit in die Auswanderung genommen, und nach meinen vielen Migrationen in der Emigration immer noch bei mir, bis ich sie schließlich in den 60er Jahren dem

Heideggerarchiv zur Verfügung gestellt habe. Heideggers Vorlesungen hat man nicht nur sehr fromm und sehr genau mitgeschrieben und untereinander ergänzt aus persönlichen Mitschriften, sondern man hat sie studiert, ehe Heidegger seine Bücher veröffentlichte.

Isenschmid: Aber wie ist denn nun die Verbindung zwischen diesen zwei Komponenten, der großartige Denker und Lehrer Heidegger und der Chauvinist, der 1933 aus seinem Versteck kam, sind das zwei Sachen, oder ist das immer schon unterirdisch verbunden gewesen?

Jonas: Ja, man muß sagen, das letztere. Aber mir ging das schwer auf. 1933 als er diese berüchtigte und mit Recht auch im philosophischen Sinne verräterische und im tiefsten eigentlich für die Philosophie blamable Rektoratsrede hielt, war ich einfach entsetzt und sprach mit Freunden darüber und sagte: das von Heidegger, dem bedeutendsten Denker der Zeit. Worauf ich hören mußte: »Wieso bist du so erstaunt, das steckte doch drin, das konnte man irgendwie schon aus der Art seines Denkens entnehmen.« Das wurde mir dann auch aus gewissen Zügen des Heideggerschen Denkens belegt und ich schlug mir auf die Stirn und sagte: Ja, da habe ich etwas nicht bemerkt.

Isenschmid: In welchen Zügen steckte es denn drin?

Jonas: Sie stellen sehr schwierige Fragen. Man kann darauf in diesem Zusammenhang nur in Vereinfachungen antworten. Eine solche Vereinfachung liefert der Begriff der Entschlossenheit. Was Heidegger über Eigentlichkeit und Uneigentlichkeit der Existenz in seiner Daseinsanalyse zu sagen hatte, legte er zum ersten Mal der philosophischen Öffentlichkeit in dem Werk »Sein und Zeit« vor, das 1927 erschien, das heißt, nachdem ich schon viele Jahre bei Heidegger studiert hatte. Es ist die Rede davon, daß das Sein des Daseins sich in verschiedenen Modi, in verschiedenen Weisen des Seins vollziehen kann, von denen eine die vorherrschende der Alltäglichkeit ist. Das Dasein ist be- oder verfangen ins Man, das ist das nicht eigentlich personale, nivellierte, anonyme Sein der Gesellschaft, in der es eigentlich nicht heißen kann, ich meine das und das, ich denke das und das, ich will das, sondern man sagt, man denkt, man verfährt oder verhält sich so. Das heißt, das Dasein wird dabei von etwas gelebt, nicht vom eigentlichen Selbst, sondern eben von dieser anonymen Welt der Gesellschaft, die eigentliche Existenz, im Unterschied zu diesem nivellierten In-der-Welt-sein als vom Man gelebtes Dasein, wird gewonnen durch eine Art Selbstbesinnung, die insbesondere durch den sogenannten Vorlauf zum Tode in Gang kommt.

Nicht notwendig dadurch allein, aber doch war bei Heidegger – vielleicht aus dem Erlebnis des 1. Weltkrieges, ich weiß es nicht genau – das Verhältnis zum eigenen Tode, das Verhältnis zur eigenen Endlichkeit einer der Antriebe, die das Dasein auf sich selbst zurückwirft und sich aus der Herrschaft des Man befreien läßt: zu seiner Eigentlichkeit. Das Merkmal dieser Eigentlichkeit ist die Entschlossenheit: man muß sich für etwas zu sich selbst entschließen. Die Entschlossenheit als solche, nicht *wofür* man sich entschließt und *wogegen,* sondern *daß* man sich entschließt wird zur *eigentlichen* Signatur des *eigentlichen* Daseins. Die Gelegenheiten zum Sich-entschließen werden aber durch die Geschichtlichkeit dargeboten. Heidegger hatte völlig unabhängig von der politischen Wirklichkeit seine eigene Lehre von einem in der Geschichte, in der Denkgeschichte sich abspielenden Abfallprozeß entwickelt, in dem die Ursprünge verloren gegangen waren, sozusagen zur Denkroutine geworden waren. Die Intensität, mit der er die Griechen studierte und uns erschloß – Aristoteles insbesondere, dann aber auch die Vorsokratiker, Platon, Augustin –, dieser Rückgang auf das, was er die Ursprünge des Denkens nannte, verband sich bei ihm mit einer sehr negativen Einschätzung dessen, wohin das abendländische Denken im Verfolg dieser ursprünglichen Antriebe schließlich gelangt war. Er hatte die Abkünftigkeit, das Derivative des philosophischen Denkens aufgewiesen, wie es sich z. B. im Neukantianismus der deutschen Kathederphilosophie, in der deutschen Universitätsphilosophie darstellte.

Es gab ein denkwürdiges Zusammentreffen in den späten 20er

Jahren in Davos, das berühmte Gespräch zwischen Heidegger und Cassirer. Da war auf der einen Seite der ältere Cassirer, ein sehr vornehmer Mann, ungeheuer geschult in der abendländischen Denktradition, sehr von Kant her bestimmt, aber eigenständig weiterdenkend von da, das war der eigentliche homo humanus im überlieferten Sinne, und dem gegenüber stand dieser – fast kann man sagen – »Barbar« Heidegger, demgegenüber das alles schattenhaft wurde, worauf es eigentlich ankommt. Es war eine Art – man kann fast sagen – bildliche Katastrophe, der angesehensten deutschen Universitätsphilosophie gegenüber diesem neuen Dränger und Infragesteller, der Cassirer in Heidegger gegenübertrat. Man hat mir später erzählt, daß Cassirer tief angewidert war und natürlich auch gefühlt hat, daß die Herzen, die Gemüter der Zuschauer durchaus bei Heidegger waren. Das war an sich schon ein schmerzliches Erlebnis, aber hinzu kam, daß für ihn dieser »schwarzhaarige Dämon«, mit dem er es zu tun hatte, auch tief beunruhigend in einem antipathischen Sinne war. Cassirer hatte da auch ganz richtige Erkenntnisse.

Jedenfalls als die Stunde im Januar 1933 schlug, da bot die Geschichte die Gelegenheit zur Entschlossenheit. Man soll sich hineinwerfen in dieses neue Schicksal und endlich aus den ganzen kompromißlerischen und schwächlichen und so zivilisierten und gedämpften Verhandlungen des Geistes an der deutschen Universität, speziell in der Philosophie, aber überhaupt, heraus den Sprung machen und hinein in das Geschehen der neuen Tat eines neuen Beginnens. Da wurde mir in der Tat die ungeheure Fraglichkeit des ganzen Heideggerschen Ansatzes klar. Wenn er der idealistischen Philosophie einen gewissen Idealismus vorwarf – es wurden dort die Formen des Denkens studiert, die Kategorien, in denen die Welt geordnet ist, und das alles aus einer gewissen Distanz –, so konnte man ihm etwas viel Ernsthafteres vorwerfen: den absoluten Formalismus seiner Entscheidungsphilosophie, wo das Entscheiden als solches die höchste Tugend wird. Nun kann man rein abstrakt sagen, man hätte sich auch dagegen entscheiden können, und es wäre in der Tat eine sehr formidable Entscheidung gewesen, gegen den Strom zu schwimmen. Aber er sah in Hitler und in dem Nationalsozialismus und in dem Aufbruch, in dem Willen, nun ein neues Reich, ein tausendjähriges sogar, zu beginnen etwas Begrüßenswertes, das er irgendwie eine Zeit lang mit seinem eigenen Bemühen identifizierte, einen eigenen Anfang zu finden, aus der Bahn, aus dieser abschüssigen Bahn dieses sich von den Ursprüngen immer weiter entfernenden Philosophierens zu etwas zurückzukehren, von dem man einen neuen Start hatte. Die Entschiedenheit als solche – des Führers und der Partei – identifizierte er mit dem Prinzip der Entschiedenheit und Entschlossenheit als solche. Als ich angewidert erkannte, daß das nicht nur eine persönliche Verirrung Heideggers war, sondern doch irgendwie in seinem Denken angelegt war, ging mir die Fragwürdigkeit des Existenzialismus als solchem auf: nämlich des nihilistischen Elementes, das darin liegt. Das kam auch mit dem zusammen, was ich als einen Grundzug der gnostischen Unruhe im Anfang des christlichen Zeitalters erkannt hatte, wo auch ein stark nihilistisches Element mitschwang.

Hans Jonas

Quelle: Interview von Prof. Dr. Andreas Isenschmid mit Hans Jonas für den Schweizer Rundfunk, gesendet am 9. Oktober 1987. Erstveröffentlichung. Die Überschrift stammt von den Herausgebern.

Notizen zur Person: geb. 1903 in Mönchengladbach, Studium der Philosophie, Theologie und Kunstgeschichte in Freiburg, Berlin, Heidelberg und Marburg, Promotion 1928 bei Heidegger und Rudolf Bultmann in Marburg, als Jude Emigration zunächst nach England, dann 1935 nach Palästina, 1938/39 und 1946–1948 Dozent an der Hebräischen Universität Jerusalem, 1946–1948 zugleich an der British Council School of Higher Studies in Jerusalem; 1949 Professor an der McGill University in Montreal, 1950–54 an der Charlton University in Ottawa, 1955–1976 an der New School for Social Research in New York, 1987 Friedenspreis des Deutschen Buchhandels, lebt in den USA.

Veröffentlichungen zu Heidegger u. a.: Heidegger und die Theologie, in: Heidegger und die Theologie. Beginn und Fortgang der Diskussion, hrsg.

von Gerhard Noller, München 1967, 316–340 (Erstdruck 1964); Wandel und Bestand. Vom Grunde der Verstehbarkeit des Geschichtlichen, in: Durchblicke. Martin Heidegger zum 80. Geburtstag, hrsg. von Vittorio Klostermann, Frankfurt a. M. 1970, 1–27.

Hauptwerke: Gnosis und spätantiker Geist, 2. Bde., Göttingen 1934 u. 1954; Organismus und Freiheit. Ansätze zu einer philosophischen Biologie, Göttingen 1973; Das Prinzip Verantwortung. Versuch einer Ethik für die technologische Zivilisation, Frankfurt a. M. 1979; Macht oder Ohnmacht der Subjektivität?, Frankfurt a. M. 1981; Technik, Medizin und Ethik. Zur Praxis des Prinzips Verantwortung, Frankfurt a. M. 1985.

Anmerkungen: Jonas hält sich in seinen neueren Veröffentlichungen mit Stellungnahmen zu seinem Lehrer Heidegger sehr zurück, z. B. fällt in »Das Prinzip Verantwortung« der Name Heidegger nicht.

WÜRDIGUNGEN

Hannah Arendt

MARTIN HEIDEGGER
IST ACHTZIG JAHRE ALT

Zusammen mit seinem 80. Geburtstag feierte Martin Heidegger auch das fünfzigjährige Jubiläum seiner öffentlichen Wirkung als Lehrer. Plato hat einmal gesagt: »Denn der Anfang ist auch ein Gott, solange er unter den Menschen weilt, rettet er alles« (*Gesetze* 775).

Lassen Sie mich also mit diesem Anfang in der Öffentlichkeit beginnen, nicht mit dem Jahre 1889 in Meßkirch, sondern mit dem Jahre 1919, dem Eintritt des Lehrers in die deutsche akademische Öffentlichkeit an der Universität Freiburg. Denn Heideggers Ruhm ist älter als die Veröffentlichung von *Sein und Zeit* im Jahre 1927, ja es ist fraglich, ob der ungewöhnliche Erfolg dieses Buches – nicht nur das Aufsehen, das es sofort erregte, sondern vor allem die außerordentlich nachhaltige Wirkung, mit der sich sehr wenige Veröffentlichungen des Jahrhunderts messen können – möglich gewesen wäre ohne den, wie man sagt, Lehrerfolg, der ihm vorangegangen war und den er, jedenfalls in der Meinung derer, die damals studierten, nur bestätigte.

Um diesen frühen Ruhm war es seltsam bestellt, seltsamer vielleicht noch als um den Kafkas in den frühen zwanziger Jahren oder den Braques und Picassos in dem davorliegenden Jahrzehnt, die ja auch dem, was man gemeinhin unter Öffentlichkeit versteht, unbekannt waren und dennoch eine außerordentliche Wirkung ausübten. Denn es lag in diesem Falle nichts vor, worauf der Ruhm sich hätte stützen können, nichts Schriftliches, es sei denn Kollegnachschriften, die von Hand zu Hand gingen; und die Kollegs handelten von Texten, die allgemein bekannt waren, sie enthielten keine Lehre, die man hätte wieder- und weitergeben können. Da war kaum mehr als ein Name, aber der Name reiste durch ganz

Deutschland wie das Gerücht vom heimlichen König. Dies war etwas völlig anderes als die um einen »Meister« zentrierten und von ihm dirigierten »Kreise« (wie etwa der George-Kreis), die, der Öffentlichkeit wohl bekannt, sich von ihr durch die Aura eines Geheimnisses abgrenzen, um das angeblich nur die Mitglieder des Kreises wissen. Hier gab es weder Geheimnis noch Mitgliedschaft; diejenigen, zu denen das Gerücht gedrungen war, kannten sich zwar, weil sie alle Studenten waren, es gab gelegentlich Freundschaften unter ihnen, und später kam es dann wohl auch hie und da zu Cliquenbildungen, aber es gab nie einen Kreis, und es gab keine Esoterik.

Wen denn erreichte das Gerücht, und was sagte es? Es gab damals, nach dem Ersten Weltkrieg, an den deutschen Universitäten zwar keine Rebellion, aber ein weitverbreitetes Unbehagen an dem akademischen Lehr- und Lernbetrieben in all den Fakultäten, die mehr waren als bloße Berufsschulen, und bei all den Studenten, für die das Studium mehr bedeutete als die Vorbereitung auf den Beruf. Philosophie war kein Brotstudium, schon eher das Studium entschlossener Hungerleider, die gerade darum recht anspruchsvoll waren. Ihnen stand der Sinn keineswegs nach Welt- oder Lebensweisheit, und wem an der Lösung aller Rätsel gelegen war, dem stand eine reichliche Auswahl in den Angeboten der Weltanschauungen und Weltanschauungsparteien zur Verfügung; um da zu wählen, bedurfte es keines Philosophiestudiums. Was sie nun aber wollten, das wußten sie auch nicht. Die Universität bot ihnen gemeinhin entweder die Schulen – die Neu-Kantianer, die Neu-Hegelianer, die Neo-Platoniker usw. – oder die alte Schuldisziplin der Philosophie, die, säuberlich in Fächer aufgeteilt als Erkenntnistheorie, Ästhetik, Ethik, Logik und dergleichen, nicht so sehr vermittelt als durch bodenlose Langeweile erledigt wurde. Gegen diesen eher gemütlichen und in seiner Weise auch ganz soliden Betrieb gab es damals, noch vor dem Auftreten Heideggers, einige wenige Rebellen; es gab, chronologisch gesprochen, Husserl und seinen Ruf »Zu den Sachen selbst«: das hieß »Weg von den Theorien, weg von den Büchern« und Etablierung der

Philosophie als einer strengen Wissenschaft, die sich neben anderen akademischen Disziplinen würde sehen lassen können. Das war natürlich ganz naiv und ganz unrebellisch gemeint, aber es war etwas, worauf sich erst Scheler und etwas später Heidegger berufen konnten. Und dann gab es noch in Heidelberg, bewußt rebellisch und aus einer anderen als der philosophischen Tradition kommend, Karl Jaspers, der, wie man weiß, lange mit Heidegger befreundet war, gerade weil ihn das Rebellische in Heideggers Vorhaben als etwas ursprünglich Philosophisches inmitten des akademischen Geredes *über* Philosophie ansprach.

Was diese Wenigen miteinander gemein hatten, war – um es in Heideggers Worten zu sagen – daß sie »zwischen einem gelehrten Gegenstand und einer gedachten Sache« unterscheiden konnten (*Aus der Erfahrung des Denkens,* 1947) und daß ihnen der gelehrte Gegenstand ziemlich gleichgültig war. Das Gerücht erreichte damals diejenigen, welche mehr oder minder ausdrücklich um den Traditionsbruch und die »finsteren Zeiten«, die angebrochen waren, wußten; die daher die Gelehrsamkeit gerade in Sachen der Philosophie für ein müßiges Spiel hielten und nur darum bereit waren, sich der akademischen Disziplin zu fügen, weil es ihnen um die »gedachte Sache« oder, wie Heidegger heute sagen würde, um »die Sache des Denkens« ging (*Zur Sache des Denkens,* 1969). Das Gerücht, das sie nach Freiburg zu dem Privatdozenten und etwas später nach Marburg lockte, besagte, daß es einen gibt, der die Sachen, die Husserl proklamiert hatte, wirklich erreicht, der weiß, daß sie keine akademische Angelegenheit sind, sondern das Anliegen von denkenden Menschen, und zwar nicht erst seit gestern und heute, sondern seit eh und je, und der, gerade weil ihm der Faden der Tradition gerissen ist, die Vergangenheit neu entdeckt. Technisch entscheidend war, daß z. B. nicht *über* Plato gesprochen und seine Ideenlehre dargestellt wurde, sondern daß ein Dialog durch ein ganzes Semester Schritt für Schritt verfolgt und abgefragt wurde, bis es keine tausendjährige Lehre mehr gab, sondern nur eine höchst gegenwärtige Problematik. Heute klingt uns das vermutlich ganz vertraut, weil so viele es jetzt so machen; vor

Heidegger hat es niemand gemacht. Das Gerücht sagt es ganz einfach: Das Denken ist wieder lebendig geworden, die totgeglaubten Bildungsschätze der Vergangenheit werden zum Sprechen gebracht, wobei sich herausstellt, daß sie ganz andere Dinge vorbringen, als man mißtrauisch vermutet hat. Es gibt einen Lehrer; man kann vielleicht das Denken lernen.

Der heimliche König also im Reich des Denkens, das, durchaus von dieser Welt, doch so in ihr verborgen ist, daß man nie genau wissen kann, ob es überhaupt existiert, dessen Bewohner aber dann doch zahlreicher sind, als man glaubt. Denn wie könnte man sich sonst den einmaligen, oft unterirdischen Einfluß Heideggerschen Denkens und denkenden Lesens erklären, der so weit über den Kreis der Schüler und über das, was man gemeinhin unter Philosophie versteht, hinausgeht?

Denn es ist nicht Heideggers Philosophie, von der man mit Recht fragen kann, ob es sie überhaupt gibt (so Jean Beaufret), sondern Heideggers Denken, das so entscheidend die geistige Physiognomie des Jahrhunderts mitbestimmt hat. Dies Denken hat eine nur ihm eigene bohrende Qualität, die, wollte man sie sprachlich fassen und nachweisen, in dem transitiven Gebrauch des Verbums »denken« liegt. Heidegger denkt nie »über« etwas; er denkt etwas. In dieser ganz und gar unkontemplativen Tätigkeit bohrt er sich in die Tiefe, aber nicht um in dieser Dimension – von der man sagen könnte, daß sie in dieser Weise und Präzision vorher schlechterdings unentdeckt war – einen letzten und sichernden Grund zu entdecken oder gar zutage zu fördern, sondern um, in der Tiefe verbleibend, Wege zu legen und »*Wegmarken*« zu setzen (dies der Titel einer Sammlung von Texten aus den Jahren 1929–1962). Dies Denken mag sich Aufgaben stellen, es mag mit »Problemen« befaßt sein, es hat ja natürlich immer etwas Spezifisches, womit es gerade beschäftigt oder, genauer, wovon es gerade erregt ist; aber man kann nicht sagen, daß es ein Ziel hat. Es ist unaufhörlich tätig, und selbst das Wegelegen dient eher der Erschließung einer Dimension als einem im Vorhinein gesichteten und darauf ausgerichteten Ziel. Die Wege dürfen ruhig »*Holzwege*« sein (nach dem

Titel einer Essaysammlung aus den Jahren 1935–1946), die ja gerade, weil sie nicht zu einem außerhalb des Waldes gelegenen Ziel führen und »jäh im Unbegangenen aufhören«, demjenigen, der den Wald liebt und in ihm sich heimisch fühlt, ungleich gemäßer sind als die sorgsam angelegten Problemstraßen, auf denen die Untersuchungen der zünftigen Philosophen und Geisteswissenschaftler hin- und hereilen. Die Metapher von den »Holzwegen« trifft etwas sehr Wesentliches, aber nicht wie es erst scheint, daß jemand auf den Holzweg geraten ist, von dem es nicht weitergeht, sondern daß jemand dem Holzfäller gleich, dessen Geschäft der Wald ist, auf Wegen geht, die von ihm selbst gebahnt werden, wobei das Bahnen nicht weniger zum Geschäft gehört als das Schlagen des Holzes.

Heidegger hat in dieser, erst von seinem bohrenden Denken erschlossenen Tiefendimension ein großes Netz solcher Denkpfade angelegt; und das einzige unmittelbare Resultat, das verständlicherweise beachtet worden ist und Schule gemacht hat, ist, daß er das Gebäude der überkommenen Metaphysik, in dem sich ohnehin schon geraume Zeit niemand so recht wohl fühlte, so zum Einsturz gebracht hat, wie eben unterirdische Gänge und Wühlarbeiten das zum Einsturz bringen, dessen Fundamente nicht tief genug abgesichert sind. Dies ist eine historische Angelegenheit, vielleicht sogar erster Ordnung, aber es braucht uns, die wir außerhalb aller Zünfte, auch der historischen, stehen, nicht zu kümmern. Daß man Kant aus einer spezifischen Perspektive mit Recht den »alles Zermalmenden« nennen konnte, hat mit dem, wer Kant war – im Unterschied zu seiner geschichtlichen Rolle – wenig zu tun. Und was Heideggers Anteil an dem Einsturz der Metaphysik, der ohnehin bevorstand, anlangt, so ist ihm, und nur ihm, zu danken, daß dieser Einsturz in einer dem Vorangegangenen würdigen Weise vonstatten ging; daß die Metaphysik zu Ende *gedacht* worden ist und nicht nur von dem, was nach ihr folgte, gleichsam überrannt wurde. »Das Ende der Philosophie«, wie Heidegger in *Zur Sache des Denkens* sagt, aber ein Ende, das der Philosophie Ehre macht und sie in Ehren hält, bereitet von dem, der ihr am tiefsten verhaftet war. Ein Leben lang hat er seinen Seminaren und Vorlesungen die Texte der Philosophen zugrunde gelegt und erst im Alter sich so weit hervor- und herausgewagt, daß er ein Seminar über einen eigenen Text hielt. *Zur Sache des Denkens* enthält das »Protokoll zu einem Seminar über den Vortrag ›Zeit und Sein‹«, der den ersten Teil des Buchs bildet.

Ich sagte, man folgte dem Gerücht, um das Denken zu lernen, und was man nun erfuhr, war, daß Denken als reine Tätigkeit, und das heißt weder vom Wissensdurst noch vom Erkenntnisdrang getrieben, zu einer Leidenschaft werden kann, die alle anderen Fähigkeiten und Gaben nicht so sehr beherrscht als ordnet und durchherrscht. Wir sind so an die alten Entgegensetzungen von Vernunft und Leidenschaft, von Geist und Leben gewöhnt, daß uns die Vorstellung von einem *leidenschaftlichen* Denken, in dem Denken und Lebendigsein eins werden, einigermaßen befremdet. Heidegger selbst hat einmal dies Einswerden – einer gut bezeugten Anekdote zufolge – in einem einzigen lapidaren Satz ausgedrückt, als er zu Beginn einer Aristoteles-Vorlesung statt der üblichen biographischen Einleitung sagte: »Aristoteles wurde geboren, arbeitete und starb.« Daß es so etwas gibt, ist zwar, wie wir im nachhinein erkennen können, die Bedingung der Möglichkeit von Philosophie überhaupt. Aber es ist mehr als fraglich, daß wir dies ohne Heideggers denkende Existenz zumal in unserem Jahrhundert je erfahren hätten. Dies Denken, das als Leidenschaft aus dem einfachen Faktum des In-die-Welt-Geborenseins aufsteigt und nun »dem Sinn nachdenkt, der in allem waltet, was ist« (*Gelassenheit,* 1959, S. 15), kann so wenig einen Endzweck – die Erkenntnisse oder das Wissen – haben wie das Leben selbst. Das Ende des Lebens ist der Tod, aber der Mensch lebt nicht um des Todes willen, sondern weil er ein lebendiges Wesen ist; und er denkt nicht um irgendwelcher Resultate willen, sondern weil er ein »denkendes, d. h. sinnendes Wesen« ist (ebenda S. 16).

Dies hat zur Folge, daß das Denken sich zu seinen eigenen Resultaten eigentümlich destruktiv bzw. kritisch verhält. Gewiß, die Philosophen haben seit den Philosophenschulen des Altertums eine fatale Neigung zum Systembauen gezeigt, und wir haben heute oft Mühe, die erstellten Gebäude zu demontieren, um das eigentlich Gedachte zu entdecken. Aber diese Neigung stammt nicht aus dem Denken selbst, sondern aus ganz anderen und ihrerseits durchaus legitimen Bedürfnissen. Will man das Denken in seiner unmittelbaren, leidenschaftlichen Lebendigkeit an seinen Resultaten messen, so erginge es ihm wie dem Schleier der Penelope – es würde von sich aus das am Tage Gesponnene unerbittlich des Nachts wieder auftrennen, um am nächsten Tage aufs Neue beginnen zu können. Jede von Heideggers Schriften liest sich, trotz der gelegentlichen Bezugnahmen auf bereits Veröffentlichtes, als finge er von Anfang an und übernähme nur jeweils die bereits von ihm geprägte Sprache, das Terminologische also, wobei aber die Begriffe nur »Wegmarken« sind, an denen sich ein neuer Gedankengang orientiert. Heidegger erwähnt diese Eigentümlichkeit des Denkens, wenn er betont, »inwiefern die *kritische* Frage, welches die Sache des Denkens sei, notwendig und ständig zum Denken gehört«; wenn er anläßlich Nietzsches von »der je wieder anfangenden Rücksichtslosigkeit des Denkens« spricht; wenn er sagt, daß das Denken »den Charakter eines Rückgangs« habe. Und er praktiziert den Rückgang, wenn er *Sein und Zeit* einer »immanenten Kritik« unterwirft oder feststellt, daß eine bestimmte Interpretation der platonischen Wahrheit »nicht haltbar sei«, oder ganz allgemein von dem »Rückblick« auf das eigene Werk spricht, »der stets zu einer retractatio wird«, nicht etwa zu einem Widerruf, sondern zu einem Neudenken des schon Gedachten (in *Zur Sache des Denkens,* S. 61, 30, 78).

Jeder Denker, wenn er nur alt genug wird, muß danach trachten, das eigentlich Resultathafte seines Gedachten aufzulösen, und zwar einfach dadurch, daß er es aufs Neue bedenkt. (Er wird mit Jaspers sagen: »Und nun, da man erst richtig anfangen wollte, soll man gehen!«) Das denkende Ich ist alterslos, und es ist der Fluch und der Segen der Denker, sofern sie nur im Denken wirklich sind, daß sie alt werden, ohne zu altern. Auch ist es mit der Leidenschaft des Denkens wie mit anderen Leidenschaften – was wir gemeinhin als die Eigenschaften der Person kennen, deren vom Willen geordnete Gesamtheit dann so etwas wie den Charakter ergibt, hält dem Ansturm der Leidenschaft, die den Menschen und die Person ergreift und gewissermaßen in Besitz nimmt, nicht stand. Das Ich, das denkend in dem entfesselten Sturm »innesteht«, wie Heidegger sagt, und für das die Zeit buchstäblich stillsteht, ist nicht nur alterslos, es ist auch, obwohl immer ein spezifisch anderes, eigenschaftslos. Das denkende Ich ist alles andere als das Selbst des Bewußtseins.

Zudem ist Denken, wie Hegel einmal (1807 in einem Brief an Zillmann) von der Philosophie bemerkt, »etwas Einsames«; und dies nicht nur, weil in dem, wie Plato sagt, »tonlosen Zwiegespräch mit mir selbst« (*Sophist* 263 e) ich allein bin, sondern weil in dem Zwiegespräch immer etwas »Unsagbares« mitschwingt, das durch die Sprache nicht voll zum Tönen, nicht eigentlich zum Sprechen gebracht werden kann, sich also nicht nur anderen, sondern auch dem Betroffenen nicht mitteilt. Es ist vermutlich dies »Unsagbare«, von dem Plato im siebten Brief spricht, was das Denken so sehr zu etwas Einsamem macht und was doch den jeweils verschiedenen Nährboden bildet, aus dem es aufsteigt und sich ständig erneuert. Man könnte sich gut vorstellen, daß – was bei Heidegger wohl keineswegs der Fall ist – die Leidenschaft des Denkens unversehens den geselligsten Menschen befällt und ihn infolge des Einsamen zugrunde richtet.

Der erste und, soweit ich weiß, auch der einzige, der von dem Denken als einem *pathos,* einem erleidend zu Ertragenden, das einen befällt, gesprochen hat, war Plato, der im *Theaitet* (155 d) das Erstaunen den Anfang der Philosophie nennt und damit natürlich keineswegs das bloße Sichwundern meint, das in uns aufsteigt, wenn uns etwas Fremdartiges begegnet. Denn das Erstaunen, das der Anfang des Denkens ist – wie das Sichwundern wohl der Anfang der Wissenschaften – gilt dem Alltäglichen, dem Selbstverständlichen, dem durchaus Gekannten und Bekannten; dies ist auch der Grund, warum es durch keine Erkenntnis beschwichtigt werden kann. Heidegger spricht einmal ganz im Sinne

Platos von dem »Vermögen, vor dem Einfachen zu erstaunen«, aber er fügt anders als Plato hinzu: »und dieses Erstaunen als Wohnsitz anzunehmen« (in *Vorträge und Aufsätze,* 1957, Teil III, S. 55). Dieser Zusatz scheint mir für eine Besinnung auf den, der Martin Heidegger ist, entscheidend. Denn das Denken und das mit ihm verbundene Einsame kennen, wie wir doch hoffen, vielleicht viele Menschen; aber ihren Wohnsitz haben sie dort zweifellos nicht, und wenn sie das Erstaunen vor dem Einfachen überfällt und sie sich, dem Erstaunen nachgebend, auf das Denken einlassen, so wissen sie, daß sie aus ihrem angestammten Aufenthalt in dem Kontinuum der Geschäfte und Beschäftigungen, in welchen die menschlichen Angelegenheiten sich vollziehen, herausgerissen sind und nach einer kurzen Weile wieder dahin zurückkehren werden. Der Wohnsitz, von dem Heidegger spricht, liegt also, metaphorisch gesprochen, abseits von den Behausungen der Menschen; und wiewohl es auch an diesem Orte sehr stürmisch zugehen kann, so sind doch diese Stürme noch um einen Grad metaphorischer, als wenn wir von den Stürmen der Zeit sprechen. Gemessen an anderen Orten der Welt, den Orten der menschlichen Angelegenheiten, ist der Wohnsitz des Denkers, ein »Ort der Stille« (*Zur Sache des Denkens,* S. 75). Ursprünglich ist es das Erstaunen selbst, das die Stille erzeugt und verbreitet, und es ist um dieser Stille willen, daß die Abgeschirmtheit gegen alle Geräusche, auch das Geräusch der eigenen Stimme, zur unerläßlichen Bedingung dafür wird, daß sich aus dem Erstaunen ein Denken entfalten kann. Darin liegt bereits eine eigentümliche Verwandlung beschlossen, die allem geschieht, was nun in den Umkreis dieses Denkens gerät. In seiner wesentlichen Weltabgeschiedenheit hat es das Denken immer nur mit Abwesendem zu tun, mit Sachen oder Dingen, die der unmittelbaren Wahrnehmung entzogen sind. Steht man etwa einem Menschen von Angesicht zu Angesicht gegenüber, so nimmt man ihn zwar in seiner Leibhaftigkeit wahr, aber man *denkt* nicht an ihn. Tut man es doch, so schiebt sich bereits eine Wand zwischen die einander Begegnenden, man entfernt sich heimlich aus der unmittelbaren

Begegnung. Um im Denken einer Sache oder auch einem Menschen nahe zu kommen, muß sie für die unmittelbare Wahrnehmung in der Ferne liegen. Das Denken, sagt Heidegger, ist »das In-die-Nähekommen zum Fernen« (*Gelassenheit,* S. 45).

Man kann sich das leicht an einer bekannten Erfahrung vergegenwärtigen. Wir gehen auf Reisen, um fern entlegene Sehenswürdigkeiten in der Nähe zu besichtigen; dabei geschieht es oft, daß uns erst in der rückblickenden Erinnerung, wenn wir nicht mehr unter dem Druck des Eindrucks stehen, die Dinge, die wir gesehen haben, ganz nahe kommen, als erschlössen sie erst jetzt ihren Sinn, da sie nicht mehr anwesend sind. Diese Umkehrung der Verhältnisse und Relationen: daß das Denken das Nahe entfernt bzw. sich aus dem Nahen zurückzieht und das Entfernte in die Nähe zieht, ist ausschlaggebend, wenn wir uns über den Wohnsitz des Denkens klar werden wollen. Die Erinnerung, die im Denken zum Andenken wird, hat eine so eminente Rolle in der Geschichte des Denkens über das Denken als einer mentalen Fähigkeit gespielt, weil sie uns verbürgt, daß Nähe und Ferne, wie sie sinnlich gegeben sind, einer solchen Umkehrung überhaupt fähig sind.

Heidegger hat sich über den ihm angestammten »Wohnsitz«, den Wohnsitz des Denkens, nur gelegentlich, andeutungsweise und zumeist negativ ausgesprochen – so, wenn er sagt, daß das Fragen des Denkens »nicht in der gewöhnlichen Ordnung des Alltags steht«, nicht »im Umkreis der dringlichen Besorgung und Befriedigung herrschender Bedürfnisse«, ja, daß »das Fragen selbst außer der Ordnung ist« (*Einführung in die Metaphysik,* 1953, S. 10). Aber diese Nähe-Ferne-Relation und ihre Umkehr im Denken durchzieht wie ein Grundton, auf den alles gestimmt ist, das ganze Werk. Anwesen und Abwesen, Verbergen und Entbergen, Nähe und Ferne – ihre Verkettung und die Bezüge, die zwischen ihnen walten, haben mit der Binsenwahrheit, daß es Anwesen nicht geben könnte, wenn Abwesen nicht erfahren wäre, Nähe nicht ohne Ferne, Entbergen nicht ohne Verbergen, so gut wie nichts zu tun. Aus der Perspektive des Wohnsitzes des Denkens gesehen, waltet in der Tat in der Umgebung dieses Wohnsitzes, in der »gewöhnlichen Ordnung des Alltags« und der menschlichen Angelegenheiten, der »Seinsentzug« oder die »Seinsvergessenheit«: der Entzug dessen, womit das Denken, das sich seiner Natur nach an das Abwesende hält, es zu tun hat. Die Aufhebung dieses »Entzugs« ist immer mit einem Entzug der Welt der menschlichen Angelegenheiten bezahlt, und dies auch dann, wenn das Denken gerade diesen Angelegenheiten in der ihm eigenen abgeschiedenen Stille nachdenkt. So hat auch Aristoteles bereits, das große Beispiel Plato noch lebendig vor Augen, den Philosophen dringend geraten, nicht die Könige in der Welt der Politik spielen zu wollen.

»Das Vermögen«, wenigstens gelegentlich »vor dem Einfachen zu erstaunen«, ist vermutlich allen Menschen eigen, und die uns aus Vergangenheit und Gegenwart bekannten Denker dürften sich dann dadurch auszeichnen, daß sie aus diesem Erstaunen das Vermögen zu denken bzw. das ihnen jeweils gemäße Denken entwickeln. Mit dem Vermögen, »dieses Erstaunen als Wohnsitz anzunehmen«, steht es anders. Es ist außerordentlich selten, und wir finden es einigermaßen sicher belegt nur bei Plato, der sich über die Gefahren dieses Wohnsitzes mehrmals und am drastischsten im *Theaitet* geäußert hat (173 d bis 176). Dort berichtet er auch, offenbar als erster, die Geschichte von Thales und der thrakischen Bauernmagd, die mitansah, wie der »Weise«, um die Sterne zu beschauen, den Blick nach oben gerichtet in den Brunnen fiel, und lachte, daß einer, der den Himmel kennen wolle, nicht mehr wisse, was zu seinen Füßen liegt. Thales, wenn wir Aristoteles trauen wollen, ist gleich sehr beleidigt gewesen, zumal seine Mitbürger ihn ob seiner Armut zu verspotten pflegten, und er hat durch eine groß angelegte Spekulation in Ölpressen beweisen wollen, daß es den »Weisen« ein Leichtes sein würde, reich zu werden, wenn es ihnen damit ernst wäre (*Politik*, 1259 a 6 ff.). Und da Bücher bekanntlich nicht von den Bauernmädchen geschrieben werden, hat das lachlustige thrakische Kind sich noch von Hegel sagen lassen müssen, daß es eben keinen Sinn für das Höhere habe.

Plato, der bekanntlich im *Staat* nicht nur den Dichtern das Handwerk legen, sondern auch den Bürgern, zum mindesten der Klasse der Wächter, das Lachen verbieten wollte, hat das Gelächter der Mitbürger mehr gefürchtet als die Feindseligkeit der Meinungen gegen den Absolutheitsanspruch der Wahrheit. Vielleicht hat gerade er gewußt, daß der Wohnsitz des Denkers von außen gesehen leicht dem aristophanischen Wolkenkuckucksheim gleicht. Jedenfalls hat er gewußt, daß das Denken, wenn es sein Gedachtes zu Markte tragen will, unfähig ist, sich des Lachens der Anderen zu erwehren; und dies unter anderem mag ihn dazu bewogen haben, in bereits vorgerücktem Alter dreimal nach Sizilien aufzubrechen, um dem Tyrannen von Syrakus durch Mathematikunterricht, der als Einführung in die Philosophie ihm unerläßlich schien, auf die Sprünge zu helfen. Daß diese phantastische Unternehmung aus der Perspektive des Bauernmädchens gesehen sich noch erheblich komischer ausnimmt als das Mißgeschick des Thales, hat er nicht gemerkt. Und gewissermaßen zu Recht; denn soviel ich weiß, hat niemand gelacht, und ich kenne keine Darstellung dieser Episode, die auch nur lächelt. Wozu das Lachen gut ist, haben die Menschen offensichtlich noch nicht entdeckt – vielleicht weil ihre Denker, die seit eh und je auf das Lachen schlecht zu sprechen waren, sie dabei im Stich gelassen haben, wenn auch hie und da einmal einer über seine unmittelbaren Anlässe sich den Kopf zerbrochen hat.

Nun wissen wir alle, daß auch Heidegger einmal der Versuchung nachgegeben hat, seinen »Wohnsitz« zu ändern und sich in die Welt der menschlichen Angelegenheiten »einzuschalten« – wie man damals so sagte. Und was die Welt betrifft, so ist es ihm noch um einiges schlechter bekommen als Plato, weil der Tyrann und seine Opfer sich nicht jenseits der Meere, sondern im eigenen Land befanden.[1] Was ihn selbst anlangt, so steht es, meine ich, anders. Er war noch jung genug, um aus dem Schock des Zusammenpralls, der ihn nach zehn kurzen hektischen Monaten vor 35 Jahren auf seinen angestammten Wohnsitz zurücktrieb, zu lernen und das Erfahrene in seinem Denken anzusiedeln. Was sich ihm daraus ergab, war die Entdeckung des Willens als des Willens zum Willen und damit als des Willens zur Macht. Über den Willen ist in der Neuzeit und vor allem der Moderne viel geschrieben, aber über sein Wesen trotz Kant, trotz Nietzsche nicht sehr viel gedacht worden. Jedenfalls hat niemand vor Heidegger gesehen, wie sehr dieses Wesen dem Denken entgegensteht und sich zerstörerisch auf es auswirkt. Zum Denken gehört die »Gelassenheit«, und vom Willen aus gesehen muß der Denkende nur scheinbar paradox sagen: »Ich will das Nicht-Wollen«; denn nur »durch dieses hindurch«, nur wenn wir »uns des Willens entwöhnen«, können »wir uns … auf das gesuchte Wesen des Denkens, das nicht ein Wollen ist, einlassen« (*Gelassenheit,* S. 32 f.).

Wir, die wir die Denker ehren wollen, wenn auch unser Wohnsitz mitten in der Welt liegt, können schwerlich umhin, es auffallend und vielleicht ärgerlich zu finden, daß Plato wie Heidegger, als sie sich auf die menschlichen Angelegenheiten einließen, ihre Zuflucht zu Tyrannen und Führern nahmen. Dies dürfte nicht nur den jeweiligen Zeitumständen und noch weniger einem vorgeformten Charakter, sondern eher dem geschuldet sein, was die Franzosen eine *déformation professionelle* nennen. Denn die Neigung zum Tyrannischen läßt sich theoretisch bei fast allen großen Denkern nachweisen (Kant ist die große Ausnahme). Und wenn diese Neigung in dem, was sie taten, nicht nachweisbar ist, so nur, weil sehr Wenige selbst unter ihnen über »das Vermögen, vor dem Einfachen zu erstaunen«, hinaus bereit waren, »dieses Erstaunen als Wohnsitz anzunehmen«.

Bei diesen Wenigen ist es letztlich gleichgültig, wohin die Stürme ihres Jahrhunderts sie verschlagen mögen. Denn der Sturm, der durch das Denken Heideggers zieht – wie der, welcher uns nach Jahrtausenden noch aus dem Werk Platos entgegenweht – stammt nicht aus dem Jahrhundert. Er kommt aus dem Uralten, und was er hinterläßt, ist ein Vollendetes, das, wie alles Vollendete, heimfällt zum Uralten.

Anmerkungen

1 Diese Escapade, die man heute – nachdem die Erbitterung sich beruhigt hat und vor allem die zahllosen Falschmeldungen einigermaßen berich-

tigt sind – zumeist als den »Irrtum« bezeichnet, hat vielfache Aspekte, und unter anderen auch den der Zeit der Weimarer Republik, die sich den in ihr Lebenden keineswegs in dem rosigen Licht zeigte, in dem sie heute gegen den furchtbaren Hintergrund dessen, was auf sie folgte, gesehen wird. Der Inhalt des Irrtums unterschied sich beträchtlich von dem, was an »Irrtümern« damals gang und gäbe war. Wer außer Heidegger ist schon auf die Idee gekommen, in dem Nationalsozialismus »die Begegnung der planetarisch bestimmten Technik und des neuzeitlichen Menschen« zu sehen – es sei denn, er hätte statt Hitlers *Mein Kampf* einige Schriften der italienischen Futuristen gelesen, auf die sich der Faschismus im Unterschied zum Nationalsozialismus hie und da berufen hat. Dieser Irrtum ist unerheblich gegenüber dem viel entscheidenderen Irren, das darin bestand, der Wirklichkeit in den Gestapokellern und den Folterhöllen der Konzentrationslager, die unmittelbar nach dem Reichstagsbrand erstanden, in angeblich bedeutendere Regionen auszuweichen. Was in jenem Frühjahr 1933 wirklich geschah, hat Robert Gilbert, der deutsche Volks- und Schlagerdichter, unvergeßlich in vier Verszeilen gesagt:

> »*Keiner braucht mehr anzupochen,*
> *Mit der Axt durch jede Tür*
> *Die Nation ist aufgebrochen*
> *Wie ein Pestgeschwür.*«

Diesen »Irrtum« hat Heidegger zwar nach kurzer Zeit eingesehen und dann erheblich mehr riskiert, als damals an den deutschen Universitäten üblich war. Aber das Gleiche kann man nicht von den zahllosen Intellektuellen und sogenannten Wissenschaftlern behaupten, die nicht nur in Deutschland es immer noch vorziehen, statt von Hitler, Auschwitz, Völkermord und dem »Ausmerzen« als permanenter Entvölkerungspolitik zu sprechen, sich je nach Einfall und Geschmack an Plato, Luther, Hegel, Nietzsche oder auch an Heidegger, Jünger oder Stefan George zu halten, um das furchtbare Phänomen aus der Gosse geisteswissenschaftlich und ideengeschichtlich aufzufrisieren. Man kann wohl sagen, daß das Ausweichen vor der Wirklichkeit inzwischen zum Beruf geworden ist, das Ausweichen nicht in eine Geistigkeit, mit der die Gosse nie etwas zu tun hatte, sondern in ein Gespensterreich von Vorstellungen und »Ideen«, das von jeder erfahrenen und erfahrbaren Wirklichkeit so weit ins bloß »Abstrakte« gerutscht ist, daß in ihm die großen Gedanken der Denker alle Konsistenz verloren haben und gleich Wolkenformationen, bei denen auch ständig die eine in die andere übergeht, ineinander fließen.

245

Hannah Arendt

Quelle: Merkur, 10. Jg., 1969, 893–902. Wiederabdruck mit freundlicher Genehmigung der Nachlaßverwalterin von Hannah Arendt, Mary McCarthy.

Notizen zur Person: geb. 1906 in Linden bei Hannover, gestorben 1975 in New York, 1924/25 Studium bei Heidegger in Marburg (zusammen u. a. mit Hans Jonas, Karl Löwith, Hans-Georg Gadamer), 1926 Studium bei Karl Jaspers in Heidelberg, 1928 Promotion in Heidelberg bei Jaspers über den Liebesbegriff bei Augustin, 1933 als Jüdin Emigration nach Paris, 1941 nach USA, 1953–1956 Professur am Brooklyn College New York, 1963–1967 an der Universität von Chicago, 1967–1975 Professorin für politische und Geisteswissenschaften an der New School for Social Research in New York, 1929–1937 verheiratet mit Günther Stern (Anders), 1940 Heirat mit Heinrich Blücher.

Veröffentlichungen zu Heidegger u. a.: Was ist Existenz-Philosophie? In: H. A.: Sechs Essays, Heidelberg 1948, 48–80; Tradition und Neuzeit, Was ist Autorität?, in: H. A.: Fragwürdiger Traditionsbestand im politischen Denken der Gegenwart. Vier Essays, Frankfurt a. M. o. J. (1957) 9–46, insb. 30 ff. und 117–168, insb. 143 f.; H. Arendt/K. Jaspers: Briefwechsel 1926–1969, hrsg. von Lotte Köhler und Hans Saner, München/Zürich 1985 (insb. Briefe Nr. 7, 8, 42, 93, 109, 139, 148, 187, 206, 214, 224, 293, 297, 377, 391, 395 und die dazugehörigen Antwortbriefe von K. Jaspers sowie die kommentierenden Anmerkungen).

Hauptwerke: Elemente und Ursprünge totalitärer Herrschaft, Frankfurt a. M. 1955 (engl. Original New York 1951); Vita activa oder Vom tätigen Leben, Stuttgart 1960 (engl. Original Chicago 1958); Wahrheit und Lüge in der Politik, München 1972; Macht und Gewalt, München 1975 (engl. Original New York 1970); Vom Leben des Geistes, 2 Bde., München 1979 (engl. Original New York 1978).

Anmerkungen: Das Verhältnis von H. Arendt zu M. Heidegger nach ihrer Emigration hat sich von anfänglich scharfer Kritik zu einer verhaltenen Annäherung gewandelt. Höhepunkt dürfte dieser Geburtstagsartikel sein. Nach einem Besuch von H. Arendt bei Heidegger in Freiburg im Jahre 1950 wurde die Korrespondenz, die seit 1933 abgebrochen war, wieder aufgenommen. Leider ist dieser gewiß aufschlußreiche Briefwechsel zwischen H. Arendt und M. Heidegger noch nicht veröffentlicht, ebensowenig wie der Briefwechsel zwischen K. Jaspers und M. Heidegger. Für das persönliche Verhältnis von H. Arendt zu M. Heidegger vgl. auch die Biographie von Elisabeth Young-Bruehl: Hannah Arendt, Frankfurt a. M. 1986.

Jean Beaufret

IN FRANKREICH

Bei seiner Ankunft in Paris im Jahre 1955 staunte Heidegger über die Tatsache, überhaupt hier zu sein. Bevor er die Sperren des Gare de l'Est durchschritt, hielt er einen Augenblick inne und sagte nachdenklich: »*Ich bin doch in Paris.*«* Frau Heidegger fragte ihn: »Und welchen Eindruck hast Du?« »*Ich bin erstaunt – über mich*«.* Erneutes Erstaunen erregte in ihm das Denkmal Karls des Großen vor Notre-Dame. »Aber ja«, sagte ich, »auch wir stammen von dieser Wurzel ab. Ganz in der Nähe, im Quartier Marais, gibt es sogar ein Gymnasium ›Karl der Große‹. Lange Zeit beging man an allen Schulen Frankreichs einen Feiertag für ihn. Und war nicht Napoleon der letzte abendländische Kaiser, wie man auch in Deutschland weiß? Heute jedoch hat sich das Abendland in Richtung Amerika aufgemacht.«

Er sagte über Paris: »*Eine spielende Stadt! Selbst der Polizist auf der Straße spielt mit seinem Stab.*«*

Die Begegnung mit René Char unter einem Kastanienbaum in Ménilmontant war der Höhepunkt des Aufenthaltes in Paris. In dieser Sommernacht saßen wir in froher Stimmung zusammen und genossen Frau Heideggers Küche. Unversehens war die Rede von Melville und »Billy Budd«, für die beide ihre gemeinsame Bewunderung entdeckten. Char, der sich gewöhnlich sehr schnell zurückzog, fühlte sich wohl und redete, während Heidegger zuhörte. Ich höre ihn noch sagen: »Das Gedicht hat kein Andenken. Von mir verlangt man, immer weiter ins Voraus – ins Unbekannte – zu gehen.« Als wir unseren Gast später in der Nacht nach Hause begleiteten, flüsterte mir Heidegger zu: »*Treffend, was Char sagte. Das ist der ganze Unterschied zwischen Denken und Dichten. Das Dichten geht immer weiter ins Voraus, das Denken aber ist seinem Wesen gemäß An-Denken; und dennoch bleibt das Dichten für es unerläßliche Bedingung.«*

Der Besuch bei Braque in dessen Atelier in Varengeville war in der selben Einfachheit gehalten und ein nicht weniger bewegender Augenblick. Ohne Umstände bot Braque uns seinen besten Weißwein an. Da wir gekommen waren, um mit ihm über den Impressionismus zu sprechen, sagte ich etwas unüberlegt zu ihm: »Als Sie sich vom Impressionismus entfernt haben ...« – Und er entgegnete erregt: »Aber nicht ich habe mich vom Impressionismus entfernt, sondern die Anderen!« Dann wandte er sich seinen Gästen zu, um ihnen die Bilder zu zeigen, an denen er gerade arbeitete, und forderte sie auf: »Gehen Sie nur umher, und sehen Sie sich alles an.« Seine geschwächte Gesundheit zwang ihn, in seinem Sessel zu bleiben. Nur zum Abschied erhob er sich und begleitete seinen Besuch bis zur Mitte des Gartens, der sich vor seinem Atelier erstreckte. Dort nahm Beda Allemann jene so ausdrucksvolle Photographie auf, die sich auf Seite 100 des Büchleins von Walter Biemel: Heidegger (rororo, 1973) findet. Sie sagt uns ohne Worte: *Alles spricht den Verzicht in das Selbe. Der Verzicht nimmt nicht. Der Verzicht gibt. Er gibt die unerschöpfliche Kraft des Einfachen.*

Auf dem Rückweg von der Normandie fragte mich Heidegger, ob wir durch das Land Gérard de Nervals kämen. Kurz zuvor war in Frankreich ein kleines Sammelbändchen erschienen, und wir hatten gemeinsam einige Dichtungen Nervals gelesen. Dabei auch die Stelle in »Sylvie«, wo der Held und Sylvie bei einem morgendlichen Besuch in Othys bei Sylvies Tante ins Schlafzimmer gehen und Hand in Hand zurückkommen, gekleidet wie ein Brautpaar des 18. Jahrhunderts. Als sie eintraten, drehte sich die Tante zu ihnen um und stieß einen Schrei aus: »Oh, meine Kinder!« rief sie und begann zu weinen; dann lächelte sie unter Tränen. Heidegger hatte danach zu mir gesagt: »Ich wußte nicht, daß es so etwas in der französischen Dichtung gibt.«

»Das Land Nervals ist ganz nahe«, sagte ich ihm, als wir wieder nach Paris kamen. Wir fuhren also durch die sanfte Landschaft des

Valois, durch das die Thève fließt, bis Ermenonville, dem letzten Aufenthaltsort Rousseaus, wo sich noch befindet

> *des Weisen Grab,*
> *Des Herrlichen, der, von der Pappel*
> *Säuseln umweht, auf der Insel schlummert.**

Schweigend betrachtete Heidegger diesen geheimnisvollen Ort, »halb im Traum«, sagte der Dichter, und wo »für mehr als tausend Jahre das Herz Frankreichs geschlagen hat.« Seine Andacht drückte tiefes Einvernehmen aus mit dem, was ich ihn ohne jede Erklärung erraten ließ und was uns im Frieden dieses Spätsommers zutage trat, gleichsam wachgerufen durch ein anderes Wort Nervals: »Teiche schimmerten hier und da durch die roten Blätter und das dunkle Grün der Kiefern.«

Die Provence! Heidegger wollte Lyon kennenlernen, und wir hatten uns 1956 in dieser Stadt, wo die Rhône noch ein breiter Strom ist, wiedergetroffen. Wir verbrachten die Nacht an einem friedlichen Ort, einem alten, einsam in einem Park gelegenen Anwesen, »*ein Märchen*«,* sagte Heidegger, und waren nun in Ponsas, in der Nähe von Tain l'Hermitage, dem Eingangstor zur Provence, angekommen: das lebhaftere Licht, die Felsausläufer, die ungestüme Landschaft, Grignan, Vaison, das Mittagessen in Malaucène unter freiem Himmel auf einer Terrasse, der Aufstieg am Ventoux, die Überquerung der Montagne du Luberon und endlich Aix-en-Provence, wo uns der Weg Cézannes erwartete, den es noch zu entdecken galt. Heute ist die Sache einfach. Damals mußte man den Weg, der kaum gebahnt war, suchen, um ihm zu folgen bis zu jenem Felsvorsprung, von dem aus sich plötzlich der Blick öffnet auf die Montagne Sainte-Victoire. Zwei Jahre später hielt Heidegger an der Universität von Aix im bis zum letzten Platz gefüllten Auditorium maximum seinen Vortrag über »Hegel und die Griechen«[1], und er beschrieb dabei diesen Spaziergang, der ihm so wichtig war: »Ich habe hier den Weg Cézannes gefunden, dem mein eigener Weg im Denken von seinem Anbeginn bis zu seinem Ende auf seine Weise entspricht.«[2]

Aber die Provence, das war auch und vor allem nach den Griechenlandreisen die Zeit der Seminare von le Thor. Die Einladung kam von René Char, der Heidegger selbst die Provence entdecken wollte. Die Gespräche fanden unter Ausschluß der Öffentlichkeit statt. »Zum Nachdenken«, sagte Char, »hielt ich es für besser, unter uns zu bleiben.« Wie recht er hatte! Wir besuchten nur einige Verwandte Chars, und Eugen Fink und seine Frau, die eine Reise durch Frankreich unternahmen, kamen in Thor vorbei und aßen mit uns in Chassetas zu Mittag. Am Spätnachmittag suchten wir oft Madame Mathieu auf, deren Haus inmitten von Obstbaumländereien lag. Sie verkörperte das Land selbst, seine zurückhaltende Großmut. Einer unserer Lieblings-Spaziergänge führte uns nach Rebanqué hinauf zu ihrem kleinen Berghaus, dessen Terrasse beherrscht wird vom Hintergrund eines geradezu delphischen Bergmassivs. Nirgends war uns Griechenland näher. Von der Terrasse erstreckte sich der Blick über die stufenförmig angelegten Olivenpflanzungen auf den Hügeln, die sich bis zur Ebene der Vaucluse neigten. In der Ferne wußten wir, noch unsichtbar, die Rhône. Unter dem Blick der Götter – auch sie waren zugegen – blieben wir hier »bis zu den Sternen«, wie Madame Mathieu sagte. Eines Tages folgten wir ihr mit dem Blick, als sie allein durch die Felder ging, in ihrer bäuerlich-einfachen Kleidung und mit dem Schritt derjenigen, die den Weg wissen, auch wenn er unsichtbar ist. »Hera!«, sagte Heidegger. Durch die Nähe offenbarte sich plötzlich die Ferne, und Goethes Wort von dem ursprünglichen Antlitz des Menschen erhielt eine ganz eigene Bedeutung: *»Der Sinn und das Bestreben der Griechen ist, den Menschen zu vergöttern, nicht die Gottheit zu vermenschen. Hier ist ein Theomorphism, kein Anthropomorphism.«*[*]

Diese Bilder von Frankreich blieben Heidegger stets gegenwärtig und kostbar[3], und er blieb es all jenen, die ihn empfangen hatten. Oft bat er mich, ihm den Namen des Restaurants zu jenem Park, durch den die Epte fließt, in Erinnerung zu rufen, in dem wir auf dem Rückweg von der Normandie gegessen hatten, oder den Namen jenes »Château«, in dem wir im darauffolgenden Jahr die

Nacht verbracht hatten, bevor wir in die Provence fuhren. Und wenn ich Henri Mathieu sehe, rufen wir uns stets die Zeit ins Gedächtnis, als seine Mutter uns zu Hause oder in Rebanqué empfing – wie noch ein Photo zeigt, auf dem sie unter dem Laubengang ihres Hauses zu sehen ist, Heidegger Weintrauben anbietend.

René Char stand im Mittelpunkt dieser Begegnungen, sowohl als der Andere in jenem Gespräch, in dem Dichten und Denken einander aufs Nächste entsprechen – auf Bergen, die doch durch ihre Gipfel getrennt sind – als auch als der Freund, der er auf Anhieb war. Als wir eines Abends ein Restaurant in Gordes verließen, in das Char uns eingeladen hatte, sagte Heidegger ein wenig nachdenklich: »Niemals könnte man einen Abend wie diesen in Deutschland verbringen.« Darauf Char: »Aber auch nicht in Frankreich, wenn Sie nicht hier sind.«

Anmerkungen der Übersetzerin

* Im französischen Text deutsch.
1 In einer späteren Fassung abgedruckt in: Heidegger, Martin: Wegmarken (Gesamtausg., Bd. 9). Frankfurt/M., 1976, S. 427–444.
2 Vgl. auch: Heidegger, Martin: Seminare (Gesamtausg., Bd. 15). Frankfurt/M., 1986, S. 418.
3 Vgl. auch Heideggers Gedenkworte zum Tode von Marcelle Mathieu, abgedruckt in: Heidegger, Martin: Denkerfahrungen 1910–1976, Frankfurt/M., 1983, S. 171–173.
   Vgl. ferner: Heidegger, Martin: Seminare. A.a.O., S. 275 u. 412 f.

Jean Beaufret

Quelle: Französischer Text in: Erinnerung an Martin Heidegger, hrsg. von Günther Neske, Pfullingen 1977, 9–13. Deutsche Erstveröffentlichung, Übersetzung von Meike Klebingat.

Notizen zur Person: geb. 1907 in Auzances, nach Studium an der Ecole normale dort Lehrtätigkeit, seit 1944 an der Ecole normale supérieur, 1946 am Lyzée Henri-IV und seit 1955 am Condorcet, seit 1946 Freundschaft mit Martin Heidegger, 1966, 1968, 1969 und 1973 gemeinsame Seminare in Le Thor und Zähringen, gestorben 1982.

Veröffentlichungen zu Heidegger u. a.: Dialogue avec Heidegger, 3 Bde., Paris 1973, 1974 (dt. Teilübersetzung: Wege zu Heidegger, Frankfurt a. M. 1976); Le Chemin de Heidegger, Paris 1985; Qu'est-ce que la métaphysique? in: Heidegger-Studies, Vol. 1, Oak Brook, Illinois 1985, 101–117.

Walter Jens

NACHRUF DER AKADEMIE DER KÜNSTE BERLIN

Martin Heidegger, ein Mensch in seinem Widerspruch: Ein Gelehrter, der die Geschichte der Philosophie von Thales bis Husserl, von Duns Scotus bis Rickert wie kein zweiter beherrschte und dennoch die »Wissenschaft«, wenn nicht verachtet, so doch als Metier der Kärrner angesehen hat – und nicht der Meister. Wissenschaft, das war für ihn, in Nietzsches Nachfolge, *nur* Wissenschaft, nicht Philosophie, geschweige denn Denken und Dichten.

Heidegger: Ein Mann, der über die subtilsten Probleme der scholastischen Philosophie in einer Weise zu dozieren verstand, daß die Hörer glaubten, den Präsidenten einer mittelalterlichen Disputation vor sich zu haben und der zu gleicher Zeit den philosophischen Positivismus als »mit der Sache des Denkens unvereinbar« erklärte.

Heidegger: Ein Artist des Denkens, der zwei Sprachen zur Verfügung hatte, um sich verständlich zu machen, das Griechisch der Vorsokratiker und das Latein der Scholastik und der sich dann eine dritte, höchst künstliche Sprache ausdachte: ein an der Grenze von Bild und Begriff angesiedeltes Deutsch, mit dessen Hilfe er, in der Mitte von Dichtung und Theologie, ein Sein zu benennen versuchte, das nicht mehr mit einer Formel erfaßt, sondern nur noch, in immer neuen Anläufen, umschrieben und andeutungsweise evoziert werden konnte. Als »Lichtung« und als »Unverborgenes«, als »Zukommendes« und als »einzige Sache«.

Martin Heidegger: Ein Philosoph, der in Habit, Geste und Sprache die Provinz niemals verleugnete – den Dialekt so wenig wie jenen Heimatbezug, den Ernst Bloch mit der Chiffre »gotische Stube« umschreibt – und der dennoch, die Geschichte seiner Wirkung beweist es, unter allen deutschen Philosophen des zwanzigsten Jahrhunderts der »weitläufigste« ist: nicht *trotz*, sondern *wegen* seiner Eigenständigkeit unter den verschiedenartigsten Aspekten zu adaptieren.

Ein Mann, nochmals, in seinem Widerspruch: Strengste Begrifflichkeit steht bei ihm, nahezu unvermittelt, neben dem Vag-Assoziativen, eher Geraunten als Formulierten. Wird hier in cartesianischer Weise Axiom an Axiom gereiht, so verzichtet man dort von vornherein auf eine systematische Ausbreitung der entwickelten Thesen. Widersprüche überall! Scholastische Wortklauberei – die Glasperlenspiele des Theologen aus Meßkirch! – und ein Etymologisieren, das sich nicht selten im Beliebigen verliert, die schärfsten Gedanken-Operationen und die ungesicherter Beschwörung ergänzen einander in diesem Werk. Aber so widerspruchsvoll, befremdlich und verwirrend dieses Riesen-Oeuvre sich ausnimmt – zwischen der Habilitationsschrift über die »Kategorien- und Bedeutungslehre des Duns Scotus« und der Freiburger Rektoratsrede, zwischen der präzisen Beschreibung des existierenden Daseins in »Sein und Zeit« und der Evokation des lichtenden Seins im Spätwerk scheinen Welten zu liegen –, so vielfältig die Versuche sind, eine Sprache für etwas nicht mehr Benennbares, in der Geschichte der abendländischen Metaphysik in Vergessenheit Geratenes zu finden: das Sein in seiner Unverborgenheit ... so nachdrücklich muß, demgegenüber, betont werden, daß Heideggers Werk, aller Widersprüchlichkeit zum Trotz, geschlossen und einheitlich ist.

Mag sich der Hauptakzent, zwischen »Sein und Zeit« und dem Spätwerk, immer mehr von der Subjekt- zur Objekt-Frage, von der Existenz des menschlichen Daseins zum Geschick des Seins, das Existenz erst ermöglichst, verschoben haben, mag die Diskrepanz zwischen dem Seienden, der Welt und dem Menschen, und dem absoluten Sein sich im Alterswerk, wie Karl Löwith gezeigt hat, zu purer Opposition erweitert haben: das Sein »ist« nicht, sondern läßt sich ... das alles ändert nichts daran, daß Heideggers Philosophie, aus der Distanz betrachtet, im gleichen Augenblick als uniform und konsequent erscheint, wenn man realisiert, daß er, wie unterschiedlich auch seine *Antworten* sind, nur eine einzige *Frage* gestellt hat: Wie bestimmt sich das Verhältnis zwischen dem Seienden, das wir transzendieren, und dem Sein, ohne das wir nicht wären, zwischen dem Ontologischen, das in den Bereich des Realen und Abgeleiteten und dem Ontischen, das in den Bereich des Wirklichen, also Wahren gehört?

Ein konsequenter Weg – nicht unähnlich dem Weg seines großen Antipoden Ernst Bloch. Von der Theologie über die Auslegung der Welt zurück zur Theologie. Johann Peter Hebel und der Aufschwung ins All. Radikalität des Denkens; die eigene Sprache; der Versuch zwischen Dichten und Denken, hier so und dort so, ein tertium comparationis zu finden. Die Ehrfurcht vor der Kunst und die Mißachtung positivistischer Stoffhuberei: In der Tat, die Gemeinsamkeiten bieten sich an – auch die Differenzen natürlich. Vom »Wärmestrom« des Faschismus zu träumen, wie Heidegger es, mutatis mutandis, in der Freiburger Rektoratsrede tat, wäre gewiß das Letzte gewesen, was einem Ernst Bloch, ungeachtet aller Irrtümer, hätte einfallen können. Und dennoch reicht die Parallel-Vita, würdig, von einem Plutarch geschrieben zu werden, weiter als es auf den ersten Blick scheint: Wie schnell wurden, hüben und drüben (wenn wir die Synkrisis zwischen den beiden Denkdichtern noch einen Augenblick lang fortsetzen wollen) ... wie schnell wurden, hüben und drüben, die Fehlurteile in Politicis revidiert: selbstverständlich und ohne Larmoyanz. Als Heidegger den Ruf nach Berlin ablehnte, im Herbst 33, waren die Würfel gefallen. Wer das nicht wahrhaben will, denunziert einen Mann, der jenen Mut aufbrachte, den andere, kaum minder Berühmte, vermissen ließen, als er, während der gesamten Herrschaft des Faschismus, den Satz in »Sein und Zeit« beließ, der da lautet: »Die folgenden Untersuchungen sind nur möglich geworden auf dem Boden, den E(dmund) Husserl legt, mit dessen »Logischen Untersuchungen« die Phänomenologie zum Durchbruch kam. ... Wenn (der Verfasser) einige Schritte vorwärts geht in der Erschließung der »Sachen selbst«, so dankt (er) das in erster Linie E(dmund) Husserl, der (ihn) während seiner Freiburger Lehrjahre durch eindringliche persönliche Leitung und durch freieste Überlassungen unveröffentlichter Untersuchungen mit den verschiedenartigsten Gebieten der phänomenologischen Forschung vertraut gemacht hat.«

Hommage à Hussserl, die Verneigung vor dem Verfemten, von Auflage zu Auflage wiederholt: Diese von Mut und Charakter zeugende Geste spricht den unter politischen Aspekten Vielgeschmähten frei. Sie zeugt von der Unbeirrbarkeit eines Mannes, der es sich nicht leicht gemacht hat, als Philosoph so wenig wie als akademischer Lehrer. Ich werde den Zauber niemals vergessen, diese Mischung aus Nüchternheit und verwegener Spekulation, die sich einstellte, wenn er im Hörsaal 1 der Freiburger Universität über Sätze Heraklits zu meditieren begann, in keinem Augenblick lässig improvisierend, sondern immer, bis ins Mikrophilologische hinein, vortrefflich präpariert ... so wie er auch im Seminar, Punkt für Punkt vorbereitet war. Wer Widerspruch anmeldete, hatte dies schriftlich zu tun und wurde ernst genommen wie ein Gleichrangiger.

Er verlangte viel, aber er prunkte keinen Augenblick mit seiner Überlegenheit.»Halb wie ein König und halb wie ein Vater«: so wie Grillparzer Goethe beschrieben hat, erschien er uns Jungen damals in Freiburg. Ich kann mir nicht vorstellen, daß es einen gibt, einen einzigen, der von sich sagen könnte, daß sein Leben nicht ernster, sein Denken nicht lebendiger, sein Fragen nicht konsequenter geworden wäre, nachdem er bei diesem Mann, diesem alemannischen Sokrates (denn so wirkte er im Seminar: nicht dozierend, sondern fragend und bohrend) ...nachdem er bei Martin Heidegger gelernt hatte, was das bedeutet: Von einer Sache angesprochen zu werden, sich auf den Weg zu machen und dabei das Risiko auf sich zu nehmen, daß das Denken, im Bannkreis der Sache, sich unterwegs wandelt:»Darum ist es ratsam«, heißt es in der Schrift»Identität und Differenz«, »auf den Weg zu achten, und weniger auf den Inhalt.«

Wie einer denkt und spricht – in Zonen, in denen vor ihm noch kein anderer war: Das hat, ein Leben lang, Martin Heidegger vorexerziert. Dafür sei ihm gedankt. Wir alle, wie immer wir zu ihm stehen, sind seine Schüler ... die Schüler eines Mannes, der sich den Grabspruch wünschte: Er wurde geboren, arbeitete und starb. Hinzuzufügen wäre: Aber die Welt war, weil er gearbeitet hatte, nach seinem Tode anders als vor seiner Geburt.

Walter Jens

Quelle: Erinnerung an Martin Heidegger. Hrsg. von Günther Neske. Pfullingen: Neske 1977, 149–153.

Notizen zur Person: geb. 1923 in Hamburg, Studium der Klassischen Philologie und Germanistik in Hamburg und Freiburg, 1944 Promotion zum Dr. phil., 1963 Professor, von 1968 bis 1988 Ordinarius für Allgemeine Rhetorik an der Universität Tübingen.

Hauptwerke: u. a. Hofmannsthal und die Griechen, Tübingen 1955; Statt einer Literaturgeschichte, Pfullingen, 7. erw. Aufl. 1978 (1. Aufl. 1957); Eine deutsche Universität. 500 Jahre Tübinger Gelehrtenrepublik, München 1977; Zur Antike, München 1978; Ort der Umwandlung ist Deutschland. Reden in erinnerungsfeindlicher Zeit, München 1984.

Eberhard Jüngel

BRIEF AN GÜNTHER NESKE
VOM 18. AUGUST 1988

Verehrter Herr Neske!

Wie ein Blitz aus heiterem Himmel überraschte mich gestern Ihre Frage, warum ich anno 1974 in dem – gemeinsam mit Paul Ricoeur bestrittenen – Sonderheft der Zeitschrift *Evangelische Theologie* meine »Metaphorische Wahrheit« überschriebene Studie Martin Heidegger gewidmet habe. Die Frage zu beantworten heißt, die eigene Entscheidung von einst, die für sich selber spricht, nachträglich zu kommentieren. Und wer sich selbst kommentiert, warnt Ernst Jünger aus gutem Grund, geht unter sein Niveau. Doch es gibt wichtigere Gründe, die mich veranlassen, Ihrer Frage nicht auszuweichen. Die Gefahr, dabei unter das eigene Niveau zu sinken, muß da halt tapfer ertragen werden.

Der äußerliche Anlaß jener Dedikation war ein Besuch bei Heidegger gewesen: eine intensive Begegnung, in der gesammelte Aufmerksamkeit und befreiende Gelassenheit als nahtlose Einheit erfahrbar wurden und an deren Ende eine Besinnung auf den Zusammenhang von Denken und Dank stand. Und Gott – hatte ich gefragt, will Gott nicht auch *gedacht* werden? Heidegger antwortete: Gott ist das Denkwürdigste, aber da versagt die Sprache. Ich widersprach. Er ließ sich den Widerspruch gefallen, wohl wissend, daß die Theologie das ihr anvertraute Geheimnis nicht dadurch zu ehren vermag, daß sie davon schweigt. Doch wichtiger war mir, daß er die These von Gott als dem im höchsten Maße Denkwürdigen offensichtlich nicht durch irgendeine philosophische Theologie diskreditieren wollte.

In jener Begegnung hatte sich wiederholt, was sich seit meiner Studentenzeit – es war in der DDR seinerzeit kein ganz einfaches

Unternehmen, der Schriften Heideggers überhaupt habhaft zu werden – beim Studium Heideggerscher Texte immer wieder ereignet hatte: Konzentration, die nicht müde, sondern vielmehr hellwach macht, und die wohl deshalb in einen Zustand ungewöhnlicher Wachheit versetzt, weil man bei dieser Sammlung der Gedanken Selbstverständliches und nur zu Vertrautes ganz neu entdecken lernt. In der Schule seines Denkens konnte man sehen lernen. Gedachtes, sowohl Eigenes wie Überliefertes, – wurde »destruiert«, um *zu Denkendes* freizulegen. Und dennoch wurden die längst gegangenen Denkwege der Überlieferung als Wege ernstgenommen, die man nur dann schöpferisch verstehen und kritisch würdigen kann, wenn man dabei selber unterwegs ist. Das Fazit-Ziehen war diesem Denken fremd. Es blieb – als Frage nach dem mit keinem Seienden identischen Sein verständlicherweise – ohne Resultat und war doch in seiner Ergebnislosigkeit auch für die Theologie wirksamer und fruchtbarer als alle zeitgenössische Philosophie. Dem Wirklichkeitspathos des 20. Jahrhunderts trat ein Denken entgegen, das keine Angst vor der Angst vor dem Nichts hatte. Indem ich mich auf es einließ, widerfuhr mir eine radikale Entfremdung von allem, was auf Wirklichkeit Anspruch erhebt, in Möglichkeiten, aus denen eine ursprünglichere Nähe zu dem, was ist, hervorgeht. Die Intensität, mit der dieser Denker gegen die übermächtige aristotelische Tradition den Primat der – durch menschliches Wirken nicht machbaren – Möglichkeit vor der Wirklichkeit an den alltäglichen Phänomenen zur Geltung brachte, ließ mitten im Trüben wenigstens hier und da etwas von den ursprünglichen, frischen Farben der Schöpfung aufleuchten. Heidegger war und ist für mich *der Denker des Möglichen*. Deshalb widmete ich ihm 1974 jene Studie, die den Primat des Möglichen in der Sprache an der von mir so genannten metaphorischen Wahrheit zu bedenken und dabei auf die Eigenart religiöser Rede aufmerksam zu machen versuchte, die dem Wirklichen eine ihm zwar nicht zustehende, wohl aber von Gott zugedachte und also zukommende fremde Möglichkeit (potentia aliena) zuspricht.

1974: das war zu einer Zeit, in der der Name Heidegger an deutschen Universitäten – auch an deren theologischen Fakultäten, an denen zuvor in unerträglicher Weise »geheideggert« wurde – in der Regel nur noch zu politischen und quasipolitischen Demonstrationszwecken bemüht wurde. Ernst Bloch, der als Philosoph der Hoffnung auf seine Weise ein tief in die Welt blickender Denker oder vielmehr Beschwörer des Möglichen war, beherrschte nicht nur die Tübinger Szene. Wortgewaltig. Heideggers Denken hingegen wurde auf der Linie der Kritik Karl Löwiths, aber ohne deren sachliche Differenziertheit und persönliche Vornehmheit, als mit Notwendigkeit in der national-sozialistischen Option endendes und verendendes Philosophieren vorgeführt – und abgetan. Daß ich als Schüler Karl Barths, des »Vaters der Bekennenden Kirche«, und des unbestechlichen Rudolf Bultmann das politische – oder war es, was die Sache um nichts besser machen würde, ein extrem apolitisches? – Engagement Heideggers für den Nationalsozialismus keiner Verteidigung wert erachte, ist eine Sache. Ich hätte mir von ihm nach 1945 auch ein klareres Eingeständnis seines Versagens gewünscht als die immerhin auch autobiographisch zu lesende Feststellung: »Wer groß denkt, muß groß irren« (Aus der Erfahrung des Denkens, S. 17). Aber mußte man deshalb blind sein oder sich sogar – in allzu bürgerlichem Gehorsam gegenüber dem Diktat der »intellektuellen« Mode – blind stellen für die unübersehbare Fruchtbarkeit eines Denkens, dessen frühes Hauptwerk immerhin Jürgen Habermas »das bedeutendste philosophische Ereignis seit Hegels Phänomenologie« genannt hat (Philosophisch-politische Profile, S. 67)?

Ich habe, ohne von Heideggers Texten jemals zu irgendeiner »Mixophilosophicotheologia« (wie Abraham Calov das nannte) verführt zu werden, mit seinem Denken Erfahrungen gemacht, die mich dazu angehalten und in die Lage versetzt haben, die Sache der Theologie nun erst recht *theologisch*, nämlich von ihrem eigenen Grund und Boden her zu erörtern. Dabei versuchte ich auch theologisch ernst zu machen mit dem Hinweis, daß das »Denken ... die Metaphysik nicht« überwinden kann, »indem es sie, noch höher hinaufsteigend, übersteigt und irgendwohin aufhebt, sondern indem es zurücksteigt in die Nähe des Nächsten ... Der Abstieg führt in die Armut der Eksistenz des homo humanus« (Brief über den Humanismus, S. 352).

Daß sich die Fruchtbarkeit des Denkens Martin Heideggers auch und nicht zuletzt in der Kritik erweist, die es gegen sich provoziert, habe ich in den *neuen heften für philosophie* (Heft 23: Wirkungen Heideggers) zu zeigen versucht. Zu Gegenüberlegungen zu provozieren vermag aber nur ein Denken, dessen *bezwingende* Souveränität gleichermaßen *befreiende* Souveränität ist. Und genau das wollte ich mit jener Widmung in einer Zeit, in der zwar von Freiheit viel die Rede, von der befreienden Kraft des Denkens aber wenig zu erfahren war, dankbar bezeugen. Im Dank ist die Freiheit selber zwingend.

Soviel, verehrter Herr Neske, als Antwort auf den aus heiterem Himmel niedergegangenen Blitz, der mich, wie Sie sehen, nicht erschlagen, wohl aber eine alte Entscheidung noch einmal ins Licht gerückt hat.

Mit freundlichen Grüßen
bin ich
Ihr E. Jüngel

Eberhard Jüngel

Notizen zur Person: geb. 1934 in Magdeburg, Studium der Theologie in Naumburg, Berlin, Zürich und Basel, 1961 Promotion zum Dr. theol., seit 1961 Dozent für Neues Testament und Systematische Theologie an der Kirchlichen Hochschule Berlin (Ost), 1966 Ordinarius für Systematische Theologie an der Universität Zürich, seit 1969 ordentlicher Professor für Systematische Theologie und Religionsphilosophie an der Universität Tübingen, Direktor des Instituts für Hermeneutik, Frühprediger an der Tübinger Stiftskirche, Mitglied der Synode der Evangelischen Kirche in Deutschland.

Veröffentlichungen zu Heidegger u. a.: Gott entsprechendes Schweigen? Theologie in der Nachbarschaft des Denkens von Martin Heidegger, in: Martin Heidegger – Fragen an sein Werk. Ein Symposion, Stuttgart 1977,

37–45; Metaphorische Wahrheit. Erwägungen zur theologischen Relevanz der Metapher als Beitrag zur Hermeneutik der narrativen Theologie, in: Entsprechungen, 1980, 103–157; Provozierendes Denken (zusammen mit Michael Trowitzsch), in: Neue Hefte für Philosophie, Bd. 23: Wirkungen Heideggers, Göttingen 1984, 59–74.

Hauptwerke: Paulus und Jesus, Tübingen 1962; Zum Ursprung der Analogie bei Parmenides und Heraklit, 1964; Gottes Sein ist im Werden, Tübingen 1965; Tod, Stuttgart 1971; Metapher. Zur Hermeneutik religiöser Sprache (zusammen mit Paul Ricoeur), 1974; Gott als Geheimnis der Welt, Tübingen 1977; Entsprechungen. Gott – Wahrheit – Mensch, München 1981; Barth-Studien, Gütersloh 1982.

ZEITZEUGNISSE

Karl Jaspers

BRIEF AN MARTIN HEIDEGGER
VOM 23. SEPTEMBER 1933

Lieber Heidegger! Heidelberg, den 23/9 33
Ich danke Ihnen für Ihre Rektoratsrede. Es war mir lieb, dass ich
sie nach der Zeitungslektüre nun in authentischer Fassung kennen
lernte. Der grosse Zug Ihres Ansatzes im früheren Griechentum
hat mich wieder wie eine neue und sogleich wie selbstverständli-
che Wahrheit berührt. Sie kommen darin mit Nietzsche überein,
aber mit dem Unterschied, dass man hoffen darf, dass Sie einmal
philosophisch interpretierend verwirklichen, was Sie sagen. Ihre
Rede hat dadurch eine glaubwürdige Substanz. Ich spreche nicht
von Stil und Dichtigkeit, die – soweit ich sehe – diese Rede zum
bisher einzigen Dokument eines gegenwärtigen akademischen
Willens macht, das bleiben wird. Mein Vertrauen zu Ihrem Philosophieren, das ich seit dem Frühjahr und unseren damaligen Gesprächen in neuer Stärke habe, wird nicht gestört durch Eigenschaften dieser Rede, die zeitgemäss sind, durch etwas darin, was
mich ein wenig forciert anmutet und durch Sätze, die mir auch
wohl einen hohlen Klang zu haben scheinen. Alles in allem bin ich
nur froh, dass jemand so sprechen kann, dass er an die echten
Grenzen und Ursprünge rührt. –

Anmerkung der Herausgeber

Im weiteren Verlauf des Briefs, dessen vollständiger Abdruck der Veröffentlichung des Briefwechsels zwischen Jaspers und Heidegger vorbehalten ist, der derzeit von Hans Saner und Walter Biemel vorbereitet wird,
geht Jaspers auf die Reform des Medizinstudiums und die neue Universi-
tätsverfassung ein. Diese bedürfe noch einer Korrektur bzw. Erweite-
rung, wenn eine vom Zufall abhängige »Intrigenwirtschaft« vermieden
werden solle. Der Brief schließt mit einer Einladung an Heidegger für
Oktober und einer handschriftlichen Hinzufügung, in der er fragt, ob
Heideggers Floßfahrt mit seinem Sohn geglückt sei.

264

Karl Barth

VOM URSPRUNG
DES KUNSTWERKS

Über einen Vortrag von Martin Heidegger
Neue Zürcher Zeitung vom 20. Januar 1936

Es ist viel Wasser den Rhein hinuntergeflossen, seit Heidegger
einer breiteren Öffentlichkeit neuere Ergebnisse seiner philosophischen Bemühungen preisgegeben hat. Die Rektoratsrede von 1933
über »Die Selbstbehauptung der deutschen Universität« kann mit
bestem Wissen nicht als wesentlicher Ausdruck seines Geistes bewertet werden. Dafür ist sie zu dürftig. Viele werden daher mit
einiger Spannung seinem von der Zürcher Studentenschaft der
Universität veranstalteten Vortrag vom 17. Januar entgegengese-
hen haben. Wir müssen es uns ja offenbar zur Ehre anrechnen, daß
Heidegger in einem demokratischen Staatswesen das Wort ergreift, galt er doch – mindestens eine Zeitlang – als einer der
philosophischen Wortführer des neuen Deutschland. Vielen haftet
aber auch in Erinnerung, daß Heidegger »Sein und Zeit« in »Verehrung und Freundschaft« dem Juden Edmund Husserl widmete, und daß er seine Kant-Deutung mit dem Gedächtnis des Halbjuden Max Scheler auf immer verband. Das eine 1927, das andere
1929. Die Menschen sind in der Regel keine Heroen – auch die
Philosophen nicht, obwohl es Ausnahmen gibt. Es kann daher
kaum gefordert werden, daß einer gegen den Strom schwimmt;
allein eine gewisse Verpflichtung der eigenen Vergangenheit gegenüber erhöht das Ansehen der Philosophie, die ja nicht nur
Wissen ist, sondern einst Weisheit war.

Wer Heideggers Vortrag mitangehört hat (und es war eine zahlreiche, aufmerksame und gewichtige Hörerschaft versammelt), wird
kaum erwarten, daß ich seinen Inhalt in Heideggers Sprache wie-

dergebe. Mag diese Sprache auch bei Dichtern große Bewunderung hervorrufen, oft ist sie gewaltsam, oft spielerisch, Tiefen
vortäuschend, wo eine nüchterne Beschreibung der Befunde wünschenswert wäre. Daß bei jeder Übertragung Ungenauigkeiten
unterlaufen können, liegt auf der Hand. Die Schuld liegt in diesem
Falle nicht einseitig beim Übersetzer. Ich darf mir auch nicht an-
maßen, auch nur einen erheblichen Bruchteil des vielschichtigen,
beziehungsreichen Vortrages wiedergeben zu können.

Kunstwerke sind verstreut über die ganze Erde. Sie sind Erzeug-
nisse des Künstlers. Aber Erzeugt-sein ist noch nicht Werk-sein.
Denn das Werk soll ja auf sich selbst beruhen. Einmal geschaffen,
hat es ein von seinem Schöpfer unabhängiges Leben, ja der Künstler erscheint dem Werk gegenüber gleichgültig. Kunstwerke sind
nicht, weil Künstler sie erzeugen, sondern weil Kunstwerke möglich sind, können sie erzeugt werden. Die wissenschaftliche, erhal-
tungstechnische und händlerische Beschäftigung mit Kunstwer-
ken ist der Kunstbetrieb, welcher Kunstwerke nur in ihrem Ge-
genstand-sein erfaßt und bewertet. Die Philosophie fragt dagegen
nach dem Wesen des Kunstwerkes. In dieser Frage zeigt sich sofort die aller Philosophie eigentümliche Kreisbewegung, die geradezu das Kriterium dafür ist, daß eine philosophische Fragestellung vorliegt. Das, wonach wir nämlich fragen, muß schon irgendwie beantwortet sein. Was wir suchen, müssen wir schon
haben. Alles Feststellen von Merkmalen der Kunstwerke setzt
voraus, daß wir aus der Fülle des Gegebenen Kunstwerke immer
schon herausgreifen. Die Frage nach dem Kunstwerk ist die Frage
nach dem Grund, der das Kunstwerk ermöglicht.
Kunstwerke werden aufgestellt. Jedes Ausstellen ist ein Weihen,
indem im Kunstwerk ein Heiliges eröffnet wird, und ein Rühmen.
Was stellt nun ein Kunstwerk in seinem Werk-sein auf? Es eröffnet
eine Welt, es stellt eine Welt auf, wobei Welt nicht die Gesamtheit
der zählbaren Dinge ist, mit denen wir im Alltag umgehen, sondern »die unser Dasein umwaltende Fuge, in der sich alles fügt,
was über uns verfügt ist« und was von uns entschieden sein muß,

bedeutet. Das Kunstwerk ist in sich herstellend. Was stellt es her? Das Werk stellt die Erde auf und her. In ihm wird Verborgenes offenbar. In eins mit der Offenheit erscheint die Verborgenheit. Was offenbar wird, ist die Wahrheit. Das Kunstwerk ist eine Weise, in der Wahrheit »geschieht«, wie die Tat des Staatsschöpfers und die Tat des Philosophen andere Weisen des Offenbarwerdens der Wahrheit sind. Die Kunst ist als ein ins Werksetzen der Wahrheit ein Ursprung und daher ein Anfang. Der Anfang ist unvermittelt. Im Anfang ist das Ende und damit Aufgang oder Niedergang schon verborgen. Das Kunstwerk ist nie zeitgemäß, es ist vielmehr der Zeit immer voraus, und insofern ist es das Maß der Zeit. Das Grundverhältnis zum Kunstwerk ist ein Wissen, das Wissen um die Wahrheit.

Zum Schlusse führte Heidegger eine wunderbare, harte Feststellung aus Hegels »Aesthetik« an, in welcher dem Gedanken Ausdruck gegeben wird, daß eine Aesthetik erst am Ende der großen Kunst einer Epoche entstehe. Die Frage, ob ein solches Ende auf das Abendland zutrifft, bleibt offen, wenn auch Hölderlin die unvergleichlich schönen Worte sprach:
»Schwer verläßt, wer nahe dem Ursprung wohnt, den Ort«.

Karl Barth

Notizen zur Person: geb. 1886 in Basel, 1904–1908 Studium der Theologie in Bern, Berlin, Tübingen und Marburg, 1909–1911 Hilfspfarrer in Genf, 1911 Pfarrer in Safenwil, 1921 Professor für Dogmatik in Göttingen, 1925 in Münster, 1930 in Bonn, 1935 bis zu seiner Emeritierung in Basel, gestorben 1968 in Basel.

Hauptwerke: Der Römerbrief, 2. erw. Aufl. München 1922 (1. Aufl. 1919); Die kirchliche Dogmatik, 4 Bde., Zollikon/Zürich 1932–1957; Dogmatik im Grundriß, Stuttgart 1947; Die Menschlichkeit Gottes, Zollikon/Zürich 1956; Gesamtausgabe, Zürich 1971 ff.

Emil Staiger

NOCH EINMAL HEIDEGGER

Neue Zürcher Zeitung vom 23. Januar 1936

Die Bemerkungen zu Martin Heideggers Vortrag (vergl. Nr. 105)
haben den heftigen Groll eines Germanisten erregt. Wir geben im
folgenden diesem Heidegger-Enthusiasten das Wort und bedauern
nur, daß Herr Dr. Emil Staiger nicht eine mit Argumenten be-
frachtete Rechtfertigung Heideggers geben konnte, sondern sich
damit begnügte, temperamentvoll den Philosophen zu loben.
Herr Staiger wirft dem Berichterstatter Unsachlichkeit vor, weil
er dem Referat einen »politischen Steckbrief« vorausgeschickt habe. Das geschah allerdings mit Absicht; denn es geht nicht an, das
Philosophische und das Menschliche, das Denken und das Sein
durch Abgründe zu trennen. Herr Staiger behauptet mit mir, daß
eine Wiedergabe eines solchen Vortrages »journalistisch« überhaupt nicht zu bewältigen ist. Ob es aber nicht ein extrem »jour-
nalistisches« Urteil sei, Heidegger unmittelbar neben Hegel, Kant,
Aristoteles und Heraklit zu stellen, wie das Herr Staiger allen
Ernstes tut, möchte ich gerne dem geneigten Leser und Kenner
zur Entscheidung anheimgeben. Für diese geradezu gigantische
Wertschätzung Heideggers überlasse ich dem Literaturhistoriker
leichten Herzens die Verantwortung.   bth.

Eine Kritik, wie die Heideggers Vortrag durch bth. [Karl Barth;
Anm. der Hrsg.] zuteilgeworden ist, kann nicht unwidersprochen
bleiben. Ihre Unsachlichkeit springt freilich in die Augen. bth.
schickt seinem Referat einen politischen Steckbrief voraus, der
ihm den Beifall des Publikums sichert, bemäkelt dann Heideggers
Sprache und stellt schließlich einige Sätze zusammen, die er sich
während des Vortrags notiert hat. Indessen maßt sich bth. an, nicht

»auch nur einen erheblichen Bruchteil des Vortrags wiedergeben zu können«. Und in der Tat, eine solche Aufgabe journalistisch zu bewältigen ist ganz unmöglich. Es fragt sich aber, ob es dann nicht besser wäre, ganz zu schweigen und nur auf die äußeren Umstände des Vortrags hinzuweisen und der Studentenschaft zu danken, die ihn ermöglicht und organisiert hat.

Durchaus ungereimt ist es aber, Heideggers politische Einstellung so in den Vordergrund zu rücken, wie es bth. für gut hält, ebenso ungereimt, wie wenn man sein Urteil über die »Kritik der reinen Vernunft« mit einer Bemerkung über Kants Einstellung zur Französischen Revolution eröffnen wollte. Freilich, wenn man das wesentliche Problem von Heideggers Philosophie überhaupt nicht sieht, das Problem »Sein und Zeit«, in dem das »und« in Frage steht, dann muß man Heidegger allerdings unter die Größen des Tages zählen und vom Tag aus messen und werten. Doch Heidegger steht nicht neben Oswald Spengler oder Tillich, um nur zwei Philosophen aus ganz entgegengesetztem Lager zu nennen; sondern Martin Heidegger steht neben Hegel, neben Kant, Aristoteles und Heraklit. Und wenn man dies einmal erkannt hat, wird man es zwar noch immer bedauern, daß Heidegger sich überhaupt je auf den Tag einließ – wie es immer tragisch bleibt, wenn die Sphären verwechselt werden –; doch man wird in seiner Bewunderung ebenso wenig irre werden, wie man in der Ehrfurcht vor der »Phänomenologie des Geistes« durch die Vorstellung des preußischen Reaktionärs nicht irre wird.

Man sage nicht, heute sei die Lage der Wissenschaft so gefährdet, daß sie das Praktische und das Theoretische nicht mehr trennen dürfe. Wir freilich, die wir arme Knechte in ihrem Weinberg sind, tun gut daran, die Fühlung mit dem Tag und seinen Problemen nicht zu verlieren und uns vor der abstrakten Einsamkeit der Gelehrtenstube zu hüten, die schwächere Geister leicht entspannt. Wenn einer aber so, wie Heidegger der »Freund des Wesentlichen, Einfachen und Stetigen« ist, »in welcher ›Freundschaft‹ allein die Zuwendung zum Seienden als solchen sich vollzieht aus der die Frage nach dem Begriff des Seins – die Grundfrage der Philosophie – erwächst« (»Kant und das Problem der Metaphysik«, S. 236), hier an der geschichtlichen Zufälligkeit eines Denkens Anstoß nehmen, das heißt wahrhaftig in einen Schatten auf der ersten Stufe starren und den weißen Tempel nicht sehen, der sich darüber ins Zeitlose hebt. Seien wir dankbar, als Zeitgenossen eines Denkers leben zu dürfen, der späteren Geschlechtern wohl wesentlicher erscheinen dürfte als vieles, was uns heute erregt.

Der Tadel, den bth. anbringen zu müssen glaubte, richtet sich gegen Heideggers Sprache. »Mag diese Sprache auch bei Dichtern große Bewunderung hervorrufen, oft ist sie gewaltsam, oft spielerisch, Tiefen vortäuschend, wo eine nüchterne Beschreibung der Befunde wünschenswert wäre«. Wir bewundern diese Sprache, ohne eben Dichter zu sein, gerade als wissenschaftliche Sprache und weil sie alles dies nicht ist, was bth. von ihr behauptet. Gewaltsam? Wir nennen sie ursprünglich, wie in der deutschen Philosophie nur noch Hegels Sprache ursprünglich ist, wie heute überhaupt kein Mensch deutscher Zunge, sämtliche Dichter inbegriffen, ursprünglich spricht. Spielerisch? Wir nennen sie meisterhaft, ein königliches Schalten, dessen Ausbildung in der Folge von Heideggers Schriften bis zu diesem Zürcher Vortrag zu verfolgen ein großes Glück ist, Und in solcher ursprünglichen Meisterlichkeit ist diese Sprache nüchtern, wie alles Echte, das Philosophisch-Echte wie das Dichterisch-Echte immer nüchtern ist, die Sprache eines ent-schlossenen Daseins, eines Daseins, das die Dinge selbst sieht und sonst nichts. Daß diese Sprache Tiefen vortäuscht, kann nur behaupten, wer, wie freilich die meisten, die über Heidegger reden, in den Kapiteln, die von der »Angst«, vom »Man« und vom »Gewissen« handeln, der Weisheit letzten Schluß erblickt und die Frage nach der Zeit, auf die hin diese Gegenstände überhaupt nur angeschnitten werden, gar nicht wahrgenommen hat. Wem die letzten Seiten von »Sein und Zeit«, ferner die Schrift »Vom Wesen des Grundes« gegenwärtig waren, der mußte feststellen, daß jeder Ausdruck, den Heidegger brauchte, aus dem Schatz der deutschen Sprache der einzige ist, der die geforderte dialektische Spannung in sich birgt (ich weise nur auf das »Bestreiten des Streits« im

Sinne von den Streit »leugnen« und »austragen« hin), daß alles an seinem Platz stand, wie in einer Fuge von Bach alles an seinem Platz steht, als stünde es so seit Ewigkeit.

Freilich, wer erkennt das heute? Heidegger sagt in »Sein und Zeit« (S. 127): »Abständigkeit, Durchschnittlichkeit, Einebnung konstituieren als Seinsweisen das Man, das, was wir als ›die Öffentlichkeit‹ kennen. Sie regelt zunächst alle Welt- und Daseinsauslegung und behält in allem Recht. Und das nicht auf Grund eines ausgezeichneten und primären Seinsverhältnisses zu den ›Dingen‹, nicht weil sie über eine ausdrücklich zugeeignete Durchsichtigkeit des Daseins verfügt, sondern auf Grund des Nichteingehens ›auf die Sachen‹, weil sie unempfindlich ist gegen alle Unterschiede des Niveaus und der Echtheit.«

Emil Staiger

Emil Staiger

Notizen zur Person: geb. 1908 in Kreuzlingen/Schweiz, 1943 ordentlicher Professor für Literaturwissenschaft an der Universität Zürich.

Veröffentlichungen zu Heidegger: Ein Briefwechsel mit Martin Heidegger, in: E. S.: Die Kunst der Interpretation, Zürich 1955, 34–49 (auch in: Martin Heidegger-Gesamtausgabe, Bd. 13, Frankfurt a. M. 1983, 93–109); daneben finden sich insbesondere in den theoretischen Schriften Staigers verstreute Hinweise auf Heidegger.

Hauptwerke: Die Zeit als Einbildungskraft des Dichters, Zürich 1939; Meisterwerke deutscher Sprache, Zürich 1943; Grundbegriffe der Poetik, Zürich 1946; Goethe. 3 Bde., Zürich 1952–1959; Stilwandel. Studien zur Vorgeschichte der Goethezeit, Zürich 1963; Friedrich Schiller, Zürich 1967.

Karl Jaspers

BRIEF AN GERD TELLENBACH
VOM 5. JUNI 1949

An den Rektor der Universität Freiburg
Herrn Professor Dr. Tellenbach
Magnificenz![1]   Basel, den 5. Juni 1949
Herr Professor Martin Heidegger ist durch seine Leistungen in der
Philosophie als einer der bedeutendsten Philosophen der Gegen-
wart in der ganzen Welt anerkannt. In Deutschland ist niemand,
der ihn überträfe. Sein fast verborgenes, mit den tiefsten Fragen in
Fühlung stehendes, in seinen Schriften nur indirekt erkennbares
Philosophieren macht ihn vielleicht heute in einer philosophisch
armen Welt zu einer einzigartigen Gestalt.
Es ist für Europa und für Deutschland eine Pflicht, die aus der
Bejahung geistigen Rangs und geistigen Könnens folgt, dafür zu
sorgen, dass ein Mann wie Heidegger ruhig arbeiten, sein Werk
fortsetzen und zum Druck bringen kann.
Dies ist gesichert nur, wenn Heidegger in den Status der Emeritierung als ordentlicher Professor eintritt. Damit gewinnt er das
Recht, nicht die Pflicht, Vorlesungen zu halten. Er würde also
auch als Docent wieder zur Geltung kommen. Ich halte dies für
tragbar und sogar für erwünscht. Zwar habe ich in meinem Gutachten 1945 das Princip ausgesprochen, man müsse vorübergehend von der Idee der Universität abweichen, nach der an der
Hochschule alles, was geistigen Rang hat, auch wenn es ihrer
Liberalität fremd ist, zur Geltung kommen soll. Denn die Erziehung der durch den Nationalsozialismus in ihrem kritischen Denken geschwächten Jugend fordere es, dass man sie nicht gleich
jeder Möglichkeit unkritischen Denkens aussetze. Nach der bisherigen Entwicklung in Deutschland kann ich dies Princip nicht
mehr festhalten. Wie mein damaliges Gutachten vorsah, sollte die

Wiedereinsetzung Heideggers nach einigen Jahren nachgeprüft werden. Die Zeit scheint mir jetzt reif. Die deutsche Universität kann meines Erachtens Heidegger nicht mehr abseits lassen. Ich unterstütze daher wärmstens den Antrag, Heidegger in die Rechte eines emeritierten Professors einzusetzen.

In ausgezeichneter Hochachtung
Ihr ergebener

Anmerkung

1 Handschriftliche Notiz von Jaspers auf dem Briefkopf: »Nach einem mündlichen Gespräch mit Tellenbach in Basel als verabredeter Brief geschrieben.«

Karl Jaspers

Quelle: Brief an Heidegger vom 23. September 1933, der bereits auszugsweise von Hans Saner in seinen Anmerkungen zu K. Jaspers: Notizen zu Martin Heidegger, hrsg. von Hans Saner, München/Zürich 1977, S. 311 abgedruckt wurde. Veröffentlichung mit freundlicher Genehmigung des Nachlaßverwalters von Karl Jaspers, Hans Saner.
Brief vom 5. Juni 1949 an Gerd Tellenbach, den damaligen Rektor der Freiburger Universität. Erstveröffentlichung mit freundlicher Genehmigung des Nachlaßverwalters von Karl Jaspers, Hans Saner.

Notizen zur Person: geb. 1883 in Oldenburg, 1916–1921 a.o. Professor der Psychiatrie in Heidelberg, daselbst 1921–1937 Professor für Philosophie, 1937–1945 Lehrverbot, weil er sich weigerte, seine jüdische Frau zu verlassen, nach 1945 Wiedereinsetzung, 1948–1969 Professor für Philosophie in Basel, gestorben 1969 in Basel.

Veröffentlichungen zu Heidegger: Philosophische Autobiographie. Erw. Neuausgabe, München 1977, 92–111; Notizen zu Martin Heidegger, hrsg. von Hans Saner, München/Zürich 1977; Hannah Arendt/Karl Jaspers: Briefwechsel 1926–1969, hrsg. von Lotte Köhler und Hans Saner, München/Zürich 1985 (vgl. die Briefe Nr. 6, 9, 40, 46, 92, 107, 146, 147, 149, 184, 296, 298, 378, 393 und die dazugehörigen Antwortbriefe von H. Arendt sowie die kommentierenden Anmerkungen). Alle Veröffentlichungen sind also erst postum erschienen. Zumindest indirekt dazu gehört Jaspers Auseinandersetzung mit Rudolf Bultmann: Die Frage der Entmythologisierung, München 1953, die wesentlich auch Heidegger galt.

Hauptwerke: Allgemeine Psychopathologie, Heidelberg 1913, 4. völlig neu bearb. Aufl. 1946; Psychologie der Weltanschauungen, Heidelberg 1919; Philosophie. 3 Bde., Heidelberg 1932; Von der Wahrheit. Philosophische Logik: Erster Band, München 1947; Die Großen Philosophen. 3 Bde., München 1957 u. 1981; Die Atombombe und die Zukunft des Menschen, München 1958; Der philosophische Glaube angesichts der Offenbarung, München 1961; Wohin treibt die Bundesrepublik?, München 1967.

Anmerkungen: Jaspers hat Heidegger zeitlebens als den einzigen der zeitgenössischen Denker geschätzt, der ihn wesentlich anging. 1920–1933 Freundschaft mit Heidegger, »Kampfgenossenschaft«, gegen die traditionelle Professorenphilosophie für eine Erneuerung der Universität. Menschliches »Versagen« von Jaspers als Heidegger ihm seine ausführliche Rezension der »Psychologie der Weltanschauungen« zum Lesen gibt, und Jaspers nicht darauf eingeht. Seit 1933 Abbruch der Kommunikation. Nach 1945 mehrmals Annäherungsversuche, die jedoch immer scheiterten. Jaspers plante zeitlebens eine große Auseinandersetzung mit Heideggers Werk, das er allerdings nach eigener Aussage nur unvollständig gelesen hatte, kam jedoch nicht zur Ausführung. Nach seinem Tode lagen die »Notizen zu Martin Heidegger« auf seinem Schreibtisch. Ebenso durfte das bereits Mitte der 50er Jahre geschriebene Heidegger-Kapitel seiner »Philosophischen Autobiographie« erst nach seinem Tod eingefügt werden. Eine Edition des mit Spannung erwarteten Briefwechsels zwischen Jaspers und Heidegger wird derzeit von Hans Saner und Walter Biemel vorbereitet.

Martin Heidegger

EIN GRUSSWORT FÜR DAS SYMPOSION IN BEIRUT NOVEMBER 1974

Zuvor danke ich für die ehrenvolle Veranstaltung eines Symposion zum Gedenken meines 85. Geburtstages. Mein Dank gilt besonders allen Herren, die wichtige Themen zur Erörterung meines Denkens übernommen haben und dadurch die Teilnehmer am Symposion zu klärenden und kritischen Gesprächen veranlassen.

Das Weltalter der technologisch-industriellen Zivilisation birgt in sich eine allzuwenig in ihren Grundlagen bedachte, sich steigernde Gefahr: Das tragend Belebende der Dichtung, der Künste, des besinnlichen Denkens wird nicht mehr in seiner aus ihnen selbst sprechenden Wahrheit erfahrbar. Die genannten Bereiche sind zu einem bloßen Instrument des Zivilisationsbetriebes umgefälscht. Ihre in sich selbst ruhende Sprache verschwindet im Flüchtigen der sich überstürzenden Informationen, denen die bleibend prägende Gestaltungskraft fehlt.

Darum ist ein Denken nötig, das entschlossen dabei ausharrt, *fragender* die alten Grundfragen zu erörtern, die den Weltaufenthalt der Sterblichen immer neu in seiner Unruhe durchwalten.

Die auf solche Weise bedrängende Auseinandersetzung mit der Metaphysik ist keine altmodische Polemik gegen ihre Lehren über Gott, die Welt und den Menschen. Sie bringt vielmehr allererst die ontologischen Grundzüge der technologisch-wissenschaftlichen Weltzivilisation vor den Blick eines besinnlichen Denkens.

Dabei gilt es vor allem *eines* in seiner ganzen Tragweite zu erkennen: das, historisch gerechnet, später zum Vorschein kommende Eigentümliche der modernen Technologie ist nicht eine Folge oder gar nur die Anwendung der neuzeitlichen Wissenschaft. Vielmehr ist diese Wissenschaft der Sache nach schon bestimmt durch das zunächst sich verbergende Wesen der modernen Technologie. Dieses wiederum beruht seinerseits auf einer einzigartigen Weise, nach der das Sein des Seienden im Industriezeitalter waltet. Vermutlich vollzieht die moderne Weltzivilisation den Übergang in die Endphase des epochalen Seinsgeschickes im Sinne der Bestimmung des Seins als der unbedingten Bestellbarkeit alles Seienden, das Menschsein mit inbegriffen.

Nötig ist daher, diese Gefahr erst einmal nach ihrer Herkunft zu erfragen und dann ihre Tragweite zu erblicken. Dies aber verlangt, die Frage nach der Eigentümlichkeit des Seins als solchem zu fragen. Auf diesem Weg des Denkens könnte vielleicht der heutige Mensch vor eine höhere Möglichkeit des Daseins gebracht werden, eine Möglichkeit, die er nicht selbst bereitstellen kann, die ihn jedoch auch nicht ohne das Handeln seines fragenden Denkens aus der Gunst des Seins gewährt wird.

Das fragende Denken des Seins ist selbst ein Handeln, das sein Eigentümliches preisgibt, wenn es, als bloße Theorie verstanden, vorschnell sich einer unbedachten Praxis, einem grundlosen Umtrieb von Organisation und Institution ausliefert.

Martin Heidegger

Anmerkung

Das philosophische Symposion zu Ehren Martin Heideggers 85. Geburtstag im November 1974 in Beirut war initiiert von seinem Schüler Professor Charles Malek. Malek war Außenminister des Libanon und Mitunterzeichner der Gründungsurkunde der Vereinten Nationen.
Die Veranstaltung fand statt im Goethe-Institut in Zusammenarbeit mit der Amerikanischen Universität. Professor Otto Pöggeler hielt das Hauptreferat. Teilnehmer waren u. a. Professor Rifka, der Historiker Zeise, Professor an der American University in Beirut sowie der Libanesische Botschafter bei der UNESCO in Paris, Professor Abou Ssuan.

Quelle: Martin Heidegger: Ein Grußwort für das Symposion in Beirut November 1974, in: »Extasis. Cahiers de Philosophie et de Littérature«, Beirut 1981, n. 8, S. 1–2. Wiederabdruck mit frdl. Genehmigung des Nachlaßverwalters Dr. Hermann Heidegger.

WIDMUNGEN

Widmungen sind in der Regel Ausdruck des Dankes und enger persönlicher Verbindung. Insbesondere bei philosophischen Publikationen lassen sie darüber hinaus die Schule oder Denktradition erkennen, aus der ein Autor kommt bzw. der er sich verpflichtet fühlt. Solches trifft auch zu für Heideggers Dedikation seines Grundbuchs »Sein und Zeit« an seinen Lehrer und »väterlichen Freund« Edmund Husserl – so lautet die gebräuchliche Ansprache Heideggers in seinen Briefen an Husserl (vgl. in diesem Band S. 170). Hinzu kommt, daß »Sein und Zeit« ursprünglich im Publikationsorgan der phänomenologischen Bewegung, dem von Husserl herausgegebenen »Jahrbuch für Philosophie und phänomenologische Forschung« (Bd. 8, Halle: Niemeyer 1927) veröffentlicht wurde, im selben Jahrbuch also, in dem zuvor Husserls »Ideen zu einer reinen Phänomenologie und phänomenologischen Philosophie« (Bd. 1, 1913) und Schelers »Der Formalismus in der Ethik und die materiale Wertethik« (Bd. 1, 1913 und Bd. 2, 1916) erschienen waren. Daneben wurde »Sein und Zeit« noch im gleichen Jahr 1927 als Einzelausgabe vorgelegt. Besagte Widmung, für sich betrachtet nichts Außergewöhnliches, erlangte dadurch besondere Aufmerksamkeit, daß sie kurzzeitig aus dem Buch verschwand: genau gesagt nur in einer einzigen Auflage, der 5. Auflage aus dem Jahre 1941. Bereits in der 6. Auflage des zwischenzeitlich von Halle gewissermaßen ins Exil nach Tübingen umgesiedelten Niemeyer-Verlags im Jahre 1949 wurde die Widmung wieder abgedruckt.

Das Weglassen der Widmung wurde vielfach vorschnell als Ausdruck von Heideggers nationalsozialistischer Gesinnung gedeutet, als ein bewußtes weltanschauliches Abrücken von seinem jüdi-

Sein und Zeit

von

Martin Heidegger

———

Erfte Hälfte

———

Sonderdruck aus: „Jahrbuch für Philofophie und phänomenologifche Forfchung", Band VIII
herausgegeben von E. Hufferl-Freiburg i. B.

Unveränderte 4. Auflage

Max Niemeyer, Verlag, Halle a. d. S. / 1935

Edmund Huſſerl

in Verehrung und Freundſchaft

zugeeignet

Todtnauberg i. bad. Schwarzwald   Zum 8. April 1926

schen Lehrer. Heidegger selbst hat diese Unterstellung zweimal in aller Deutlichkeit zurückgewiesen: Erstmals in den Schlußanmerkungen zu seinem Sammelband »Unterwegs zur Sprache« (Pfullingen, 1959, S. 269; GA 12, S. 259), und dann im 1976 veröffentlichten »Spiegel-Interview« aus dem Jahre 1966 (vgl. in diesem Band S. 81 ff.). Heidegger erklärt dort, die Widmung sei auf Vorschlag und Wunsch des Verlegers Hermann Niemeyer fortgelassen worden, um einem Verbot des Buches entgegenzuwirken.

Daß Heidegger in diesen Stellungnahmen nichts im nachhinein beschönigt oder gar verdreht, läßt sich anhand zweier Tatsachen verdeutlichen: Zum einen blieb die Widmung in der 4. Aufl. aus dem Jahre 1935, also ein Jahr nach Heideggers umstrittener Rektoratszeit, erhalten. Zum anderen brachte auch die 5. Aufl., wie alle früheren und alle späteren Ausgaben, die Fußnote auf S. 38:

»Wenn die folgende Untersuchung einige Schritte vorwärts geht in der Erschließung der ›Sachen selbst‹, so dankt das der Verf. in erster Linie E. Husserl, der den Verf. während seiner Freiburger Lehrjahre durch eindringliche persönliche Leitung und durch freieste Überlassung unveröffentlichter Untersuchungen mit den verschiedensten Gebieten der phänomenologischen Forschung vertraut machte.«

Beachtenswert ist in diesem Zusammenhang auch Heideggers Widmung seines Buchs »Kant und das Problem der Metaphysik« (Bonn: Cohen 1929) an den Halbjuden Max Scheler.

Erwähnung verdient ferner Rudolf Bultmanns Dedikation seiner gesammelten Aufsätze mit dem Titel »Glauben und Verstehen« an Heidegger, an der Bultmann ausdrücklich in der zweiten Auflage (Tübingen: Mohr 1954) festhielt: »MARTIN HEIDEGGER bleibt dieses Buch gewidmet in dankbarem Gedenken an die gemeinsame Zeit in Marburg«.

Nachwort des Mitherausgebers
Günther Neske

Nachdem Hermann Niemeyer und Vittorio Klostermann verstorben sind, bin ich nun der letzte seiner Verleger, der über Jahrzehnte hin mit seinem Autor die Herausgabe seiner Werke betreut hat.

Nach dem Auftritt des Chilenen Farias ist Martin Heidegger erneut Mittelpunkt heftiger Diskussionen geworden, und nicht überraschend war es, daß ich von vielen Seiten gebeten wurde, zu diesem Thema Stellung zu nehmen.

Ich tue es auf meine Weise und habe eine größere Zahl von Dokumenten zusammengetragen, die für eine später fällig werdende Biographie bewahrt werden sollen.

Ich erwähne im folgenden einige Vorgänge, über die ich in meinen »Erinnerungen« ausführlicher berichten werde, die indessen heute für unser Thema, für das bessere Verständnis der Zusammenhänge, hilfreich sein könnten.

In einer langen Nachtwanderung mit Ernst Bloch durch die völlig leeren Straßen der Stadt Frankfurt besprachen wir das Erscheinen des Gesamtwerkes, das Ernst Bloch mir anvertrauen wollte. »Haben Sie gar keine Hemmungen, mir Ihr Werk zu übergeben, wo doch Heidegger 1933 durch die Übernahme des Rektorats in die NS-Zusammenhänge verstrickt wurde?«

»Keineswegs«, antwortete Bloch. »Heidegger ist auf Hitler hereingefallen und ich auf Stalin.«

Wieder zurück in Leipzig bat Bloch den Kulturminister Becher um Zustimmung dafür, sein Werk in meinen Verlag herauszubringen. Becher erklärte sich für eine solche Entscheidung nicht zuständig. Daraufhin bat Bloch den Staatsratsvorsitzenden Ulbricht um dessen Genehmigung. Ulbricht lehnte ab mit der Begründung, Neske sei ein »existentialistischer« Verlag und käme deshalb nicht in Frage.

Ernst Bloch kannte die folgenschwere Episode, die sich mit mir im Juni 1933 in Bethel bei Bielefeld an einem sogenannten offenen Abend in der Wohnung des Alttestamentlers Wilhelm Vischer, meinem Lehrer an der Theologischen Schule, ereignet hatte. Der Kommilitone Reichl, einer der eingeladenen 12 Theologie-Studenten, fragte mich, was ich von Hitler halte. Verärgert über diese freche Frage antwortete ich: »Hitler ist eine Sache des Teufels. Das Ganze endet im Untergang Deutschlands.« Schon am folgenden Tage wurde ich vom »ehrenamtlichen« Kreisleiter der NSDAP, dem damaligen Chefarzt des größten Bielefelder Krankenhauses, Dr. Löhr, vernommen und bekannte mich zu meiner Aussage. Friedrich v. Bodelschwingh bat mich, die Theologische Schule zu verlassen. Ich ging nach Tübingen, versuchte dort unbemerkt zu arbeiten, was einige Zeit gelang. Dann erfuhr der Gaustudentenführer Schumann von mir, ich bekam Warnungen aus Stuttgart, und schließlich blieb nichts anderes übrig, als nun Deutschland zu verlassen.

Ich ging zunächst nach Basel zu Karl Barth, wurde dann Hauslehrer in Lugano und wanderte später weiter nach Rom, um an der Gregoriana Kirchengeschichte zu studieren.

Übrigens war für die politische Situation zu Beginn des Jahres 1933 symptomatisch, daß viele bedeutende Persönlichkeiten, Wissenschaftler, Universitätslehrer, Schriftsteller, bildende Künstler und Musiker in der Regierungsübernahme durch Hitler die rettende Wende für Deutschland sahen, große Teile des Volkes hielten ihn für den Retter der Nation, Zusammenhänge, die weithin in Vergessenheit geraten sind. Sie alle haben es Hitler leicht gemacht. So könnte ich neben Martin Heidegger damals berühmte Namen nennen, wenn auch bei manchem bald die Erkenntnis eines fundamentalen Irrtums aufbrach.

Auch die Stelle im »Spiegel«-Interview ist so zu verstehen, wo Heidegger an jenen Aufsatz von Spranger erinnert, der unter dem Titel »März 1933« in der sehr angesehenen Zeitschrift »Erziehung« erschien und den heute nachzulesen lohnend ist, weil er die heterogenen Zusammenhänge jener schicksals-entscheidenden

Zeit durchsichtig macht. Spranger hat bald seinen Irrtum erkannt, legte seine Professur zeitweise nieder, ging auf Distanz zum Regime und wurde noch 1944 verhaftet, weil er zum Widerstand gehörte.

Viele Jahre später, nach dem Zweiten Weltkrieg, traf ich in Tübingen – ich war inzwischen Verleger geworden – in der Wohnung der unvergeßlichen Lektorin Erna Krauss Martin Buber, um ihn zu bitten, für die Festschrift zum 70. Geburtstag von Martin Heidegger einen Beitrag zu schreiben. Buber sah mich eindringlich an und fragte, welches Thema ich denn für einen Beitrag vorschlagen würde. »Vielleicht wären Sie bereit, über das hebräische Verbum הָיָה, in unserer Sprache *sein*, zu schreiben?« Für mich sei das Wort יהוה, das Wort *Gott*, das aus dieser Wurzel stammt, das unheimlichste Wort der Welt: Ich war, der ich war, ich bin, der ich bin, ich werde sein, der ich sein werde. Die Aufhebung der Zeit in einem Wort. Und dies Wort durfte nicht ausgesprochen werden. Man lese dafür אֲדֹנָי, *Herr*.

Martin Buber sah mich freundlich an und sagte: »Sie bekommen, was Sie wünschen.«

Mit Brief vom 16. April 1959 schrieb mir dann Martin Buber aus Jerusalem, er könne meine Bitte nun doch nicht erfüllen, denn seine Frau sei schwer erkrankt. Seine Zeit stehe ihm nur noch für die Pflege seiner Frau zur Verfügung. Er bitte mich, dies zu verstehen.

Und noch eins: Hitler hatte angeordnet, daß eine neue endgültige Nietzsche-Ausgabe vorbereitet werde. Ein Gremium von Wissenschaftlern wurde damit beauftragt, auch Martin Heidegger und Walter F. Otto gehörten dazu. Die Sitzungen des Gremiums fanden im Nietzsche-Archiv in Weimar statt. Eines Tages übermittelte Dr. Goebbels im Auftrage Hitlers, daß alle Passagen im Werk Nietzsches, in denen Nietzsche sich verächtlich über den Antisemitismus äußert, eliminiert werden müssen.

Wie mir bekannt ist, hat Heidegger damals einen erneuten (politischen) Eingriff in das Werk befürchtet und war entschlossen, in diesem Augenblick seine Mitarbeit niederzulegen.

Ich wandte mich im März 1988 an den Generaldirektor der Deutschen Bücherei in Leipzig mit der Anfrage, ob über diese Vorgänge in Weimar noch Unterlagen vorhanden seien und erhielt mit Brief vom 10. Mai 1988 vom Goethe- und Schiller-Archiv in Weimar, das auch die Akten des ehemaligen Nietzsche-Archivs aufbewahrt, die Nachricht: »Aus unserer Kenntnis des Bestandes ist ein Austritt aus dem Wissenschaftlichen Ausschuß nur für Heidegger nachzuweisen. Er erfolgte Ende 1942 ohne Angabe der eigentlichen Gründe.«

Heidegger – Bloch – Spranger: Sind wir imstande, dem Dialog zwischen Macht und Geist gerecht zu werden? Oder sind wir nur Opfer des Zeitgeistes?

Pfullingen, 14. September 1988   Günther Neske

Namenverzeichnis

286

287

MARTIN HEIDEGGER

Aus der Erfahrung des Denkens (1954)
6. unv. Aufl. 1986, 28 Seiten, Kartoniert

Gelassenheit (1959)
9. unv. Aufl. 1988, 72 Seiten, Kartoniert

Hebel – der Hausfreund (1957)
5. unv. Aufl. 1985, 30 Seiten, Kartoniert

Identität und Differenz (1957)
8. unv. Aufl. 1986, 70 Seiten, Kartoniert

Nietzsche – Band I und II (1961)
4. unv. Aufl. 1982, zus. 1158 Seiten, Leinen

Was ist das – die Philosophie? (1956)
9. unv. Aufl. 1988, 31 Seiten, Kartoniert

Der Satz vom Grund (1957)
6. unv. Aufl. 1986, 211 Seiten, Kartoniert

Unterwegs zur Sprache (1959)
8. unv. Aufl. 1986, 270 Seiten, Kartoniert

Vorträge und Aufsätze (1954)
5. unv. Aufl. in einem Band 1986,
276 Seiten, Leinen

Die Technik und die Kehre (1962)
Band 1 der Reihe »Opuscula«
7. unv. Aufl. 1988, 47 Seiten, Kartoniert

Sprechplatten:
Der Satz der Identität – LP 30 cm
Hölderlins Erde und Himmel – 2 LP 30 cm
Martin Heidegger liest Hölderlin – LP 30 cm

NESKE